GROUP

中国建投 ｜ 远见成就未来

中国建投研究丛书·报告系列
JIC Institute of Investment Research Books · Report

中国老年文娱产业
发展报告

(2020)

中国建银投资有限责任公司投资研究院
北京中关村科技发展（控股）股份有限公司　/编著
建 投 华 文 投 资 有 限 责 任 公 司

REPORT ON DEVELOPMENT OF
CHINA ELDERLY CULTURE & ENTERTAINMENT
INDUSTRY (2020)

社会科学文献出版社
SOCIAL SCIENCES ACADEMIC PRESS (CHINA)

机构简介

中国建投投资研究院是中国建投负责组织开展研究、研究成果管理和研究交流合作的部门。中国建投投资研究院履行企业智库职能，为集团决策提供参考，为社会贡献才智。

北京中关村科技发展（控股）股份有限公司（简称中关村科技），1999 年成立并在深交所挂牌上市。2015 年，中关村科技从"科技地产 + 医药"的产业经营格局逐步转型，确立以"医药大健康"为核心的发展战略。2018 年 8 月，中关村科技所属行业分类由综合变更为医药制造业，得到了监管部门的认可，战略转型初步成功。

通过近几年的高速发展，中关村科技已在医药、健康、养老、投资四大板块拥有十多家理念先进、管理规范、产品过硬、极具行业竞争力的高品质企业。

建投华文投资有限责任公司（简称建投华文）成立于 2013 年 10 月，总部位于北京。建投华文是中国建投旗下的专业投资和运营平台。建投华文遵循价值投资核心理念，把握中国消费升级的投资主线，加强在相关领域投资布局的同时，助推中国产业转型升级。

编辑说明

中国建银投资有限责任公司（以下简称"集团"）是一家综合性投资集团，投资覆盖金融服务、工业制造、文化消费、信息技术等行业领域，横跨多层次资本市场及境内外区域。集团下设的投资研究院（以下简称"建投研究院"）重点围绕国内外宏观经济发展趋势、新兴产业投资领域，组织开展理论与应用研究，促进学术交流，培养专业人才，提供优秀的研究成果，为投资研究和经济社会发展贡献才智。

"中国建设研究丛书"（以下简称"丛书"）收录建投研究院组织内外部专家的重要研究成果，根据系列化、规范化和品牌化运营的原则，按照研究成果的方向、定位、内容和形式等将"丛书"分为报告系列、论文系列、专著系列和案例系列。报告系列为行业年度综合性出版物，汇集集团各层次的研究团队对相关行业和领域发展态势的分析和预测，对外发表年度观点。论文系列为建投研究院组织业界知名专家围绕市场备受关注的热点或主题展开深度探讨，强调前沿性、专业性和理论性。专著系列为内外部专家针对某些细分行业或领域进行体系化的深度研究，强调系统性、思想性和市场深度。案例系列为建投研究院对国内外投资领域的案例的分析、总结和提炼，强调创新性和实用性。希望通过"丛书"的编写和出版，为政府相关部门、企业、研究机构以及社会各界读者提供参考。

本研究丛书仅代表作者本人或研究团队的独立观点，不代表中国建投集团的商业立场。文中不妥及错漏之处，欢迎广大读者批评指正。

总　序

一千多年前，维京海盗抢掠的足迹遍及整个欧洲。南临红海，西到北美，东至巴格达，所到之处无不让人闻风丧胆，所经之地无不血流成河。这个在欧洲大陆肆虐整整三个世纪的悍匪民族却在公元 1100 年偃旗息鼓，过起了恬然安定的和平生活。个中缘由一直在为后人猜测、追寻，对历史的敬畏与求索从未间歇。2007 年，维京一个山洞出土大笔财富，其中有当时俄罗斯、伊拉克、伊朗、印度、埃及等国的多种货币，货币发行时间相差半年，"维京之谜"似因这考古圈的重大发现而略窥一斑——他们的财富经营方式改变了，由掠夺走向交换；他们学会了市场，学会了贸易，学会了资金的融通与衍生——而资金的融通与衍生改变了一个民族的文明。

投资，并非现代社会的属性；借贷早在公元前 1200 年到公元前 500 年的古代奴隶社会帝国的建立时期便已出现。从十字军东征到维京海盗从良，从宋代的交子到曾以高利贷为生的犹太人，从郁金香泡沫带给荷兰的痛殇到南海泡沫树立英国政府的诚信丰碑，历史撰写着金融发展的巨篇。随着现代科学的进步，资金的融通与衍生逐渐成为一国发展乃至世界发展的重要线索。这些事件背后的规律与启示、经验与教训值得孜孜探究与不辍研习，为个人、企业乃至国家的发展提供历久弥新的助力。

所幸更有一批乐于思考、心怀热忱的求知之士勤力于经济、金融、投资、管理等领域的研究。于经典理论，心怀敬畏，不惧求索；于实践探索，尊重规律，图求创新。此思索不停的精神、实践不息的勇气当为勉励，实践与思索的成果更应为有识之士批判借鉴、互勉共享。

调与金石谐，思逐风云上。《中国建投研究丛书》是中国建银投资有限责任公司组织内外部专家在瞻顾历史与瞻望未来的进程中，深入地体察和研究市场发展及经济、金融之本性、趋向和后果，结合自己的职业活动，精制而成。《丛书》企望提供对现代经济管理与金融投资多角度的认知、借鉴与参考。如果能够引起读者的兴趣，进而收获思想的启迪，即是编者的荣幸。

是为序。

张睦伦

2012 年 8 月

前　言

　　老年文娱产业以活力老人为主要服务对象，覆盖了90%以上的老人群体。如此巨大的市场体量，让老年文娱成为进入老年市场的最佳入口。尤其是自2015年开始，新老人时代开启，中老年快速成为移动互联网典型用户，大量创业团队从不同维度、不同地区进入老年文娱市场，互联网巨头和主流风险投资机构也陆续入场，共同推动老年文娱产业迈入高速成长期，老年文娱成为银发经济的新风口。

　　然而，纵观老年文娱产业20年发展历程，无论是老年传媒、老年教育，还是老年演出、老年社交、老年文旅、老年体育等细分市场，迄今为止还没有一个全国知名品牌，没有一家全国性的龙头企业，区域和细分市场的龙头企业也屈指可数，普遍存在商业模式不清晰、产品缺乏竞争力、商业变现困难重重等问题。企业生命周期非常短，产业发展仍未进入成熟阶段。近两年，我们依然看到大量企业由于变现压力纷纷转型或倒闭。

　　不少企业创始人坦言，老年文娱产业外面看着热闹，进来后叫苦连天。我们不禁要问，为什么这么苦？为什么这么难？通过作者多年实战和对业内半数以上机构创始人的访谈发现，这些年来，大量创业团队接连不断地踩了很多坑，比如：伪需求坑，教育需求、活动需求、场地需求等是存在，但并非老人的真正痛点；跟风坑，市场上什么火做什么，总认为有一块老人的垂直市场有待开发，于是出现了很多做老年电商、老年音频、老年短视频、老年网红的；孝心经济坑，不少机构尝试让子女为父母买单，殊不知父母往往并非排在子女愿意付费对象的优先级，亲情购或许是个超级伪命题。

　　之所以会出现如此多的坑，一方面源于老年市场的独特性，另一方面源于产业内的交流学习极其匮乏。对此，作者感触颇深。中国建投从2013年开始调研考察老年产业，当时几乎找不到可对标的老年文娱企业，看到的几乎全是面向刚需老人的养老机构或保健品公司。但事实上早有机构从不同维度切入这个市场，只是体量不大、知名度不高，"潜在了水里"。这种信息不对称的状况一直持续到近两年才有所改观。如今虽然大家对同行有所耳闻了，但大多数企业经营团队迫于经营压力没有时间和精力"抬头看路"。

本书的撰写就是想在这方面略尽绵薄之力，通过系统梳理老年文娱产业的发展历程、市场挑战与成长趋势，让业内参与者或准备参与的团队看到这个市场的发展脉络；通过对老年教育、老年旅游、老年短视频3个细分市场的深入剖析，让大家清晰地看到不同业态的发展环境、用户画像、市场格局、经营模式和演变路径；通过对国内4家典型文娱机构的案例分析，让大家了解其前世今生、团队基因，从0到1的产品研发、用户获取、用户增长、用户留存、商业变现的完整运营过程，以及在这个过程中值得借鉴的经验与应该吸取的教训。希望这些能够帮助老年文娱企业不再踩坑、少走弯路，促进行业交流和相互借鉴，推动产业快速发展。

当然，也希望此书能让资本市场的投资机构更加客观地看待老年文娱企业的发展规律。老年产业不是一个暴利行业，也不是一个快行业，但绝对是一个长生命周期的朝阳行业。尤其是随着大量新老人群体的出现，新的消费意识、消费形式、消费潜力开始显露，未来，中老年高频的社交场景必将推动时尚消费热潮，而强烈的人生补偿性心理也将拉动兴趣类消费频次，老年文娱产业的变现模式会日趋成熟。我们相信，随着对行业理解的加深，会有越来越多的投资机构进入这个赛道，帮助经营团队快速做大市场，并为这个产业注入更多的新鲜血液。

作为一家中央金融企业的智库，为社会贡献才智是中国建投投资研究院的责任。养老业务是中国建投集团的重要业务领域，中国建投集团旗下有文化享老、机构养老等多种类型的老年服务机构，养老产业也一直是中国建投投资研究院的重点研究领域之一。为了撰写好这本国内首部老年文娱产业报告，中国建投投资研究院有幸邀请到中关村科技专门从事养老行业研究的垂直媒体60加研究院，以及中国建投旗下专注于文化传媒消费投资的建投华文，整合兼有实战经验、投资经验及养老行业研究经验的综合研究力量，历时 3 个月，先后深度访谈 20 余家老年文娱企业的创始人，最终集结成本书。

全书分为四个部分。第一部分是综合篇，主要内容包括移动互联时代的新老人画像、中国老年文娱产业 20 年发展历程，以及老年文娱产业的现状、挑战与未来。第二部分是行业篇，包括老年教育市场、老年旅游市场、老年短视频及网红市场的分析报告。第三部分是企业篇，包括国内 4 家典型老年文娱机构和美国、日本 2 家海外老年文娱机构的案例分析。第四部分是附录，主要为老年文娱企业创始人心声。

本书得到了中国建投集团领导、中关村科技领导、建投华文领导的重视和支持，为本书的写作整合了一支非常专业的研究力量，在此表示衷心感谢。在本书的写作过程中，老小孩创始人吴含章、小年糕合伙人白帆、养老管家市场总监龚姝、北京大妈有话说创始人边长勇、快乐 50 创始人党越、美好盛年创始人黄吉海、家游学院创始人尚贞涛、小桃说创始人毛翔宇、百乐萌创始人朱子一、每次科技创始人赵瀛斌、阳光禾你创始人程艳、中关村科技副总裁李斌、樊登年轮学堂负责人王泽西、淘气陈奶奶创始人李宗齐、中国老摄影家协会主席潘炳岩、红松学堂创始人李乔给我们分享了每个项目的成长历程和运营经验，在此我们一并表示感谢！需要强调的是，本书研究成果只代表研究人员个人的分析和观点，并不代表中国建投集团、中关村科技、建投华文机构的观点，我们希望本书有助于广大读者更好地理解中国老年文娱产业面临的问题和发展趋势。

由于时间紧张、作者水平有限，书中的错误和纰漏在所难免。欢迎广大读者、专家批评指正。我们还将继续跟踪老年文娱产业的发展，为读者奉献更多有价值的研究成果。

本书编委会

2020 年 6 月　北京

目 录

综 合 篇

行 业 篇

企 业 篇

综合篇

第一章　移动互联时代的新老人画像

龚先念　张璐璐　王晨歌

龚先念，博士，中国建投投资研究院研究员

张璐璐，博士，建投华文投资有限责任公司总经理助理

王晨歌，建投华文投资有限责任公司实习研究员

核心观点

● 新老人是 20 世纪 60 年代及以后出生的步入老龄阶段的人群。他们属于新中国第二批婴儿潮，受益于改革开放与中国经济腾飞成为中国较富裕的一代。与传统老人相比，他们的人生经历可精炼为：改革开放的青年、经济红利和 PC 互联的中年、资产富足和移动互联的晚年。

● 新老人群体具有鲜明的特征：①在地理分布上，主要分布在中、东部地区的一、二线城市；②从地域特征上看，南方和北方老人具有鲜明的地域特点，大城市与小城市老人的兴趣爱好存在差异；③从性别上看，新老人女性更加好动，男性更喜欢"宅"；④新老人生活场景中的社交场景比例节节攀升；⑤新老人的价值取向更注重生活性与实用性；⑥在审美上，新老人崇尚多元审美，追求新潮与个性；⑦新老人通常能够理性消费，但面对健康焦虑和认知焦虑时会出现不理性消费，在消费决策上不再依赖子女，而是倾向于听取同龄人的建议；⑧在上网习惯上，新老人已经成为移动互联网的典型用户，上网时间持续上升，尽管上网活动仍较为简单，但使用互联网的深度和广度都在不断提升。

第一节　新老人是谁

新兴的老龄化市场的背后，是数量庞大的中国新老人群体的崛起。这一群体的"新"不仅表现为其处于较年轻的老龄阶段，更表现为其在历史参与、社会阶层、家庭环境、个人追求等多方面与传统老人呈现截然不同的社会群体特征。精准定位新老人对于老年文娱企业的产品设计与市场营销有着重要意义。因此，我们提出以下定义：新老人，是指 20 世纪 60 年代及以后出生的步入老龄阶段的人群。

具体而言，新老人与传统老人的差异主要体现在以下方面。

一、年龄分布：属于新中国第二批婴儿潮

中华人民共和国成立初期，我国出生率普遍处于较高水平，经历了 1952 ~ 1959 年的第一次生育高峰（见图 1）。但 1959 ~ 1961 年进入三年困难时期，出生率在此期间断崖式下跌。之后，1962 ~ 1973 年开始迎来了长

图1　1952 ~2019 年中国的出生率

资料来源：Wind。

达 12 年的第二次生育高峰。这次婴儿潮是新中国至今最大的一次，连续 12 年新生儿数量超过 2000 万，婴儿总数达到 4.2 亿。目前，第一批"60 后"开始迈入老龄阶段。这一批老人为新老人群体贡献了庞大的人口基数，未来几年将使新老人在数量上远超传统老人。

二、历史参与："改革开放新生儿"一代，中国改革开放最大受益者

"60 后"老人在历史参与上呈现显著差异，可以将其人生经历精炼为：改革开放的青年、经济红利和 PC 互联的中年、资产富足和移动互联的晚年。

（一）改革开放的青年

1978 年末，具有划时代意义的十一届三中全会召开，中国从此拉开了改革开放的序幕。改革开放后，新生事物不断涌现，"60 后"在当时正值青春壮年，而中国的改革开放创造出大量新兴市场，社会主义市场经济建设刚刚起步，各行各业对新型人才的需求迫切，社会充满了机遇，为"60 后"一代提供了阶级跃迁与自我价值实现的广阔舞台。不同于传统老人在青年时期仍是政治生活占据主导地位、经济活动处于较低水平，"60 后"是当时建设社会经济、提高物质生活水平的第一批青年，"知识改变命运""下海创业""争当改革弄潮儿"是这一群体的信条。积极而富有活力的青年时期塑造了这一群人积极进取、勇于尝新的品质。

此外，青年是社会上最活跃、最有创新精神、最容易接受新事物的群体，很多新事物、新现象、新文化都是从青年群体中开始流行、传播，进而风靡全国的，可以说"60 后"青年的生活丰富多彩，并不输给如今的年青一代。从 1991 年 5 月 1 日起，中国正式开始实行双休日制度，这改变了整个社会的生活方式。对青年人来说，双休日给他们带来了更多可自主支

配的时间，可用于跳舞、看电影、逛街、购物、阅读。有了双休日之后，每到周六和周日KTV都会爆满，"K歌"已经成了当时人们一种普遍的休闲和娱乐活动。文化生活的解放满足了"60后"追求个人享受和精神生活的需求。

（二）经济红利和PC互联的中年

进入20世纪90年代，中国经济增长势头迅猛。除1997年受金融危机影响较大，中国GDP增速均超8%。经济形势的持续向好同样反映在人均收入上。我国人均GDP在1991~2000年的10年中增长了近4倍，作为各行各业中流砥柱的"60后"是经济高速增长的最大受益者，生活条件的不断提高使他们在生活理念与生活方式上与老一辈存在鲜明差别。处在社会经济发展的黄金年代，"60后"的生活态度从时刻警惕风险、重视节俭与囤积向对未来积极乐观、主张自我解放转变。

另外，从1994年开始，中国接入互联网，自此互联网在中国迎来了快速发展（见图2）。从上海、北京的网吧开始，20世纪90年代末，互联网开始在大众中普及。由于当时的电脑价格偏高，大多数家庭没有购置电脑，网吧便成为人们上网的主要场所。之后，网吧呈现越来越火爆之势。

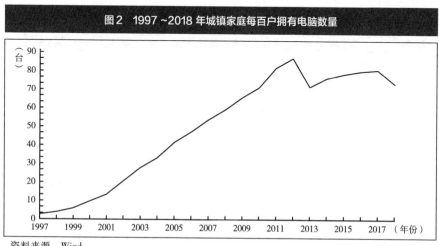

图2　1997~2018年城镇家庭每百户拥有电脑数量

资料来源：Wind。

在那里，聊天有 OICQ、QQ，游戏有 CS、魔兽，还有最新的电影，上网成为最受年轻人欢迎的娱乐形式，正值青壮年的"60 后"是最早能够接触这一新鲜事物的一批人。同时，办公电脑在政府单位、企业里逐渐普及，也使得"60 后"对电脑并不陌生，触网人数不断提高。

（三）资产富足和移动互联的晚年

改革开放以来的经济红利与个人奋斗使得"60 后"在财富与职场上积累了足够优势，中国快速上涨的房价进一步推高了"60 后"群体所拥有的资产总额。我国现行退休年龄为女性 55 岁，男性 60 岁。随着第二次婴儿潮中出生的第一批人口逐渐步入退休年龄，这一批较富裕一代的退休潮将催生新一轮消费高峰，并持续至 2039 年（见图 3）。

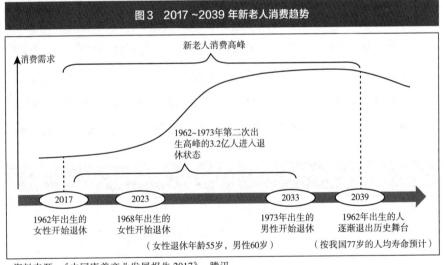

图 3　2017～2039 年新老人消费趋势

资料来源：《中国康养产业发展报告 2017》，腾讯。

随着"60 后"逐渐步入安稳的退休生活，因经济来源稳定，其晚年的生活目标将不再局限于物质而更多转向精神追求。在快速发展的移动互联时代，"60 后"在晚年迎来了信息技术的又一波浪潮。2011 年以来，50 岁以上的互联网用户占比节节攀升（见图 4），说明新老人正逐渐成为互联网一大用户群体。同时，微信月活人数从 2016 年的 770 万人上升至 2018 年的 6100 万人，反映了移动互联网在新老人群体中的渗透率不断提升。作为当年 PC 时代的第一批网民，"60 后"在对互联网的熟悉程度与上网基本知识上相较其他老人具有先发优势，较高的受教育程度使他们的学习能力更强，能够适应并融入移动互联时代。

图4　50 岁以上的互联网用户占比

资料来源：《中国康养产业发展报告 2017》，腾讯。

第二节　新老人画像特征

一、地域分布：高度聚集于中、东部地区的一、二线城市

根据国家统计局公布的数据，我国老龄化程度呈现局部深化现象，尤其是在东北和中、东部地区。总体上来看，东部新老人多于西部，北方新老人多于南方。

在城市分布上，一、二线城市老人高度聚集。一、二线城市的老龄化进入加速阶段，60 岁及以上人口占户籍总人口的比重，许多城市已超过 20%，其中上海最为突出。截至 2018 年末，上海市户籍老年人口已达 503.28 万，

占户籍总人口的34.4%。在其他城市中，北京市60岁及以上户籍老年人口为349.1万，占户籍人口的25.4%，同比增长0.9个百分点；成都市户籍人口为1476.05万，60岁及以上老年人口为315.06万，占户籍人口的21.34%；武汉全市户籍总人口为883.73万，其中60岁及以上老年人187.94万，占总人口的21.27%。如果将随着子女进入城市的老人计算在内，一、二线城市的老人数量将更大。

二、地域差异大：南北差异和城市差异显著

（一）南北差异明显，以北京、上海、杭州、广州为例

作为一南一北两座超一线城市的老龄群体，北京和上海的新老人拥有明显的差异。北京新老人退休前多为政府或事业单位的工作人员，更偏爱新闻时事类App，与北京政治之都的气质相符。在收入上相较上海更加两极分化，使用京东多过淘宝，平时喜欢玩对战游戏、煲剧、听音乐、看脱口秀。

上海新老人更偏爱理财类App，热衷于购物与理财，喜欢淘宝超过京东。在退休前多分布在消费制造行业，月收入普遍在1万元以上。在生活中更"有型"，是理财达人、购物达人、旅游达人、时尚达人。

杭州新老人也具有自身特点。根据AgeClub相关调研报告，他们有三大特点。其一，文化包容性强，不古板排外。其二，独立性强，不呼朋引伴。许多杭州老人独自参加各类兴趣活动，如去咖啡厅、看表演等，并不刻意寻求陪伴，乐于独立享受兴趣带来的快乐。其三，能快速学习新事物。在朋友圈上，过去杭州老人的朋友圈如同大多数老人一样，热衷于转发"鸡汤"，但当前杭州老人朋友圈的"鸡汤"数量逐渐降低，反映了杭州老人快速适应文化趋势，更新观念的速度快。

在穿衣风格上，杭州新老人如今也喜欢购买年轻人喜欢的优衣库等品牌，更注重舒适、大方，与年轻人品位趋近。在文化品位上，杭州新老人

会关注一些时尚类、读书类、时政类甚至科技类的公众号，如果壳网等，文娱爱好与年轻人越来越接近。这反映了杭州新老人的观念更新速度快，热衷于了解并接受年轻文化中积极的方面。

广州新老人则更加具有活力。根据 AgeClub 的调研，我们归纳出广州新老人有三大典型特点。其一，勇于尝试。广州新老人在退休后老当益壮，勇于创业、圆梦、实现新理想。在广州许多新老人是企业家，在退休后没有选择安稳的晚年生活，而是进行新的创业；也有很多新老人在退休后重拾年轻时未完成的梦想，学习英语、舞蹈、瑜伽等。其二，精神追求大于物质追求，低调、不炫富。有些广州新老人具有较多的物质财富积累，但在生活中并不热衷于物质享受，待人低调谦虚，并不张扬显露自己的物质生活水平，反映了他们对精神生活的重视。其三，在线软件使用熟练。广州新老人对网购、社交平台等新兴移动互联网 App 使用娴熟，积极主动融入线上互联网世界，与世界接轨。

（二）城际差异：一、二线城市新老人兴趣爱好领先于三、四、五线城市新老人

一、二线城市及各省省会吸收外来务工人员较多，属于人口净流入城市，而属于人口净流出城市的三、四、五线城市以及其他县城，劳动人口大量外流导致老龄化率被反向推高，子女外出的空巢老人现象更为显著。这类新老人在渴望陪伴、排解孤独方面的心理需求要高于一、二线城市的新老人。

由于非一、二线城市的新老人在受教育程度、对新鲜事物接触频率上要低于一、二线城市的新老人，因此在生活方式与精神需求上呈现很大的不同，总体上来说生活、娱乐模式落后于一、二线城市的新老人一段时间。新老人释放自我兴趣爱好的过程并非整齐划一的，而是层层递进的，我们将新老人的兴趣爱好按参与人数、普及程度、活动性质等划分为 3 个种类：大众娱乐型、专长爱好型和小众参与型（见图 5）。

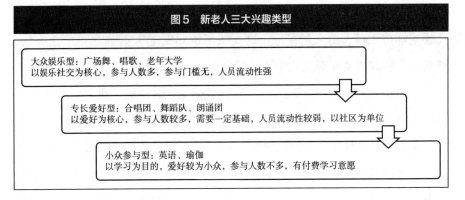

资料来源：根据用户调研整理。

　　大众娱乐型主要是广场舞、唱歌、老年大学等，其核心意义在于娱乐社交，特点是普及范围广、参与门槛低，因此参与人数相对较多，在每个城市都能看见跳广场舞的老人的身影。专长爱好型以爱好为核心，拥有一定基础并且志同道合的老人更加容易在一起参与。小众参与型则不再是唱歌、跳舞等老人的普遍爱好，而取决于不同老人的个人追求，如希望得到自我提升而学习英语，或者希望修养身心而报瑜伽班等。参与目的更加以自我为中心，社交仅仅是附属功能，这一类活动参与者的付费意愿较前两类更强。

　　当前三、四、五线城市新老人的主要参与类型为大众娱乐型，尤其是广场舞，而小众参与型比例明显低于一、二线城市。一方面，是因为新老人群体的相应需求有待培养；另一方面，是在小城市较少有机会参与此类活动。随着三、四、五线城市新老人群体文娱需求的逐步升级，未来小众参与型需求会增加，大众参与型需求将逐步减少。

三、性别差异：女性更好动，男性更爱"宅"

　　新老人群体中男女比例基本持平，但行为特征差异很大。总体上呈现女性较男性在社交、参与活动、接触新事物上更加积极活跃，消费行为更多。艾瑞数据显示，2020 年 4 月，销售额排名前三的中老年需求商品中，2 类商品为女性消费品，其中中老年女装的销售额是排名第二的手机的 2 倍（见图 6），反映了中老年女性比男性具有更强的消费需求。

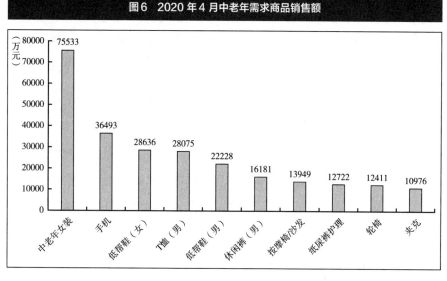

图6 2020 年 4 月中老年需求商品销售额

资料来源：智研咨询、中国产业信息网。

男性新老人在社交、尝试、消费上的态度相对消极，主要原因是新老人群体中男性相较女性更好面子。退休后开拓新生活圈首先需要自己踏出第一步，主动去认识他人。新老人男性本身在退休前已有成熟的社交圈，在主动开拓社交关系上较为拘束。而女性本身更热衷于参与文娱活动，如广场舞的参与者主要为女性，共同的兴趣爱好使得女性老人在开拓社交圈上拥有更多机会。

女性的消费水平普遍高于男性。这一点在年轻群体身上同样有所体现，传统家庭中普遍由女性负责家中大小开支事宜，家庭生活用品主要由女性来购买。同时，女性爱美的心理使其对服饰、美妆用品等的消费意愿较高。

女性更注重培养多方面的兴趣和能力。《2017～2018女性旅游消费分析报告》显示，女性游客人次占比超过"半边天"。在京东平台，女性购买旅游度假产品的数量呈明显增长趋势。

四、生活场景：以家庭为中心转变为社交场景比重攀升

对于"60后"老人而言，子女成年后，他们大多处于自主安排生活的状态，自己自由支配时间的意愿不断加强，带孙辈的主观意愿越来越弱，不愿意将自己的时间耗费在带孙辈上，更乐意提供物质上的帮助，而非花时间照看。

从生活状态对心理的影响上讲，新老人处于心理的重大转折期。一方面，孩子离开家庭上大学或成家立业后，原本以家庭为中心的生活出现断层。退休后自由支配时间一下子增多，许多老人难以适应生活状态的突然转变，内心出现强烈的社会交际与排遣孤独的需求。另一方面，对于拥有自身爱好与追求的新老人而言，退休后充足的时间与稳定的收入为他们提供了重拾梦想、发展爱好的可能性，并以此找到新的生活方式与社会认同。

这种心理需求使得新老人开始寻求建立家庭、同学、同事以外的新社交关系（见图7）。新老人开始参与各类兴趣爱好团体，互相交流，以此认识新的同龄人，开拓社交圈。新老人的生活场景开始呈现多元化特征，聚会、健身、旅游、KTV等生活场景开始成为新老人生活的常态，社交场景在新老人日常生活中的比例不断升高。

新老人互动频率最高的是基于兴趣爱好的第四社交圈。这种社交圈带来的文娱需求非常稳定，并且同时在一线城市和其他下沉市场中有所体现。尽管文娱需求由于地域差异的客观存在，形式并不统一，却是每一位新老人的客观个体需求。

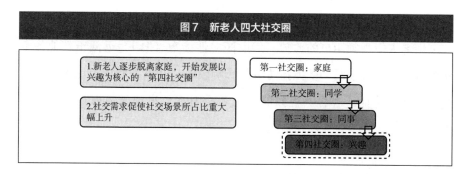

图7 新老人四大社交圈

资料来源：根据用户调研整理。

与微博、抖音等大众化的社交软件不同，老人的社交范围更加局限于老人群体，头部短视频App快手、抖音的中老年用户不超过2%。新老人对文娱活动的需求在于结交更多朋友，建立共同社群。同时，老人的品牌忠诚度更高，在进入社交圈后依赖程度高，社交行为相较年轻人更加保守，偏好分享而不是抒发。60加研究院数据显示，82.8%的短视频用户有过不同形式的短视频互动行为，其中仅仅观看而不参与互动的人群多为40岁以上用户。在参与互动的中老年用户中，会转发的用户占比高达53.8%。

五、价值取向：注重贴近生活与实用价值

新老人群体对新兴事物抱有开放的姿态，乐于接受新知识，同时几十年的生活经验以及职业积累使他们对自己的判断抱有自信。年轻人接受新事物快，追星心理、娱乐目的性更强，对事物的评价更多带有情绪。新老人并不像年轻人那样迅速接受新事物，而是用自己的经验认知消化新事物为己所用。总体上，他们属于理性的实用主义者，对短视频内容的喜好具有注重实用性特点。根据60加研究院的调研结果，在新老人进行内容分享的原因中，53.8%为"对自己的生活有帮助"，53.4%为"贴近生活，表达普通民众心理"，47.2%为"能带来有益启示，启发思考"。这一现象反

映了新老人对文娱产品的需求点始终在于提升自身生活质量。

新老人短视频用户的孤独、焦虑倾向性指数（TGI）远低于其他各个年龄段，进行文娱活动受孤独情绪的影响较小，在消费动机上更少呈现情绪化消费的特征，观看短视频的动机和诱因主要来源于短视频内容的吸引性。

六、审美取向：多元审美，追求新潮与个性

传统老人群体的个人审美受到传统思想与生活习惯的束缚，呈现较为单一的特征，普遍接受以朴素、节俭为主要要素的审美观。而新老人群体在青年时期经历改革开放，"解放思想"的观念深入人心，在审美上呈现更加多元化、个性化的特点。新老人不受年龄束缚，追求"老不服老"，更加注重自我取悦与个性释放。

移动互联时代赋予个体更多展现自我的机会，新老人同样是移动互联网大潮的参与者。"每个个体都有价值，每个声音都被理解"的互联网精神在新老人群体中同样得到体现。许多在年轻人中流行的概念，在新老人中也受到欢迎。新老人群体具有年轻的心态，致力于摆脱老年人陈旧迂腐、墨守成规、呆板保守的形象。不仅如此，许多新老人打破年龄界限，在年轻人的话语体系中受到广泛欢迎。海军少将张召忠进驻 B 站，成为拥有 381.5 万粉丝的知名 up 主；国乐大师方锦龙登上 B 站跨年晚会，与虚拟偶像洛天依共同演奏民族曲目，展现了新老人群体年轻化的一面。以这些老人为标杆，更多新老人意识到实现自身价值的重要性，在审美上不被老人标签所束缚，追求个性解放。

七、消费方式：理性与不理性并存，告别子女依赖转向群体依赖

相比于年轻人，新老人在财富积累上拥有更大优势，并享有充足的空

闲时间，消费能力高于年轻群体。相较于传统老人，新老人的特质在于具有较强的消费意愿。传统老人崇尚节俭，秉持"新三年，旧三年，缝缝补补又三年"的生活方式。在压抑自身消费欲望的同时，对下一代出手大方。传统老人这种朴素节俭的风格是在困难时期形成的，一时难以改变。而新老人一方面经历了中国经济腾飞的历程，个人财富积累达到峰值；另一方面崇尚回归自我，拥有较强的自我消费意愿。

随着新老人群体的不断扩大，老人群体的消费观将从囤积式消费转向享受式消费，从低质量消费转向高质量消费，从以家庭为中心的消费转向以自我为中心的消费。因此，新老人同时具备强消费意愿与高消费能力，在退休人群需求较大的保健、旅游、文娱市场中有较大消费可能。相较于年轻人，新老人消费更加注重性价比，在追求享受的同时要求产品与服务的高品质。

与此同时，新老人的消费存在矛盾，主要表现为在日常生活消费上的理性与在认知和健康领域消费上的不理性。

一方面，日常消费上的理性。新老人几十年的生活经历使其对于日常生活类商品的购买，尤其是对柴米油盐酱醋茶一类商品的挑选与购买，有着丰富的经验。他们非常理性，追求实用价值，关注重点在于产品的质量、便捷性、价钱和数量上。对于促销活动，其关注点在于是否具有较高的性价比、促销方式是否简单直接。同时，新老人参与网购最直接的原因是便捷性。在新老人的网购因素排序中，质量高于价格，价格高于品牌。由于新老人对网购还不是很熟练，目前网购行为仍集中于高频率、低价格的日用品购买。

另一方面，认知和健康领域消费上的不理性。新老人的认知焦虑和健康焦虑都导致了其不理性的行为。虽然新老人群体相对传统老人对新鲜事物非常开放包容，但面对飞速变化的社会，他们有时依然会无所适从，在某些问题上产生传统经验与现代思想的矛盾冲突。当前许多针对老年人的电信诈骗、网络骗局、虚假营销等，在年轻人看来不可思议，但新老人由于对新鲜事物适应速度慢，有时无法做出正确选择。他们在信息获取上更加被动，对信息的甄别更多依赖于个体经验。这种不适应使其产生焦虑，从而引发一些不理性的消费行为。

"60后"新老人同传统老人一样，最大的顾虑在于自己身体的健康状况。中国保健品市场上绝大多数消费者为中老年人，他们对自己的身体状况更加关注，并热衷于通过养生的方式保持健康。这反映了新老人在健康方面的焦虑，导致其在健康方面的消费上有时会出现不理智行为。

过去，老人群体在消费上更加依赖子女做决定，尤其是在涉及大额支出时难以独立判断。而新老人在经济上更加独立，消费决策权回归自己手中。AgeClub针对新老人网购行为的调研显示，受访用户中85%喜欢自己独立完成网购，根据自己的需要采购商品。至于旅游，更多新老人可以"说走就走"。另外，新老人对商家促销敏感程度较低，更倾向于相信自己与身边人的经验（见图8、图9）。新老人的日常社交活动较多，容易在小

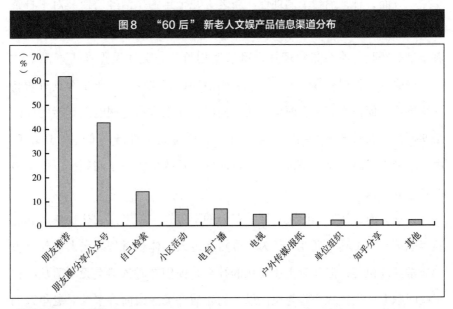

图8　"60后"新老人文娱产品信息渠道分布

资料来源：60加研究院。

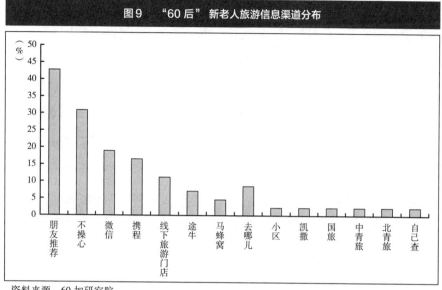

图9 "60后"新老人旅游信息渠道分布

资料来源：60加研究院。

圈子里交流购物心得以及对不同商品的评价，他们认为的好品牌是基于圈子的共识而非大众眼里的大牌。

八、上网习惯：已成为移动互联网的典型用户

随着人们的温饱问题得到解决，生活质量及消费水平持续提升，人们对物质及精神生活提出了更高的要求，经济结构的变化改变了需求，而需求又推动细分群体市场的出现。在互联网群体中出现Z世代、小镇青年、银发人群三个典型细分群体。据统计，我国中老年网民数量不断上升，截至2018年已有超过1亿50岁以上的网民。AgeClub的调研显示，用手机网购的占80.95%，用手机在线学习的占59.52%，每天看3小时以上手机的用户已远超每天看3小时以上电视的用户。对于新老人群体而言，其信息触达渠道已经逐渐从电视向智能手机转变。同时，"60后"新老人的智能手机渗透率高达100%，几乎涵盖日常生活的所有方面。

易观在《2019银发数字用户娱乐行为分析》中，总结了三点银发网民

的特征以及银发人群的网络行为偏好：家庭负担降低，空闲时间延长；品牌意识加深，平台依赖性强；行为偏好更为集中，在线娱乐需求显著。

（一）成为移动互联网用户重要组成部分

随着老龄人口的不断攀升，互联网渗透率不断提高，新老人群体对互联网的依赖性越来越强，已经成为移动互联网用户的重要部分。易观数据显示，从2018年1月至2019年1月，新老人群体人均上网时长快速上升（见图10），同比增长21.7%，同时在人均单日启动数上有所减少（见图11），

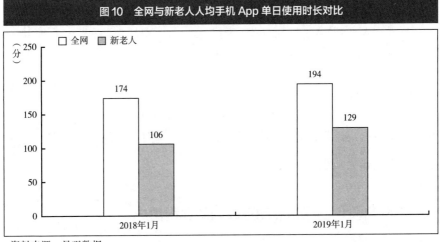

图10　全网与新老人人均手机 App 单日使用时长对比

资料来源：易观数据。

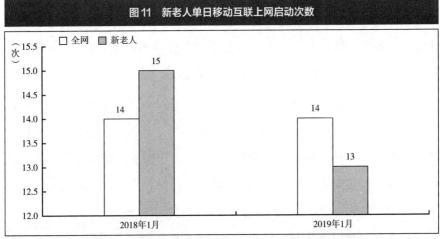

图11　新老人单日移动互联上网启动次数

资料来源：易观数据。

说明新老人群体的上网意识正在深化，他们更愿意留在手机应用中从而替代频繁启动。

（二）上网行为比较简单，偏爱社交娱乐资讯 App

不同于"千禧一代"，互联网对于新老人来说仍然是新鲜事物，需要大量学习才能掌握。新老人人均 App 使用数量和分布情况见图 12、图 13，从中反映出新老人群体使用 App 更为"专一"，他们不轻易下载新软件，一旦使用即为重度用户。同时，由于学习成本较高，超过 50% 新老人手机中

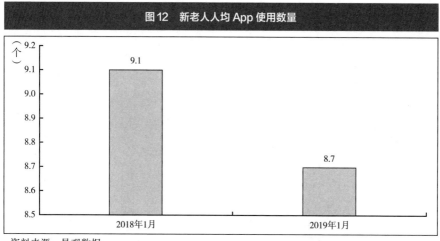

图12　新老人人均 App 使用数量

资料来源：易观数据。

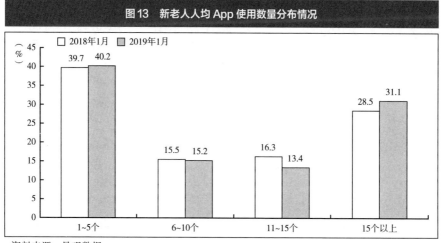

图13　新老人人均 App 使用数量分布情况

资料来源：易观数据。

的 App 不超过 15 个，但在每个 App 上的平均使用时间相比年轻群体较长，新老人在掌握了某个应用后，会倾向于长期使用，用户黏性更大。

社交、娱乐、资讯类应用是新老人使用最多的应用。其中新老人对新闻的钟爱远超其他各年龄段（见图 14）。从活跃渗透率上看，排名前三的分别是移动社交、移动视频、新闻资讯。而从上网目的看，各类占比分别为：看新闻 84.8%，看影视剧 35.2%，玩游戏 27.1%，聊天 20.8%，炒股 13.2%，购物 12.0%。

图 14　2018 年 12 月银发人群一级行业活跃渗透率 TOP15

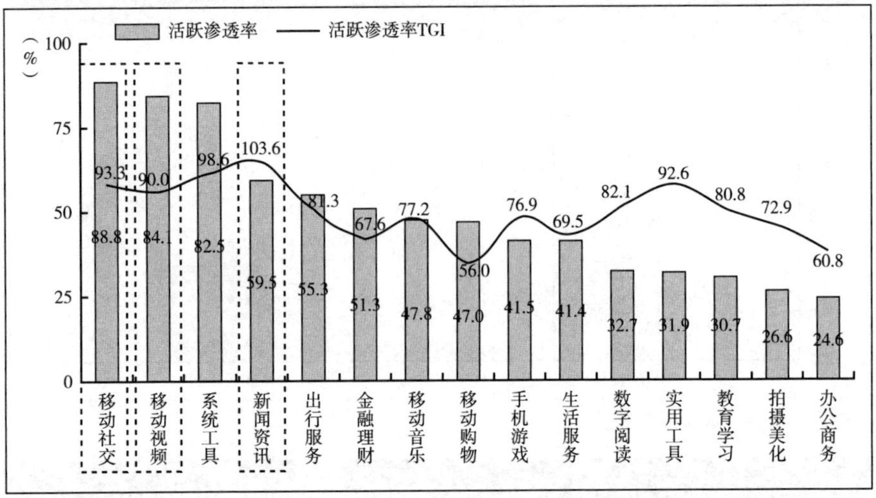

注：活跃渗透率：某目标人群启动某个应用分类的月活跃用户数除以该目标人群的月活跃用户数。活跃渗透率 TGI：某目标人群启动某个应用分类的月活跃渗透率除以全网该应用分类的月活跃渗透率×100。虚线框代表活跃渗透率排名前三，系统工具一般要剔除在应用统计中。
资料来源：QuestMobile。

从使用时间上看，新老人在上网时集中在几类 App。移动社交占据了最高的上网时长（见图 15），说明与子女保持联络、维系朋友圈仍是新老人上网的头号需求。他们在即时通信方面的活跃渗透度为 84.5%，2018 年 12 月花在即时通信的时长为 2556 分（见图 16）。其次是移动视频与新闻资讯，其中新老人的新闻资讯类时长占比超过 15%，是全体网民的 1.8 倍，在浏览器、搜索工具等系统工具领域的时长占比也明显高于其他网民。

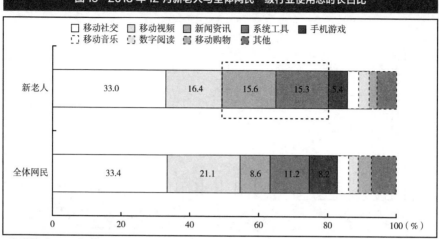

图15　2018年12月新老人与全体网民一级行业使用总时长占比

资料来源：QuestMobile。

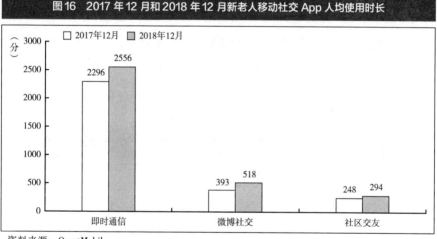

图16　2017年12月和2018年12月新老人移动社交App人均使用时长

资料来源：QuestMobile。

（三）移动互联网使用深度提升，使用范围拓宽

除了新老人偏爱的社交、视频、资讯类App以外，他们在电商、金融支付、旅游出行、生活服务等领域的渗透率也在提升（见图17），说明新老人开始拓宽互联网使用范围，使用深度提升。

同时，新老人曾经需求较低的音乐、阅读、短视频的使用率开始上升。易观数据显示，在使用占比较高的App如视频、电商类App中，新老

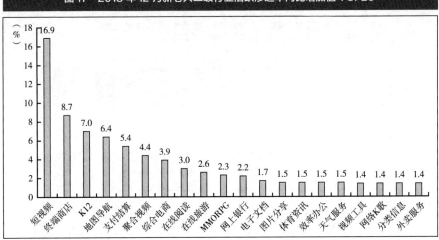

图17　2018 年 12 月新老人二级行业活跃渗透率同比增加值 TOP20

资料来源：QuestMobile。

人用户比重呈现下滑趋势，而原本使用较少的拍照、阅读、游戏、短视频类 App 的使用占比出现了提升（见图18）。与此同时，地域需求差异化开始浮现，短视频从碎片化需求走向重度使用需求。三线以下城市短视频新老人用户使用时长是一、二线城市短视频新老人用户使用时长的 1.5 倍。

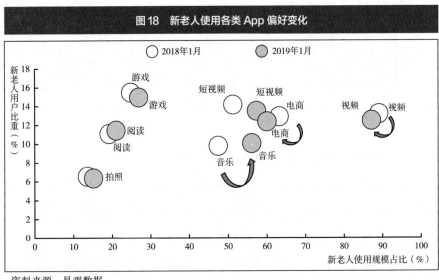

图18　新老人使用各类 App 偏好变化

资料来源：易观数据。

第二章 中国老年文娱产业20年

龚先念

龚先念，博士，中国建投投资研究院研究员

核心观点

● 老年文娱产业 20 年的发展，可以划分为三个阶段：萌芽期
（2001～2013 年）、成长期（2014～2018 年）和高速扩张期
（2019 年至今）。

● 萌芽期的主要特征有：①少数机构开始试水入场；②线上开始
关注到广场舞的巨大需求和流量红利。

● 成长期的主要特征有：①机构大量进入，业态更为丰富，竞争
局面产生；②App 红利推动大量追逐流量的参与者入场；③各
类机构摸索商业模式并逐步跑通；④微信红利助推老年文娱机
构快速成长。

● 高速扩张期的主要特征有：①中老年群体的移动互联网红利时
代开启；②短视频流量红利推动线上文娱机构的"粉丝"快速
增长；③大量线下模式跑通之后开始快速复制扩张；④互联网
大公司高手入场，并带动互联网巨头纷纷布局；⑤主流风险投
资机构入场。

第一节　什么是老年文娱产业

2017 年 9 月 29 日，国家统计局发布新版《国民经济行业分类（GB/T 4754—2017)》。其中的文化、体育和娱乐业，包括报纸出版、期刊出版、广播制作播放、电视制作播放和文化活动服务。文化活动服务，是指策划、组织、实施各类文化、晚会、娱乐、演出、庆典、节日等活动的服务。

2020 年 2 月 28 日，国家统计局公布了《养老产业统计分类（2020)》。其中的老年文化娱乐活动，是指主要由老年人参与的文艺类演出、学习培训、比赛、展览、鉴赏等文化娱乐活动，以及博物馆、图书馆等机构开展的与养老相关的各类文化娱乐活动（见表 1）。

表1　《养老产业统计分类（2020)》（相关部分）				
03			老年健康促进与社会参与	
	032	0320	老年文化娱乐活动	8831* 图书馆
				8850* 博物馆
				8870* 群众文体活动
				9011 歌舞厅娱乐活动
				9019* 其他室内娱乐活动
				9052* 体育表演服务
	033	0330	老年旅游服务	7291* 旅行社及相关服务
				786* 游览景区管理
05			养老教育培训和人力资源服务	
	052	0520	老年教育	8399* 其他未列明教育
07			养老科技和智慧养老服务	
	072		智慧养老服务	
		0721	互联网养老服务平台	6432* 互联网生活服务平台
				6434* 互联网公共服务平台

资料来源：国家统计局。

2018 年 4 月 2 日，国家统计局发布了《文化及相关产业分类（2018)》。其中的互联网文化娱乐平台，是指互联网演出购票平台、娱乐应用服务平台、音视频服务平台、读书平台、艺术品鉴定拍卖平台和文化艺术平台，该小类包含在互联网生活服务平台行业小类中。

因此，综合上述国家分类标准和市场观点，老年文娱活动作为养老产业统计分类中的一个独立门类，可以划分为一个单独的产业。老年文娱产业既包括线下老年文化娱乐活动，也包括互联网老年文化娱乐平台，主营业态具体可细分为老年传媒（传媒包含的细类比较多，这里更多采用了投行研究惯用的分类，包括门户、电视、报纸、杂志、在线视频、短视频、网红等）、老年演出、老年教育、老年文旅、老年社交、老年文娱消费等。

第二节　萌芽期：2001～2013年

2001年，在我国老龄化率最高的城市——上海，三个毕业于复旦大学、同济大学的年轻人开始关注到老人上网、社交等方面的文娱需求，并创办了全国第一家老年人生活服务网站——老小孩，开启了中国老年文娱产业发展的序幕。

21世纪第一个十年，"40后"开始集中退休，"50后"中的女性也开始退休了。这一代老人退休后的生活场景基本是以家庭为中心，文娱需求较为简单。需求决定了市场，2001～2013年，老年文娱市场的参与者屈指可数，我们把这个阶段称为老年文娱产业发展的萌芽期。具体来看，主要呈现以下几方面特征。

一、少数机构开始试水入场

从产业参与者的数量来看，这个阶段有11家比较典型①的机构进入老

---

① 所谓典型，主要是基于统计数据的严谨性而言。由于缺乏权威的产业统计数据，作者根据业内普遍共识，只对早期市场影响较大的机构进行了统计。即便如此，统计也难以避免存在疏漏。

年文娱市场（见表2），占作者统计的老年文娱产业参与机构总数的13%。其中，完全新设的机构只有6家，剩余5家都是在原有业务基础上的延展。比如，《金色年代》是上海文艺出版集团故事会文化传媒有限公司专门为50岁以上的中老年人创办的生活类杂志，《快乐老人报》是中南传媒集团旗下《潇湘晨报》专门面向都市老人创办的纸媒，安愉人生是兴业银行为老年客户打造的交流活动平台，幸福年华是中信银行为老年客户打造的活动演出平台。

从区域分布来看，这个阶段的产业参与者主要集中在北京、上海一线城市和中、东部个别省会城市。

从主营业态来看，产业参与者大多选择从传媒和演出切入市场，以线下模式为主。其中，传媒的业态最为丰富，既有电视、报纸、杂志等传统媒体，也有门户网站等互联网媒体。

表2　老年文娱产业萌芽期参与机构基本情况				
启动年份	机构名称和项目	业态	注册地	核心产品
2001	老小孩	传媒–门户	上海	老小孩网站
2008	金色年代	传媒–杂志	上海	杂志＋线下活动
2009	快乐老人报	传媒–报纸	长沙	报纸
	晚霞网	传媒–门户	北京	晚霞网网站
	大好河山	演出	北京	文艺晚会
	老来俏	传媒–电视	南京	电视节目
2012	兴业银行–安愉人生	演出	—	广场舞、摄影等文娱赛事
	糖豆网–糖豆广场舞课堂	体育	—	广场舞视频
	就爱舞蹈网BBS	体育	苏州	广场舞视频
2013	社区天天乐	演出	常州	社区广场演出活动
	中信银行–幸福年华	演出	—	广场舞大赛

注：　在作者统计的机构中包括主营机构和兼营机构，其中兼营机构的注册地在表中未注明；考虑到市场普遍认知老年文娱机构的产品名称，在表中所列项目以相关机构主营业务产品名称为主，而不是工商注册名称。

资料来源：根据网络信息整理。

二、线上开始关注到广场舞的巨大需求和流量红利

2012 年，广场舞这种文娱活动在老年群体中兴起。在线下广场、公园等生活场景开始频繁出现广场舞活动。就在这个时候，个别线上运营人员发现广场舞的百度搜索指数非常高，每天有将近 10 万次的搜索量。他们敏锐地察觉到广场舞市场的发展前景和商机。生活门户网站糖豆网的创始人张远原本聚焦于年轻人群的时尚、影讯、美食、健身等内容，在 2012 年 10 月迅速上线了面向中老年群体的"糖豆广场舞课堂"，仅开播一个月累计播放量就达 100 万次。预判到广场舞群体的流量红利，2013 年 1 月，糖豆网开始与大量健身达人合作，制作广场舞健身教学节目。

与此同时，在苏州经营一家网络公司的范兆尹，联合大学期间的朋友卞飞一起创立了就爱舞蹈网 BBS，并迅速建立起上百个广场舞 QQ 群。他们利用业余时间运营 BBS，在短短两年时间内积累了十几万名会员，最高同时在线人数高达 1 万人。

第三节　成长期：2014～2018年

2013 年对于养老产业而言是一个特殊的年份，业内称之为中国养老产业元年。历史背景是，2012 年民政部颁布《关于鼓励和引导民间资本进入养老服务领域的实施意见》，加上其他政策利好，2013 年大量保险、地产等大型机构进入养老产业领域，并实质性地推动众多养老地产项目开建。养老地产市场的爆发催生了老年文娱行业的创新、创业热潮。

事实上，推动老年文娱发展的根本动力在于用户群体及其需求的变化。最大的变化莫过于婴儿潮一代进入老年，开启了新老人时代。21 世纪的第二个十年，"50 后"全部退休，"60 后"中的女性从 2015 年开始也陆

续退休了。这一批新老人是改革开放红利的受益群体，有财富积累，更有与传统老人不一样的生活理念和生活方式，退休后开始放飞自我，社交场景比重大幅上升，释放出多样化、个性化的文娱需求。

截至 2013 年底，全国有 500 多万个中老年艺术团体，覆盖人数超过 1 亿。大量中老年群体退休后依托社区、街道形成了自发组织、以兴趣爱好为主题的艺术团体，包括舞蹈、合唱、朗诵、器乐、模特、书法、摄影、骑行、太极、空竹、柔力球、手工、读书等各式各样的艺术社团。

与此同时，随着移动互联网的快速发展，老人开始高频触网，尤其是智能手机在中老年群体中的覆盖率提升，推动移动互联网快速完成对中老年用户的教育，并促进了线上老年文娱市场的快速发展。

在上述因素的共同推动下，老年文娱产业迎来了 2014～2018 年长达 5 年的快速成长期。具体来看，主要呈现以下几方面特征。

一、机构大量进入，业态更为丰富，竞争局面产生

从产业参与者的数量来看，这个阶段有 55 个比较典型的机构或个人进入老年文娱市场（见表 3），占作者统计的老年文娱产业参与机构总数的 65%①。其中，2015 年、2017 年和 2018 年新设机构比较集中，2016 年相对较少，2018 年随着短视频的崛起，大量老年网红机构产生。

从区域分布来看，这个阶段的产业参与者主要集中在北京、上海、杭州，但是分布更为广泛，江苏、广东、山东、四川、重庆、辽宁、陕西等地都出现了老年文娱创业团队。

从主营业态来看，更为丰富和多元化，涉及移动社交、教育、演出、体育、传媒五大业态，以线上模式居多。其中，移动社交产品主要从视频剪辑和图文编辑两种工具方式切入市场。需要强调的是，彩视、小年糕和

---

① 如果把 60 余个广场舞机构都统计上，这一比例高达 80%。

美篇刚开始并不是针对老人开发的，但是在市场推广过程中正好满足了老年人的需求，因此获得了大量老年用户。教育产品有线下连锁和线上课程两种模式。演出产品有各自聚焦的艺术群体，比如模特、合唱、舞蹈等群体，并相应开发出差异化的演出赛事活动。体育产品主要聚焦于广场舞群体，并以 App 产品为主。与萌芽期相比，传媒业态基本上是短视频类的新媒体产品，传统媒体只有上海的退休俱乐部。

		表3 老年文娱产业成长期参与机构基本情况		
启动年份	**机构名称和项目**	**业态**	**注册地**	**核心产品**
2014	彩视	移动社交 – 视频剪辑	北京	彩视 App
	小年糕	移动社交 – 视频剪辑	北京	微信公众号和小程序
	养老管家	网络教育	深圳	网络艺术、医疗健康课程
	乐退族	演出	北京	模特大赛
	睿年俱乐部	演出	上海	文艺演出
2015	糖豆广场舞	体育	北京	糖豆 App
	就爱广场舞	体育	苏州	就爱广场舞 App
	99 广场舞	体育	北京	99 广场舞 App
	红舞联盟	体育	北京	红舞联盟 App
	舞动时代	体育	北京	舞动时代 App
	50 +	社交	北京	生活社交中心、50 + 生活 App
	退休俱乐部	传媒 – 综合	上海	电视节目 + 报纸 + 新媒体
	鼎富人生	演出	北京	艺术赛事
	北京大妈有话说	传媒 – 网红	北京	微信公众号和小程序
	寸草心	移动社交	上海	寸草心 App
	美篇	移动社交 – 图文编辑	南京	美篇 App
2016	快乐50	教育	北京	艺术课程
	墨池	网络教育	南京	网络书法课程
	美好盛年	教育	广州	艺术课程
	阳光禾你	教育	杭州	艺术课程
	百乐萌	演出	杭州	旗袍秀、百乐萌 App
2017	每次	移动社交	杭州	每次网、中老年生活 App
	家游学院	网络教育	杭州	微信公众号和小程序
	全民 K 歌	娱乐	深圳	全民 K 歌 App
	友乐短视频	传媒 – 短视频	北京	友乐短视频 App
	老年网红（2个）[1]	传媒 – 网红	—	短视频

续表

启动年份	机构名称和项目	业态	注册地	核心产品
	樊登年轮学堂	网络教育	上海	兴趣课程
	小桃说	网络教育	上海	微信公众号和小程序
	厉害了爸妈	在线游戏	深圳	微信小程序
2018	有哎社区	演出	北京	艺术赛事
	锦视	传媒－短视频	北京	锦视 App
	票圈视频	传媒	长沙	微信小程序
	老年网红（22 个）[2]	传媒－网红	—	短视频

注： 2017 年抖音上线的是 2 个 MCN 网红——末那大叔和爷爷等一下， 分别隶属于青岛末那大叔文化传播有限公司和洋葱集团。 2018 年抖音上线的 22 个老年网红具体指： 郎影、 小顽童爷爷、 蔡昀恩、 爷爷等一下、 淘气陈奶奶、 济公爷爷游本昌、 我姥爷、 最潮刘老头、 国民姥姥、 罗姑婆、 炮手张大爷、 流星锤老爹、 姑妈有范儿、 小顽童奶奶、 张双利、 康奶奶说、 江河、 黄胜兴（搞笑大孙子）、 乐退族、 陕西老乔、 银丝倩女、 戈姐聊美食。 其中 12 个是个人网红， 10 个是 MCN 网红。
资料来源： 根据网络信息整理。

从市场竞争来看，产业内出现了同一区域市场、同一目标用户、同一主营业态的竞争局面，尤其是在北京，老年体育、演出、移动社交、传媒等赛道都出现了多个机构竞争的态势。

二、App 红利推动大量追逐流量的参与者入场

2015～2017 年是 App 市场崛起的三年。当时 App 的获客成本平均每下载一次只有 1.5～2 元。在 PC 时代中老年流量红利的受益者中，大部分个人站长创业者通过广告变现后就卖掉了账号，只有少部分意识到 App 红利时代的到来而参与到移动互联网的流量追逐中。糖豆网创始人张远和就爱舞蹈网 BBS 的创始人范兆尹就是这少部分中的代表。他们在 2015 年先后上线广场舞 App，并在短短数月内拿到知名投资机构的风险投资[1]。同年，

---

① 糖豆广场舞 App 于 2015 年 4 月上线，9 月获得亦联资本 500 万美元投资。就爱广场舞 App 于 2015 年 4 月上线，8 月获得英诺天使基金的 300 万元人民币投资。

99 广场舞 App、红舞联盟 App、舞动时代 App 相继上线运营。这些广场舞公司成立之初大多较为容易地获得了风险投资，并且在风险资本的推动下迅速做大了流量。糖豆广场舞、就爱广场舞、99 广场舞在安卓端的下载量一两年时间就突破了千万次。在这些广场舞公司的助推下，广场舞活动成为整个中国社会的一个现象。老年文娱市场的创业机会也被广场舞的热情全面带动起来。据统计，2015～2016 年上线的广场舞 App 有 60 余款之多。

三、各类机构摸索商业模式并逐步跑通

这个阶段和上个阶段设立的企业从不同的细分市场、不同的产品与服务模式切入市场，大多经历 2～5 年的摸索期跑通了商业模式。它们在市场运营中逐步加深对目标用户的认知，用户画像逐步清晰，运营团队不断打磨产品，调整运营策略，让产品与用户、与渠道更为匹配。在这一过程中，相对成熟的运营体系逐步搭建起来，运营标准逐步建立，运营模式具备了复制扩张的基础。与此同时，创业团队基本完成商业闭环并开始尝试多元化变现渠道。

从企业案例来看，萌芽期的社区天天乐用了 5 年时间完成运营体系标准化，并开始异地扩张；成长期的美好盛年用了近 2 年时间跑通产品模式，随后开启连锁化运营；退休俱乐部运营了近 3 年后开始异地扩张；糖豆广场舞、就爱广场舞等广场舞机构较快跑通了互联网模式并获得多轮融资。但是从 2015 年至今，它们依然还在探索盈利模式，流量变现成为所有广场舞 App 的痛点。

四、微信红利助推老年文娱机构快速成长

2016～2018 年是中老年微信流量红利期。据统计，2016 年 9 月微信中老年用户只有 768 万人，到 2018 年 9 月已经超过 6300 万人，增长了 7 倍。

乐退族、退休俱乐部、小年糕、美篇、票圈长视频等机构借助中老年向微信迁移而获得的新媒体流量红利，通过布局微信公众号、微信小程序，实现了用户规模的快速增长。在这波红利中，乐退族的"粉丝"数从几十万量级上升到 500 万量级；退休俱乐部线上"粉丝"近 100 万人，上海地区全平台会员数达到 120 万人；小年糕注册用户中 50 岁以上用户数突破 1 亿人。

伴随着用户量的激增，从 2017 年开始，上述围绕中老年群体的微信生态创业项目屡屡获得大笔融资。比如美篇在 2017 年先后获得真格基金 A 轮、经纬中国 A＋轮千万级融资，2018 年又获得芒果文创基金领投的过亿元 B 轮融资；乐退族在 2017 年获得千万级 A 轮融资；小年糕在 2017 年获得君联资本领投的 B 轮融资，2018 年又获得 C 轮 2500 万美元融资。在巨额资本的推动下，这些老年文娱机构将微信红利吃透，最大化做大流量，实现指数级成长。

第四节　高速扩张期：2019年至今

我们把 2019 年至今划分为老年文娱产业的高速扩张期，主要是基于以下几方面的原因。

一、中老年群体的移动互联网红利时代开启

站在用户的角度，2018 年移动互联网对中老年的教育基本完成，中老年用户已经成为移动互联网的三大典型用户之一①。据业内观察，2016～

---

① 根据中国移动互联网数据库 2018 年半年报告，50 岁以上的中老年群体在用户规模、使用偏好、使用时长上，已经与 Z 世代（"95 后"）、小镇青年（地处三线及以下城市的"90后"）并列成为移动互联网时代的三大典型用户。

2018 年，老人开始使用智能手机，但是大多数手机使用行为还比较初级，只会阅读微信群、朋友圈里的内容，不知道怎么点击关注公众号、在哪里收看公众号的最新推送，微信也基本没有绑定银行卡。然而，截至 2018 年底，中老年人群的智能手机普及率已经接近 100%[①]，经过前几年的积累后，使用深度在 2019 年上了一个大台阶，微信红包、各种相册、视频、电商小程序、拼多多、游戏、阅读等已经在中老年人群中普及。

2020 年初暴发的新冠肺炎疫情更是加速让老年群体向移动互联网迁移。据各大互联网平台统计，疫情期间京东、天猫、美团、盒马生鲜等平台的老年用户使用比例大幅提升，抖音、快手上超过百万点赞量的老年主题短视频大量增加，以往不太愿意或不习惯使用移动互联网的老年人开始加速适应移动互联网使用场景。我们预测，未来 5 年将会增加 1.5 亿左右的老年移动互联网用户，中老年群体的移动互联网红利时代正式开启了。

二、短视频流量红利推动线上文娱机构的"粉丝"快速增长

2018 年下半年，纯中老年的微信公众号、微信小程序纷纷陷入"粉丝"增长停滞期。根据《2019 中国网络视听发展研究报告》，2018 年 6 月，50 岁及以上用户的短视频使用率达到 54.5%，12 月这一数据已经上升到 66.7%；从短视频用户年龄占比来看，50 岁以上用户已经从 6 月的 6.5% 上升到 12 月的 11%，而其他年龄段的用户基本呈下降趋势。显而易见，中老年群体从 2018 年下半年开始快速向短视频平台转移。

借助这一波短视频流量红利，快速在抖音等短视频平台布局的老年文娱机构获得了少则几十万、多则上千万的新"粉丝"（见表 4）。乐退

---

① 根据美国 Zenith 统计报告，截至 2018 年底，中国智能手机用户数达到 13 亿人，居全球第一位。这就意味着在中国，智能手机几乎人手一部，大量中老年群体已将老年手机淘汰。

族通过组建专业的短视频拍摄团队，在短短数月内实现了"粉丝"数的爆发式增长，远远超过它在微信红利时代的增长速度。而像"姑妈有范儿"这样新进入的老年文娱机构，也借助短视频红利迅速突破了 100 万的"粉丝"量。

表4　老年 MCN 网红"粉丝"数、获赞数情况				
MCN 网红名称	地域	上线年份	"粉丝"数（万人）	获赞数（万个）
爷爷等一下	成都	2017	348	5771.7
末那大叔	青岛	2017	1387.2	12000
姑妈有范儿	北京	2018	122.8	1633.6
淘气陈奶奶	重庆	2018	217.1	3481.2
罗姑婆	成都	2018	680.7	7522.4
国民姥姥	济南	2018	21.7	546.6
最潮刘老头	徐州	2018	26.5	259
流星锤老爹	青岛	2018	204.3	2653
炮手张大爷	抚顺	2018	322.6	5660.4
康奶奶说	北京	2018	43.6	126.8
戈姐聊美食	北京	2018	237.6	1449.3
乐退族	北京	2018	367.8	4380.7
疯狂的老奶奶	乐山	2018	27	454.4
VK 不省心大爷	杭州	2019	411.9	3937.2
时尚奶奶团	北京	2019	200.9	1813.1

资料来源：抖音 App，统计时间为 2020 年 4 月 13 日。

三、大量线下模式跑通之后开始快速复制扩张

在成长期跑通商业模式的很多线下机构，在 2018 年尝试异地扩张之后，于 2019 年开始提速，开启了高速复制扩张的节奏。社区天天乐 2019 年覆盖江苏全省 13 个城市，6597 个社区，影响 5000 余万人口；计划 2020 年覆盖江苏、安徽、浙江、上海 4 个省市的 50 个城市，2021 年覆盖全国

180 个城市。美好盛年 2019 年已在广州连锁运营 11 个校区，2020 年 6 月会增加到 15 个校区。退休俱乐部 2019 年已经在杭州、苏州、南京开始异地运营。樊登年轮学堂 2018 年 11 月开始进行线下渠道推广，6 个月拓展 12 个省级授权点、60 个市级授权点；2019 年 5 月开始第二轮授权点招募，重点拓展人口集中的东、中部省份。

四、互联网大公司高手入场，并带动互联网巨头纷纷布局

近两年，当下沉市场流量几乎也被完全渗透之后，整个移动互联网触碰到了流量天花板，大家把唯一的突破口都聚焦到了银发市场。从 2019 年开始，无论是大的互联网公司，还是小的互联网企业，纷纷开始密切关注老年行业，尤其是老年文娱赛道。据银发壹族报道，一批来自阿里、腾讯、百度、头条、美团等背景的创业者开始进入这个赛道（见表 5）。聚焦

表 5　老年文娱产业高速扩张期参与机构基本情况

启动年份	项目	业态	注册地	核心产品
2019	老年网红（6 个）①	传媒 – 网红	—	短视频
	岁悦生活	文娱消费	苏州	微信小程序
	趣头条广场舞	演出	—	广场舞大赛
	快手广场舞	演出	—	广场舞大赛
	快手极速版	传媒 – 短视频	北京	快手极速版 App
	看一看 +	传媒 – 短视频	深圳	短视频小程序
	花样百姓	移动社交	上海	花样百姓小程序
	年华	传媒 – 电视	北京	歌华有线年华专区
	早晨朋友	教育	广州	微信公众号和小程序
	网上老年大学	网络教育	北京	网上老年大学小程序
	老淘淘	网络教育	杭州	老淘淘小程序
2020	吧吧吗吗家庭网	移动社交	北京	吧吧吗吗家庭网 App
	红松学堂	网络教育	北京	红松学堂小程序
	支付宝老年大学	网络教育	杭州	支付宝老年大学生活号

注：2019 年抖音上线的 6 个老年网红具体指：VK 不省心大爷、疯狂的老奶奶、龙姑姑、舞动人生 5456、时尚奶奶团、蛇城大叔。其中 3 个是个人网红，3 个是 MCN 网红。
资料来源：根据网络信息整理。

老年线上教育的老淘淘、红松学堂等小程序相继上线。随着大批高手入场，大量的资本会进来，老年文娱市场会被快速催熟。

与此同时，互联网巨头纷纷加快布局。2019 年，腾讯开发上线了一款面向中老年的短视频小程序——看一看 +；上市公司百姓网内部孵化了一个退休人群互联网社区平台——花样百姓；趣头条、快手启动了全国规模的广场舞大赛，快手还上线了极速版 App，以"看视频赚取金币兑换零钱"的方式吸引中老年群体[①]；支付宝赞助了"北京大妈有话说"在 2020 年 1 月举办的"大妈春晚"。2020 年初，百合网创始人田范江二次创业，打造家庭社交产品——吧吧吗吗家庭网；3 月 15 日，支付宝宣布开办了一个老年大学，支付宝老年大学生活号随即上线。

五、主流风险投资机构入场

与互联网公司一样，风险投资机构也在寻找新的流量入口。事实上，它们早在 2015 年的广场舞热潮中就已经关注并参与到老年文娱产业中。随着一大批广场舞 App 无法实现流量增长以及变现，它们的态度变成了整体观望、谨慎出手。然而，随着一批互联网大厂的团队投身老年市场，它们又开始摩拳擦掌、积极布局了。从 2019 年开始，出手的风险投资机构越来越多，出手速度也在加快。据银发壹族统计，2019 年以来有不少于 20 家老年行业的创业公司已经拿到投资或者正在走投资流程。2019 年 4 月，糖豆完成由腾讯投资、GGV 纪源资本、顺为资本、IDG 资本等联合投资的 C 轮融资；2020 年 3 月，退休俱乐部获得长岭资本等多家机构数千万元的融资；红松学堂也在 2020 年初拿到首轮美元基金。2015 ~ 2020 年获得融资的老年文娱项目见表 6。

---

① 数据显示，快手极速版的用户中，41 ~ 45 岁的占 12.3%，45 岁以上的占比达到 8.9%。

项目名称	成立年份	地区	投资轮次	最新投资年份	投资金额	投资方
						表6　2015～2020年获得融资的老年文娱企业
退休俱乐部	2015	上海	战略融资	2020	数千万元	长岭资本
乐退族	2014	北京	A轮	2020	数千万元	长岭资本
糖豆广场舞	2015	北京	C轮	2019	未披露	腾讯投资、GGV纪源资本、顺为资本、IDG资本
岁悦生活	2019	苏州	天使轮	2019	数百万元	同程资本
家游学院	2015	杭州	战略融资	2018	未披露	浙大友创
寸草心	2014	上海	天使轮	2018	未披露	支柱创投
星舞广场舞	2016	上海	战略融资	2018	数千万元	QDchain
厉害了爸妈	2018	深圳	天使轮	2018	上千万元	险峰长青、莲花资本
友乐	2014	北京	B轮	2018	未披露	创新工场、如川投资、华映资本
美篇	2015	南京	B轮	2018	未披露	芒果文创、经纬中国、真格基金
小年糕	2014	北京	C轮	2018	未披露	SIG海纳亚洲创投基金、BAI贝塔斯曼亚洲投资基金
爱风尚	2015	北京	A轮	2018	未披露	碧生源
社区天天乐	2009	苏州	天使轮	2018	600万元	同程资本
舞林大汇	2016	北京	Pre-A轮	2018	600万元	未披露
养老管家	2014	深圳	A轮	2018	未披露	平治信息、深圳天使湾
就爱广场舞	2015	江苏	Pre-A轮	2017	未披露	复星同浩
北京大妈有话说	2015	北京	天使轮	2017	数百万元	五岳资本
每次科技	2017	杭州	天使轮	2017	500万元	山屿海
找乐	2014	北京	天使轮	2016	936万元	华盖资本
彩视	2014	北京	天使轮	2016	未披露	赛富投资基金

资料来源：60加研究院，数据统计到2020年4月。

第三章 风口上的老年文娱产业：现状、挑战与未来

龚先念 曹曼文

龚先念，博士，中国建投投资研究院研究员

曹曼文，建投华文投资有限责任公司研究员

核心观点

● 老年文娱市场的现状：文娱需求快速升级，文娱机构主要分布在中、东部的一、二线城市，区域和细分市场龙头已然形成，市场竞争日趋激烈；对比日本2000多亿元的老年文娱产业规模，中国不到500亿元规模的老年文娱市场未来必然有很大的成长空间。

● 老年文娱产业发展存在七大挑战：①竞争壁垒不高；②产品同质化严重，可替代性较强；③各业态普遍存在变现痛点；④专业人才稀缺成为产业发展短板；⑤互联网大机构弯道超车的潜在威胁；⑥资本寒冬大幅提高融资难度和创业门槛；⑦新冠肺炎疫情较长周期的冲击。

● 老年文娱产业的十大发展趋势：①"70后"步入中老年阶段，带动老年文娱需求进一步升级；②老年群体的代际差异不断拉大，迫使产业不进则退；③老年女性是老年文娱市场的主流用户人群；④老年模特市场或许爆发；⑤更多资本进入，市场扩张提速，助推头部企业快速做大；⑥老年文娱各业态的运营模式趋于成熟；⑦中老年流量收割模式不可持续，超级用户模式是未来；⑧线上、线下结合，线上布局会加速；⑨内容为王，主题和形式更加丰富，IP大幅增加；⑩老年用户的付费习惯逐步养成，产业变现方式更加多元、更为成熟。

第一节　老年文娱产业发展现状

一、老年文娱需求快速升级

随着新老人群体的逐步扩大，近年老年文娱需求发生了明显的变化，主要体现在以下几个方面。

（一）需求多样化

老人不再满足于传统的电视、报纸、杂志等文娱内容，不再局限于公园、社区街道老年活动中心等公共娱乐场所，传统的老年大学也不再是他们满足兴趣爱好和社交需求的唯一渠道。

（二）需求更加个性化

类似于广场舞、合唱、太极等大众化、低门槛的文娱活动，已经难以满足新老人群体更加个性化的需求。技能型的兴趣课程在很多商业化的老年教育机构已经很普遍，比如模特、摄影、书法、绘画、朗诵、钢琴、古筝、声乐、舞蹈等。

（三）紧跟社会潮流

近几年线上文娱形式的快速发展和迭代，并没有阻碍老年群体学习和融入的步伐，相反，他们的学习速度和对社会潮流的热衷程度，远远超过社会对他们的认知。新老人群体担心与社会脱节，这种焦虑促使他们快速接触并参与到图文、音频、视频、短视频以及直播等新的文娱形态和内容生产。

（四）对品质和体验的要求越来越高

从老年教育需求来看，老年群体已经不满足于普通的师资条件、单一的学习体验，而是希望得到更专业、更知名老师的指导，希望学习的成果能够得到展示、得到更多人的认可。从老年演出需求来看，老年艺术团对品质的要求越来越挑剔，不是随随便便一个舞台就能满足他们的展示需求，他们希望有更专业的策划、更高规格的舞台和媒体报道。

（五）越来越多的老年 UGC 参与文娱内容生产

近几年线上文娱工具的快速发展，大幅降低了内容生产的门槛，促进一大批中老年 UGC 参与到图文、音频、视频等内容的生产。我们观察到，在美篇、荔枝、小年糕、彩视、锦视、抖音、快手等内容平台上已经入驻了大量中老人生产用户。

二、老年文娱消费规模有巨大成长空间

据统计，全球高净值人群主要集中在中国的"60 后"。这个群体中的女性将在未来 5 年全部达到退休年龄，而男性会在未来 10 年全部达到退休年龄。这意味着中国的老年消费市场将是全球最具消费能力的市场。

与成熟的日本市场相比，我国的老年文娱市场还有巨大的成长空间。日本在 2000 年前后进入了老龄化社会。根据日本总务省统计局公布的数据，截至 2019 年 9 月，日本总人口约 1.2 亿，其中 65 岁及以上人口在总人口中的占比为 28.4%。这一比例在 201 个国家和地区中高居榜首，是我国 11.9%（2018 年底数据）的两倍还多。日本老人也经历了从能省就省的压抑、理性消费到追求精神层面品质生活的转变。这种转变带动了日本老年文娱产业 10 余年的快速发展。

目前，日本老年文娱产业的业态十分丰富，市场也很成熟。据 AgeClub 统计，日本 55 岁以上人口有 4000 多万，老年文娱产业规模高达 2125 亿元，是老年消费市场中体量最大的。而中国 50 岁以上人口约有 4 亿，老年消费市场中旅游休闲产业规模达到 11000 亿元，而文娱产业规模很小（见图 1）。这说明中国的老年产业发展极不均衡，也正是老年文娱产品供给的欠缺，导致老年旅游市场份额远远超过其他细分市场。如果老人生活场景中有大量文化娱乐产品去承载他们退休后的大量闲暇时间，相信除了旅游之外，他们愿意付出更多时间与成本在其他文娱产品上面。事实上，日本

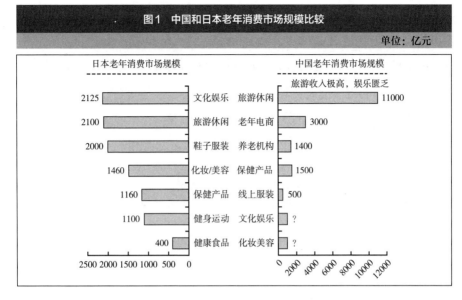

图1 中国和日本老年消费市场规模比较

单位：亿元

资料来源：微信公众号"AgeClub"。

在经济发展历程、社会文化心理等各方面与中国很像，总体上中国目前老年市场的状态和2000年前后的日本较为接近。因此，对标日本，中国老年文娱产业未来必然有很大的成长空间。

事实上，中国60岁及以上老年人的占比逐年攀升（见图2），并高度集聚在一、二线城市。截至2017年底，我国一、二线城市60岁及以上人口占比超过了20%。按户籍人口中60岁及以上人口占比看，上海为33.2%[①]，北京为24.5%[②]，杭州为22.16%[③]，武汉为21.27%[④]，成都为

① 2018年3月29日，上海市民政局、老龄办、统计局召开新闻发布会，对外公布最新统计的上海老年人口情况，上海60岁及以上老年人为483.60万人，占总人口的33.2%。

② 北京市老龄办2018年10月发布的《北京市老龄事业发展和养老体系建设白皮书（2017）》显示，截至2017年底，北京市60岁及以上户籍人口约为333.3万人，占户籍总人口的24.5%，户籍人口老龄化程度居全国第二位。

③ 2018年4月2日，杭州市民政局发布了《杭州市2017年老龄事业统计公报》，截至2017年底，全市60岁及以上老年人口占总人口的比例由2011年的17.53%提高到2017年底的22.16%。

④ 2019年1月，武汉市民政局发布人口老龄化报告显示，武汉60岁及以上老年人口达187.94万人，占户籍总人口的21.27%。

21.18%①。如果算上随子女迁入城市的老人，占比将更高。根据 AgeClub 的统计，仅在 2017 年，我国就有 1.06 亿名老人的月收入超过 4000 元，更有 1600 万名老人的月收入过万。在社会福利保障越来越完善的情况下，老人们的支出将会更多地向文娱领域的消费转变。这必然会催生出一个新的亿级市场。老人在一、二线城市高度聚集，加上一、二线老人的收入不断上涨，预示着一、二线城市老人的文娱消费需求潜力很大。

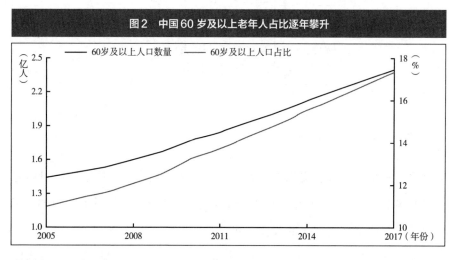

图2　中国60岁及以上老年人占比逐年攀升

资料来源：国家统计局。

三、老年文娱机构主要分布在中、东部的一、二线城市

根据作者的统计，20 年来主营老年文娱业务的机构主要分布在北京、长三角地区（上海、江苏、浙江）、中部地区（湖南、四川、重庆）、珠三角地区（广州、深圳）以及其他地区（山东、东北），这些地域主要集中在我国的中、东部（见图3）。从城市分布来看，这些机构注册地主要在北

①　2018 年 5 月 22 日，成都市老龄工作委员发布报告称，60 岁及以上老年人口为 303.98 万人，占总人口的 21.18%。

京、上海、广州、深圳、南京、杭州、成都、重庆、长沙、济南等城市，占比高达87%。

图3 典型老年文娱机构地域分布

北京	长三角地区	中部地区	珠三角地区	其他地区
晚霞网				
糖豆网				
大好河山				
彩视	老小孩			
小年糕	金色年代			
乐退族	睿年俱乐部			
鼎富人生	退休俱乐部			
糖豆广场舞	樊登年轮学堂			
99广场舞	花样百姓			
红舞联盟	小桃说			
舞动时代	寸草心			
北京大妈有话说	老来俏			
50+	美篇			
快乐50	墨池			
友乐短视频	就爱广场舞			
有哎社区	岁悦生活			
锦视	社区天天乐			
快手极速版	百乐萌			
网上老年大学	每次			
吧吧吗吗家庭网	阳光禾你	快乐老人报	美好盛年	
红松学堂	老淘淘	票圈视频	早晨朋友	
姑娘有范儿	家游学院	爷爷等一下	养老管家	末那大叔
康奶奶说	支付宝老年大学	罗姑婆	全民K歌	流星锤老爹
戈姐聊美食	VK不省心大爷	淘气陈奶奶	看一看+	国民姥姥
时尚奶奶团	最潮刘老头	疯狂的老奶奶	厉害了爸妈	炮手张大爷

资料来源：根据网络信息整理。

四、区域和细分市场龙头已然形成

老年文娱产业经过20年的发展，尤其是在成长期和高速扩张期借助App红利、微信红利和短视频红利实现了市场竞争的优胜劣汰，在个别区域市场和细分市场已经形成了头部机构。比较明显的是，在上海市场，退休俱乐部拥有120万名会员，约占上海老龄人口的24%，市场份额远远领先于其他老年机构。在江苏市场，社区天天乐已经覆盖江苏所有地级市共6597个社区，影响5000余万人口。

从细分业态来看，在广场舞市场中，糖豆App全平台拥有2亿个中老年用户，已经成为老年市场中流量最大的头部企业。在视频类产品中，小年糕拥有 1.18 亿名 50 岁及以上的用户，日活跃用户数量高达数千万，也已经成为这个赛道中的头部企业。在老年网红中，末那大叔拥有 1387.2 万名"粉丝"，是排名第二的罗姑婆（680.7 万个"粉丝"）的 2 倍多，显然也成为龙头。

五、市场竞争日趋激烈

伴随着新老人时代和移动互联网流量瓶颈的到来，以及老年文娱需求的爆发，会有越来越多的机构参与到老年文娱市场中，竞争日趋激烈的态势预计会持续很长一段时间。就目前来看，有几个明显的竞争趋势。其一，同一区域市场参与者越来越多，尤其是人口多、经济相对发达、老龄化率比较高的城市。比如，北京、上海、南京、杭州、苏州、广州等地，近年来新设立的老年文娱机构明显增多。

其二，同一业态参与者越来越多。从 2014 年开始，老年媒体、老年演出、老年教育、老年体育等细分市场出现了模式趋同、目标用户完全一致的充分竞争状态。

其三，跨界参与者越来越多。老年文娱不同业态的商业模式虽然有所差异，但是在运营过程中的拉新、留存、变现等操作中出现越来越多的交叉。比如，老年媒体会通过演出活动促进拉新和增强用户黏性，也会选择老年教育和文旅作为主要变现方向。老年演出机构会布局媒体以提升品牌知名度和导入流量，也通常会选择文旅和教育进行变现。老年教育机构普遍通过线下演出活动打造老年教育的体验闭环，也会选择文旅变现。在跨界过程中，不同业态之间必然会存在用户、渠道、资源的竞争。

其四，互联网巨头开始抢占中老年流量。前面已经提到，自 2018 年开始，爱奇艺、快手、趣头条、支付宝等互联网大机构已经深入参与到老年文娱市场，抢夺中老年流量红利。这些互联网巨头拥有强大的人才队伍、运营能力、内容生产能力、市场推广能力和品牌优势，必然会对已有的老年文娱机构产生巨大冲击。

六、市场环境整体利好产业发展

（一）《养老产业统计分类（2020）》发布，国家大力支持养老产业发展

中国老龄化问题也催生了养老产业的高速发展。近些年，为支持养老服务业发展，国家频频出台各项政策。仅 2019 年有关养老事业的政策就有 70 多项，其中国务院发布的有 3 项。由此可见，国家对老龄事业高度重视。借鉴西方发达国家的经验，我国养老产业的发展在服务功能与类型上进一步细化、专业化、规范化，形成了一个多层次、多形式、广覆盖的养老服务网络。

2020 年 2 月 28 日，国家统计局发布《养老产业统计分类（2020）》。此次制定分类是为了积极应对人口老龄化问题，加快推进养老产业发展，科学界定养老产业的统计范围，准确反映养老产业的发展状况，充分考虑了养老产业的新业态、新模式，涵盖第二产业、第三产业中涉及养老产业的全部内容。《养老产业统计分类（2020）》明确将养老产业细分为 12 大类 51 中类 79 小类，养老产业范围分为养老照护服务、老年医疗卫生服务、老年健康促进与社会参与、老年社会保障、养老教育培训和人力资源服务、养老金融服务、养老科技和智慧养老服务、养老公共管理、其他养老服务、老年用品及相关产品制造、老年用品及相关产品销售和租赁及养老设施建设等。有了细化的分类，老年文娱企业的市场布局会更有针对性，统计数据会为企业了解市场供求关系提供准确信息。

（二）国家政策扶持主要集中在老年教育和老年旅游行业

目前，我国的基本养老策略是"9073"，即 90% 居家养老，7% 社区服务，3% 机构养老。无论是居家养老、社区养老还是机构养老，文娱活动都占据了大部分时间。从老人文娱产业需求和市场发展角度来说，国家政策出台时间相对较晚，覆盖面也比较小，其中与老年文娱直接相关的政策

主要集中在教育和旅游。

2016 年 10 月 19 日，国务院办公厅印发《老年教育发展规划（2016—2020 年）》（以下简称《规划》），对加快发展老年教育、扩大老年教育供给、创新老年教育体制机制、提升老年教育现代化水平做出部署。《规划》提出了发展老年教育的五项主要任务。一是扩大老年教育资源供给。优先发展城乡社区老年教育，促进各级各类学校开展老年教育，推动老年大学面向社会办学。二是拓展老年教育发展路径。丰富老年教育内容和形式，探索养教结合新模式，积极开发老年人力资源。三是加强老年教育支持服务。运用信息技术服务老年教育，整合文化、体育、科技资源服务老年教育。四是创新老年教育发展机制。鼓励社会力量参与老年教育，促进老年教育与相关产业联动。五是促进老年教育可持续发展。加强学科建设与人才培养培训，加强理论与政策研究，加强国际交流合作。《规划》提出，将组织实施社会主义核心价值观培育、老年教育机构基础能力提升、学习资源建设整合、远程老年教育、老有所为行动等重点推进计划。

2019 年 4 月 16 日，国务院办公厅印发《关于推进养老服务发展的意见》。在第五方面"促进养老服务高质量发展"中，提出要大力发展老年教育。优先发展社区老年教育，建立健全"县（市、区）—乡镇（街道）—村（居委会）"三级社区老年教育办学网络，方便老年人就近学习。建立全国老年教育公共服务平台，鼓励各类教育机构通过多种形式举办或参与老年教育，推进老年教育资源、课程、师资共享，探索养教结合新模式，为社区、老年教育机构及养老服务机构等提供支持。积极探索部门、行业企业、高校院所举办老年大学服务社会的途径和方法。

2016 年，国家旅游局出台了《旅行社老年旅游服务规范》（LB/T 052 - 2016），从各个角度为老年人提供保障，为银发族的出行保驾护航。《旅行社老年旅游服务规范》对旅游产品、旅游者招徕、团队计划的落实、接待服务、后续服务等内容根据老年人的特征做了非常细致的规定（见表1）。

表1 《旅行社老年旅游服务规范》（部分相关）	
4 旅游产品要求	
4.1	旅游景点、活动的安排
4.1.1	应选择符合老年旅游者身体条件、适宜老年旅游者的旅游景点和游览、娱乐等活动，不应安排高风险或高强度的旅游项目。
4.1.2	宜选择具有完善无障碍设施的旅游景点。
4.1.3	宜在人群密集度较低、容易管理的区域安排自由活动。
4.1.4	宜安排乘坐景区内交通环保车、缆车等交通工具。
4.1.5	连续游览时间不宜超过3小时，可安排一定时间的午休。
4.2	行程的安排
4.2.1	整个行程应节奏舒缓，连续乘坐汽车时间不应超过2个小时，每个景点应安排充裕的游览时间。
4.2.2	结合旅游目的地时令特点，宜选择适合老年旅游者的季节和天气出游。
4.3	地接社
4.3.1	组团社宜选择具有老年旅游者接待经验的地接社，地接社应具有诚信与履约能力。
4.3.2	组团社应要求并监督地接社充分了解接待计划，充分了解行程中的各项安全措施、安全保障能力和安全要求，发生意外情况时有应急计划与解决对策。
4.3.3	组团社应要求地接社对地陪提出老年旅游服务要求，以确保其服务达到所需品质。
4.3.4	组团社应定期进行地接社的筛选与优化。
4.5	饭店
4.5.1	宜选择噪音小、隔音效果好的饭店。
4.5.2	宜选择有电梯的饭店，没有电梯的饭店应安排老年旅游者入住3层以下楼层。
4.5.3	宜选择距离医院或急救中心较近的饭店。
4.5.4	宜选择具有无障碍设施的饭店。
4.6	导游/领队
4.6.1	应选择具备紧急物理救护等业务技能、了解一般医疗常识、具有至少3年导游从业经验、做事细致耐心的导游/领队全程随团服务。
4.6.2	导游和领队应接受过老年旅游服务技能的相关培训，掌握老年心理保健、老年健康管理等相关知识。
4.7	餐厅
4.7.1	应选择卫生标准符合GB16153规定的餐厅，宜选择具有接待老年旅游者经验的餐馆。
4.7.2	团队餐食应在充分考虑老年人饮食特点的情况下，安排当地的特色餐饮。
4.7.3	应考虑老年旅游者的特殊需要，提前为有饮食禁忌的老年旅游者安排特殊饮食。
4.8	购物安排
	如果老年旅游者有购物需求，应选择货真价实、服务质量较高的购物场所。
4.9	自费项目安排
	旅游产品宜一价全包，不宜再安排自费项目。
4.10	旅游保险
	组团社应与保险公司就旅游意外险的投保年龄上限进行沟通协商，为更多老年旅游者提供保险保障。

资料来源：国家旅游局。

与此同时，地方政府也在积极出台政策支持老年旅游。2019 年 4 月，北京市文化和旅游局颁布了《北京市老年人文化旅游奖励资金管理办法（试行）》，鼓励老年旅游团队新增与文化体验相关的内容，即旅游过程中适时合理提供文化体验项目，丰富旅游内容（见表2）。这项变化体现出在各级政府部门全面推行机构改革的背景下，北京市文化旅游相关政策加速融合的新方向。

表2 《北京市老年人文化旅游奖励资金管理办法（试行）》（部分相关）	
第三条	奖励对象。 奖励对象为积极落实国家关于老年人文化旅游的相关标准、规范提供老年人文化旅游产品和服务（主要指老年人文化旅游团队）并申报奖励的旅游企业。旅游企业须在北京依法注册，一年内未受到行政处罚，无安全责任事故，无重大服务质量投诉等，具有独立法人资格和健全的财务制度、良好的会计信用和纳税信用。
第五条	奖励资金主要用于奖励积极落实国家关于老年人文化旅游的相关标准、规范提供老年人文化旅游产品和服务的北京市老年人文化旅游企业，专款专用。
第六条	本办法所指的老年人文化旅游团队应符合如下条件：
（一）	执行《旅行社老年旅游服务规范》（LB/T 052 –2016），提示购买旅游意外险，在旅游过程中配备拐杖、轮椅等老年服务设备等；
（二）	在北京组团且旅游行为在京津冀区域内完成；
（三）	人数在 15 人以上；
（四）	60 岁（含）以上游客占团队游客总数 60％以上；
（五）	位于北京五环外合法经营的住宿单位住宿一晚（含）以上；
（六）	旅游过程中适时合理提供文化体验项目，丰富旅游内容；
（七）	参团的老年游客无重大投诉。
第七条	奖励标准。 根据旅游企业申报，对申报周期内组织老年人文化旅游人次排名靠前的企业分档次给予资金奖励。 组织接待人次排名 1～5 名，每个企业奖励 15 万元；6～10 名，每个企业奖励 10 万元；11～15 名，每个企业奖励 5 万元。

资料来源： 北京市文化和旅游局。

2020 年 5 月 19 日，上海市政府发布《关于促进本市养老产业加快发展的若干意见》，明确表示要激发老年教育市场活力，促进老年旅游健康发展。具体举措主要有：积极拓展老年教育办学主体；鼓励发展老年数字教育新业态，支持开发线上学习、互动交流等创新教育产品；推动老年教育与老年旅游、机构照护等业务融合发展，支持养老服务机构通过外部合作、购买服务等方式，提供主题游学、人文行走、体验学习、文化培训等增值服务；将老年旅游作为全域旅游的重要内容，大力发展红色旅游、邮轮旅游、康养旅游等适合老年人的旅游业态；鼓励旅游企业依托线下门店、线上平台，创新开发更多适合老年人的旅游产品，打造特色运营模式；在社区文化活动中心、社区综合为老服务中心等社区机构嵌入旅游信息服务，鼓励身体条件适宜的老年人参与"市民游上海"等活动。

（三）文化行业监管严格，提高老年文娱行业从业门槛

过去的几年中，政府加强了文化产业内容导向和行业规范管理。文化行业监管严格成为常态，提高了老年文娱行业从业门槛（见表3）。

表3　2014年至今传媒板块的主要相关监管政策

时间	政策	影响
2014年4月	《关于印发文化体制改革中经营性文化事业单位转制为企业和进一步支持文化企业发展两个通知的规定》	促进传媒行业体制机制的改革
2015年6月	国家新闻出版广电总局就《互联网等信息网络传播试听节目管理办法（修订征求意见稿）》公开征求意见	进一步规范网络试听市场
2016年9月	国家新闻出版广电总局下发《关于加强网络视听节目直播服务管理有关问题的通知》	重申未持有《信息网络传播视听许可证》的直播机构不得开展相应的直播业务
2018年3月	国家新闻出版广电总局下发《关于进一步规范网络视听节目传播秩序的通知》	进一步规范网络视听节目的传播秩序
2018年11月	《关于进一步加强广播电视和网络视听文艺节目管理的通知》	限制综艺节目数量、明星薪酬
2019年4月	《国家广播电视总局第3号令：未成年人节目管理规定》	完善内容监管，加强对青少年的保护
2019年7月	发布《视音频内容分发数字版权管理技术规范》为广播电视行业标准	规范数字版权管理
2019年8月	《关于推动广播电视和网络视听产业高质量发展的意见》	鼓励高质量内容发展，推动科技创新与产业融合
2019年10月	《国家广播电视总局2019～2028年立法工作规划》	规范行业秩序，完善相关法律制度
2019年11月	《关于加强"双11"期间网络视听电子商务直播节目和广告节目管理的通知》	加大直播、广告节目监管力度

资料来源：根据网络信息整理。

以《信息网络传播视听许可证》为例，未持有此证的直播机构不得开展相应的直播业务。这张视听许可证并不好拿，《关于加强网络视听节目直播服务管理有关问题的通知》明确，准入门槛为国有企业，绝大多数直播创业平台由此被拦在了门外。今日头条、快手、梨视频等公司均靠收购一家持证企业取得"名分"。根据网络爆料，2016 年，视听许可证一度被炒到 2000 万元的高价。而在短视频持证风波的助推下，半年不到的时间里，视听许可证"市价"已经被炒到 3500 万元以上。这大大提高了参与老年文娱市场，以及老年文娱机构拓展短视频、直播等业务的门槛。

（四）资本环境日益紧缩，老年文娱行业融资难度提升

受宏观经济环境以及监管政策的影响，我国股权投资市场募资困难仍未缓解，2019 年募集金额下降。2019 年中国股权投资市场募资总额为 1.24 万亿元，同比下降 6.6%。2019 年中国股权投资市场募资总规模排在前十位的人民币基金主要为国家战略层面的基金，如 1500 亿元规模的国家军民融合产业基金、2042 亿元规模的国家集成电路产业投资基金、1472 亿元规模的国家制造业转型升级基金，主要投向军工、信息技术及制造业。

在募资困难及二级市场疲软的大环境下，2019 年中国股权投资机构的投资活跃度和金额均大幅下降。2019 年，中国股权投资市场投资案例数为 8234 起，同比下降 17.8%；投资总金额为 7630.94 亿元，同比下降 29.3%（见图 4）。2019 年中国股权投资市场投资行业主要集中在 IT、互联网、生物技术/医疗健康、半导体及电子设备。

目前，我国经济正在由高速增长转为高质量增长，全国范围内的产业升级成为政策导向，科技创新则是主要驱动力。近年来经济下行压力带来的不确定性导致投资机构的避险情绪明显，其倾向于盈利模式清晰且收益见效快的中后期成熟企业。老年文娱项目大多处于早期阶段，科技创新程度不够，在日益紧缩的资本环境下，融资难度大大提升。

（五）网贷行业日渐规范，老年文娱行业经营环境净化

2007 年 6 月第一家 P2P 网络借贷平台"拍拍贷"成立。从 2012 年开

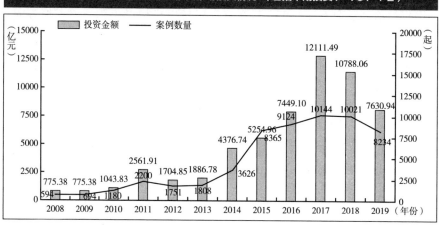

图4 2008~2019年中国股权投资市场投资情况（包括早期投资、VC、PE）

资料来源：清科研究院。

始，P2P平台进入爆发增长期，一些渴望赶上互联网金融风口的民间资本拥有者，纷纷投入P2P网贷的蓝海。大量不具备运营资质的P2P网贷平台也开始涌入市场。行业鱼龙混杂，问题平台大量爆出，尤其是从2018年开始大量P2P机构倒闭。据前瞻产业研究院统计，2018年P2P平台数量比2017年减少了1219家，降幅高达54%；2019年又比2018年减少678家，降幅66%（见图5）。截至2019年底，正常运营的P2P平台存量只有343

图5 2011~2019年中国P2P网贷运营平台数量变化情况

资料来源：前瞻产业研究院。

家。2019 年，网贷行业专项整治进入深水区。2018 年 12 月底互金整治办
与网贷整治办联合下发的 175 号文首提坚持以机构退出为主要工作方向，
奠定了 2019 年整个行业清退转型的主基调。

大量 P2P 机构倒闭之后，2019 年上半年一度出现某些老年艺术团体无演出
可演、无赛事可参加的状况。而在以往年度，盯住老年群体的各家 P2P 公司从
年初到年尾，纷纷举办各种免费的艺术赛事，与主营老年文娱产品的机构抢夺
用户。更有甚者，捆绑免费的旅游产品，扰乱产业正常的经营模式。随着大量
P2P 机构的倒闭，老年艺术群体会逐步回归理性，正确认识老年文娱产品的价
值，在文娱项目选择上增强了辨别能力,老年文娱产业的发展环境会更加健康。

（六）疫情促使老年人加速触网，老年文娱未来线上空间广阔

2020 年新冠肺炎疫情席卷中国，全民居家隔离数月的方式给了互联网
行业又一次催化剂。根据 QuestMobile《中国移动互联网"战疫"专题报
告》，在这个最长假期、最"宅"春节里，互联网日活跃用户规模、日均
用户时长均创历史新高。从 2020 年 1 月 23 日开始，全网用户每日使用总
时长节节攀升，一路飙升到 61.1 亿小时（见图 6）。

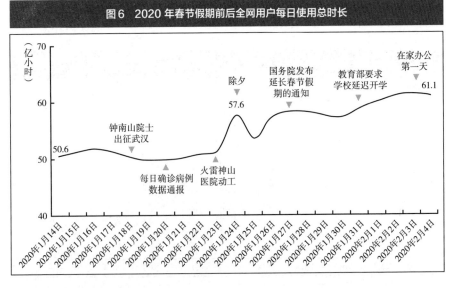

图6　2020 年春节假期前后全网用户每日使用总时长

资料来源：QuestMobile。

在新冠肺炎疫情冲击下，"宅"家的中国老年人主动触网，感受"云生活"。在他们看来，"线上 + 线下"已经成为各行各业发展的新趋势，在"重启"线下生活的同时，也要享受"云生活"互联便捷的无限可能，与时俱进。

第二节　老年文娱产业发展面临的七大挑战

一、竞争壁垒不高

其一，老年文娱产业普遍是轻资产模式，对资本的要求不高，新设机构不用投入太多初始资金就可以开展产业运营。我们统计了一下老年文娱机构的注册资本，大多是 100 万元或 200 万元人民币。其二，老年文娱机构提供的产品更多是偏服务型的，即使有核心的产品模式，也极易被竞争对手模仿。其三，虽然传统媒体具有较高的技术含量和资本要求，但是近年来移动互联网技术的高速发展以及新媒体的普及大大降低了参与门槛。我们看到 MCN 机构只需要几个经验丰富的团队就能包装出一个 IP，更不要说还有很多老年 UGC 直接参与文娱内容生产。其四，产业内虽然已经形成个别细分市场的头部企业，但是用户规模还不够大，尤其是用户黏性还不强，产业内还未真正形成具有较高品牌忠诚度的企业。

二、产品同质化严重，可替代性较强

从内容生产上看，老年文娱机构无论什么业态都在做新媒体，都在输出资讯内容，然而内容主题基本聚焦在健康、时政、生活窍门、心灵鸡汤、搞笑段子、娱乐八卦这些方面，这些内容大多是从各平台搬运而来，并非原创。老年用户可以在很多新媒体平台上、更早时间看到相同的内容。在老年抖音网红的主题选择上，生活搞笑和时尚是两个最集中的主题，其中时尚类网红全部出自 MCN（见图7）。如此单一的内容，肯定无法满足老年用户的文娱需求，更会带来审美疲劳。

图7　老年抖音网红主题分析

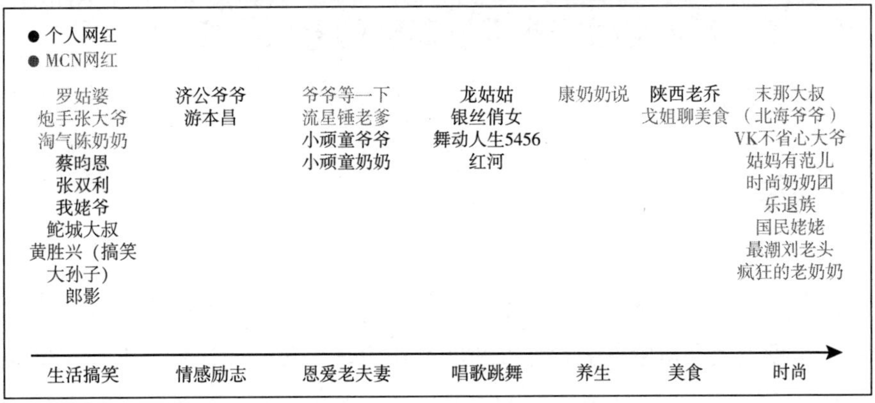

资料来源：微信公众号"AgeClub"。

从教育类产品上看，无论是线上课程还是线下课程，大多数机构集中在模特、舞蹈、声乐课程，课程内容差异化不大，且教育模式趋同。如果不存在区域市场的差别，这些机构之间将会面临非常激烈的竞争。

从演出类产品上看，大多数机构的产品模式、运营套路基本一致，还有很多 P2P 机构为了兜售理财产品组织了很多艺术赛事，缺乏精品内容。市场上举办最高频的广场舞赛事，基本上是各类文娱机构获取流量的手段。而教育、媒体类机构举办演出活动更多是增强用户黏性的方法。因此，真正意义上的 IP 赛事在老年文娱市场是非常少见的。

从变现方式上看，老年文娱机构几乎都把旅游作为变现的主要方向。在产业发展早期，业内普遍采取直接从旅游机构整合标准化旅游产品进行售卖的方式。随后发现这种模式用户并不买账，于是开始重新设计产品，增加适老化元素或主题游元素，以此做出旅游产品的差异化。但是这种产品的差异化并没有技术门槛，很快就被竞争对手包括传统旅行社模仿。

三、各业态普遍存在变现痛点

变现难已经成为老年文娱产业的共性问题，无论哪一个主营业态均是如此。变现难的原因主要在于以下几个方面。其一，目前传统老人占比较大，特有成长经历所形成的生活理念和生活方式，导致他们的消费意识不强、消费意愿很低。

其二，老年文娱需求并非老人退休生活中的痛点，老年教育、老年演出、老年社交等产品抓的是老人群体的痒点或爽点，他们在这方面的付费意愿并不是很高。据笔者对多家机构创始人的访谈发现，不少老年教育机构由于用户付费意愿偏低，早在一两年前就已经开始拓展向 B 端输出课程内容的业务。

其三，市场中存在免费或费用很低的替代品，比如政府开办的老年大学，一年费用才几百块钱，而商业性老年教育机构推出的一门课程就近千元。2020 年 3 月，中国老年大学协会发布《关于免费向全国老年大学开放空中课堂的通知》，为全国中老年朋友免费提供在线直播课堂服务——网上老年大学小程序，当月该程序便进入阿拉丁小程序成长榜前 20 名、老年教育类小程序第一名。老年演出市场更是存在 P2P 机构、大型金融机构、大型互联网平台举办的免费甚至是给予参赛奖励的艺术赛事。

其四，老年用户的线上付费习惯还未养成。正如前些年互联网市场中的内容付费，也是经历了较长时间才把用户的付费习惯培养起来。而新老人群体的触网时间相对较短，只有当他们逐步成为移动互联网深度用户的时候，付费意愿才会显著提高。

其五，产品与用户不匹配。很多文娱机构的用户画像是不清晰的，一上来就要做一个很大的市场。一个有趣的现象是，几乎所有老年文娱机构期望的目标用户画像都是高知、高智、高净值的"三高"用户，但是能把"三高"指标量化的机构少之又少。在实际运营中，由于欠缺清晰的用户画像，获客渠道是多元的，沉淀下来的用户是一个大众群体，并不聚焦。而在产品端，往往以期望的用户画像去开发产品，产品思维又偏年轻化，很不接地气，结果就是，用小众化产品去匹配大众化需求，用户肯定是不买账的。

其六，信任感并未真正建立。从老年产业多年的运营经验来看，信任感的建立是提高老年用户付费意愿的关键。老人需要一个有温度的商业场景，这也解释了为什么老年文娱产业的线下变现要比线上容易。退休俱乐部就特别强调线下旅游门店对增进用户信任、提高销售转化率的重要性，美好盛年坚持做线下连锁运营，快乐50特别重视在强服务运营过程中构建竞争壁垒。

其七，亲情购是一个逻辑陷阱。当老人付费意愿偏低的情况下，业内很多机构尝试让子女为父母买单。毕竟在中国自古以来就非常重视孝道，这在逻辑上是完全说得通的。然而现实是，父母往往并非排在子女愿意付费对象的优先级，尤其是老年文娱消费在子女看来并不是医疗健康类刚需，让子女为父母买单的可能性就非常低。事实上，这些年老年文娱机构的运营数据也验证了这一逻辑陷阱。

其八，文娱机构的变现方向选择存在问题。很多机构尝试过老年电商变现，但是普遍做不好。核心原因在于转化场景不对。老年文娱产业的用户画像，基本是以打发时间为核心诉求的"小闲"用户。他们体验文娱产品是为了打发时间，如果突然让他买东西，他会觉得心里建设没做好，他没有这个预期。事实上，市场上很多服务"小闲"的产品，比如腾讯、天涯、豆瓣、马蜂窝等，去做商品的交易导流，效果都挺一般的。搞清楚这个症结，糖豆不到万分之一的电商转化率就不足为奇了，同时也容易理解为什么美篇、小年糕等流量平台日活上千万却也难以变现。当然，老年商品品类的匮乏也是难以支撑起一个垂直类电商的核心原因之一。

还有很多机构在做流量的广告变现，效果也一般，即使是坐拥2亿用户的糖豆也没有很好的业绩表现。这主要在于愿意主动投放广告的多是理财 P2P 机构、保健品公司等中小商家，很多是骗人的，而平台又没有能力帮用户鉴别，一旦有用户因平台广告受骗的话，就会影响整个平台的变现根基。所以，很多文娱平台干脆放弃了这个变现路径。另一类广告投放以游戏广告居多，由于没有人群针对性，转化率较低。

其九，旅游变现是一片红海市场。旅游是目前中国老年消费市场中规模最大的一部分，因此成为老年文娱机构的主要变现途径。然而，我们观察到，市场上除了上海的退休俱乐部做得比较好之外（做得好的原因会在本书后面篇章详细介绍），其他机构的变现业绩都一般。相比于电商购物，旅游产品的单价更高，但购买频次偏低，中老年群体做出消费决策的时间更长。而单靠线上转化，由于缺乏信任，用户并不买账，还会担心对接的旅行社诱导二次消费。更为重要的是，市面上针对中老人的旅游产品同质化严重，相比于 OTA 网站和传统旅行社，老年文娱机构推出的旅游产品并没有多大竞争优势。

四、专业人才稀缺成为产业发展短板

当变现难成为产业普遍现象，就意味着每家机构的财务表现都一般。在当下社会环境下，这显然是难以吸引到专业人才和优秀人才的。而且，行业的变现能力有限，会让投资机构产生怀疑，阻碍更多的资本参与到产业发展中来。产业发展慢，导致很多优秀人才采取观望的态度，而不会真正参与进来。

虽然 2019 年有一批来自互联网大厂背景的创业者开始进入这个产业，但是还没有实质性改变人才匮乏的局面，尤其是对于线下文娱机构而言。自 2015 年兴起的广场舞机构的运营现状也告诉我们老年市场的特殊性，单靠线上的流量获取能力，或者线下营销能力，是难以做大做强的。在未来线上、线下相结合的趋势下，产业发展需要很多擅长获客、线上运营、产品研发、营销推广、资源整合、连锁运营以及投融资方面的专业人才。

五、互联网大机构弯道超车的潜在威胁

从某种意义上说，在移动互联时代，老年文娱机构面临的最大竞争可能不是来自行业内部，而是来自互联网巨头。这些年，很多行业的昔日巨头被互联网机构降维打击而瞬间倒下。目前老年文娱机构无论是在技术、产品，还是在渠道、流量方面都缺乏竞争壁垒，很多机构还在依托微信、抖音等新媒体平台生产或分发内容、获取用户，与此同时老年用户却在快速触网，并已成为移动互联网的三大典型用户之一，这就给互联网大机构弯道超车、迅速占领市场创造了极大的可能性。

六、资本寒冬大幅提高融资难度和创业门槛

自 2018 年开始，在经济周期、产业周期①、资本周期②、政策周期③四大周期叠加的情况下，整个投融资市场遭遇了近年来的"最冷"寒冬。据统计，2017 年在港股和美股新上市的几十家 TMT 公司中，80% IPO 的基石投资人在亏钱，50% 的 Pre - IPO 轮投资人在亏损，甚至还有 25% 的公司市值低于上一轮的估值。这种投资回报表现直接影响到一级市场主流投资人的投资节奏。据泰和资本统计，2018 年的融资成功率在 80% 左右，融资周期从正常年份的 4.5 个月拉长到 6 个月，飞单率大幅提升到 50%。飞单的原因主要是估值预期过高，以及项目仍处在持续烧钱阶段、盈利模式没有得到验证。这说明不赚钱或者赚钱慢的项目已经很难让投资人出手了。

---

① 此处产业周期是指移动互联网红利的消失。2018 年 9 月，中国移动互联网月活用户相比过去一年只增长了不到 5%，而前两年的数据分别是 10% 和 15%，同时，活跃用户数量达到 11.2 亿人，已经趋近饱和，人口流量红利没有了。

② 过去十年美股都是大牛市，纳斯达克指数 10 年涨了 4.3 倍，但纳斯达克指数在 2018 年 8 月 29 号达到历史新高后显出调整的迹象，短短三个月已经下调了 15% 左右，多数二级市场投资机构认为市场下行压力很大。

③ 比如，文娱领域对游戏版号进行限制，教育领域限制幼儿园上市，金融领域更是有一系列政策限制。这些对一级市场的融资造成了显著的影响。

而老年文娱项目虽然有新老人的流量红利，但是普遍处于发展早期、变现能力有限、竞争壁垒偏低，在资本寒冬的环境下，融资难度可想而知。据笔者了解，目前一级市场投资机构普遍关注银发赛道上的项目，但是看得多、投得少，投头部的多、投初创的少，即使是偏好于 A 轮以前早期项目的投资机构也大多采取观望的态度。可见，在下行的周期里，融资的马太效应凸显，这大大提高了参与老年文娱产业的门槛。

七、新冠肺炎疫情较长周期的冲击

2020 年初暴发新冠肺炎疫情，通过多种防控措施，国内疫情基本得到控制。然而，海外疫情却开始全面暴发，境外输入性新增病例持续增加。由于疫情暴发初期，海外国家对疫情重视程度不足，错过了疫情防控的黄金窗口期，叠加人文文化、社会制度等维度的影响，海外防疫难度预计远高于国内，疫情持续时间也会较长。

疫情已经对以线下为主的老年文娱机构产生较大冲击，线下课程、演出赛事等人员聚集性的经营活动无法开展，作为主要变现路径的旅游产品也是暂停售卖，个别现金流不充裕的机构很有可能面临生死问题。如果海外疫情一直持续，全年客单价最高的出境游业务就基本为零，加之线上变现不成熟，对全行业的冲击是非常大的。

第三节　老年文娱产业发展的十大趋势

一、"70后"步入中老年阶段，带动老年文娱需求进一步升级

从 2020 年开始，20 世纪 70 年代出生的人群逐步进入 50 岁，再过 5

年，将会出现第一批退休的"70后"女性。"70后"是在童年经历改革开放、在青年享受经济红利并开启PC互联、在中年积累富足资产并迈入移动互联的一代人。因此，当他们进入退休阶段后，生活理念跟生活方式肯定与"60后"有很大的差别。这种差别反映在文娱需求上就是审美、内容偏好以及线上行为习惯的变化。

我们看到，过去专注于老年的资讯内容多以健康养生、生活窍门、养老金、美食、婆媳关系、空巢独居、该不该找老伴等为主题，艺术赛事以广场舞、合唱赛、旗袍赛居多，这些内容或许是"50后"喜欢的，却已经难以满足经济和文化水平更高的"70后"和部分"60后"的需求。

从微信公众号的统计分析来看，新一代中老年群体在内容偏好上不再局限于健康领域，还非常喜欢各种文化、艺术甚至英语学习方面的内容。他们很多人已经关注罗辑思维、十点读书、樊登读书等大号。这说明他们的审美层次、内容品位正在快速提高，也许几年前他们还在转发各种耸人听闻的"秘闻"或者搞笑的桥段，但现在他们越来越多地流向更有水准、更有文化内涵的平台。

二、老年群体的代际差异不断拉大，迫使产业不进则退

张车伟、向晶①认为，社会经济制度的改革和调整，会不断地改变每代人出生的外部环境，而这些改变很可能给制度调整后出生的人造成持续的冲击，这种冲击表现为不同时期出生人口的预期收入以及消费行为的差异。尤其是改革开放后中国社会快速转型，要素分配方式、就业结构发生了巨大变化，加之金融市场和互联网市场的快速发展，导致不同年代出生的人群存在显著的收入差距和消费差距。根据张车伟、向晶的测算，这种差距在"40后"和"50后"之间相对较小，"50后"之后的"60后"

① 张车伟、向晶：《代际差异、老龄化与不平等》，《劳动经济研究》2014年第2卷第1期。

"70 后"成倍拉大。收入与消费水平的差异拉大直接影响每一代人的生活方式，而生活方式决定了老人的文娱需求。

正如前述，"60 后""70 后"这一批新老人的文娱需求在快速升级且代际差异明显，这必将推动老年文娱产业升级提速。如今，产业内很多机构的产品同质化现象严重，产品技术含量和服务水平较低，如果不直面不断拉大的代际差异需求而快速升级换代，很可能没有存活的机会。

三、老年女性是老年文娱市场的主流用户人群

老年文娱市场有一批量级庞大、愿意尝试、较为活跃、愿意为文娱付费的群体——老年女性。实际上，早在 2010 年前后，传统媒体电视圈就已开始流行一句话"得阿姨妈妈者得天下"。彼时，全国各地的电视民生节目中，铺天盖地都是阿姨、妈妈类人群。而目前，全国 500 多万个中老年艺术团体中，80% 以上都是女性。在人数最多的广场舞、民族舞、合唱、模特、太极等艺术团体中，女性占比更高。

我们注意到，大多数文娱机构用户群体的男女比例基本在 2∶8，他们所提供的产品与服务也基本是面向老年女性的。例如，老年教育机构美好盛年常年上课的学员中 98% 为女性。在未来的新老人用户群体中，高知男性占比更多，他们比较"宅"，老年女性将依然是文娱机构开拓市场的主要对象。

四、老年模特市场或许爆发

如当年的广场舞爆发一样，随着新老人群体文娱需求的升级，我们判断也会有一轮老年模特的爆发周期。核心逻辑在于，新老人女性群体退休后独立意识更强，不再以家庭为中心，社交场景从家庭扩展到社会，从熟人关系扩展到半熟人、陌生人关系，家人、同事、同学以外的"第四社交

圈"活动大幅增加。丰富的社交场景推动她们产生了更多"外在美"的展示需求，而模特表演、旗袍秀正好满足了她们的需求。

从市场供给来看，最早专注于老年模特群体的机构主要有金色年代、乐退族、50＋等。尤其是乐退族一直聚焦于这个群体，通过持续多年的模特赛事和近两年时尚网红的打造，积累起数百万名用户并产生了较大的市场影响。从 2017 年开始，广州的美好盛年、杭州的百乐萌、上海的花样百姓以及众多老年 MCN 网红都聚焦于老年模特市场，组织了大量线下模特秀、旗袍秀活动，拍摄了众多点赞量数百万的旗袍类短视频。随着线上线下大量机构的参与，老年模特市场会被快速催熟，与模特相关的服装、鞋帽、化妆品、假发、塑形道具、兴趣教育、赛事、文旅等消费会快速增长。

五、更多资本进入，市场扩张提速，助推头部企业快速做大

自 2019 年开始，在互联网大公司高手入场和主流风险投资机构的积极参与下，大量互联网公司和风险投资机构开始关注并密切接触银发赛道中的各类机构。据业内个别创始人介绍，2019 年每周有十几个风投约着见面，可见市场热度有多高。2019 年 12 月初，红杉资本发布《2019 年中国城市养老消费洞察报告》，判断未来 5～10 年，新需求、新供给、新商业模式将推动我国的"银发经济"蓬勃发展。这份报告是国内顶级风投发布的第一份老年市场报告，在业内和投资圈影响颇大。红杉资本看好银发人群所驱动的朝阳行业，必将带动更多资本进入老年产业，推动产业快速发展。

近两年融到资本的老年文娱头部机构，更是提高了市场扩张速度。江苏的头部企业社区天天乐在 2018 年 9 月获得同程众创天使轮投资后开启了快速扩张之路，2019 年覆盖了江苏全省 13 个城市，并计划于 2020 年覆盖四省 50 个城市，2021 年覆盖全国 180 个城市。上海的头部企业退休俱乐部先后在 2019 年和 2020 年初获得两轮融资，下一步将快速拓展长三角地

区的市场，复制扩张健康生活馆。广州的头部企业美好盛年在 2018 年完成融资后开启连锁化运营，截至 2019 年底，已在广州新设 10 个校区。广场舞头部企业糖豆、视频类头部企业小年糕分别在 2019 年获得腾讯超过 5000 万美元的投资，进一步扩大流量优势。老年模特赛道头部企业乐退族在 2018 年完成新一轮融资后，快速布局短视频平台，进一步做大线上流量。我们相信，在越来越多资本的推动下，未来数年，老年文娱产业必会出现全国性龙头企业。

六、老年文娱各业态的运营模式趋于成熟

老年文娱产业经过成长期的快速探索，各业态对其用户画像更清晰、对用户的了解更深刻；聚焦用户痛点不断打磨产品，更能满足用户需求，并输出确定性的良好体验，产品体系逐步完善，用户口碑逐步形成；拉新、激活、留存、裂变等运营手段更符合老年用户的群体特征，效率更高；线下连锁运营实现标准化，异地复制扩张模式已在多个业态探索成功；线上新媒体运营逐步成熟，充分利用微信红利、短视频红利实现流量快速增长；变现方向更为清晰，结合有效的营销方法，个别企业已探索出转化率高、复购率高的盈利模式。

与此同时，越来越多原本沉在水里的优秀企业浮出水面，业内交流和学习机会增多，大家相互取长补短，大大减少了试错的时间和成本。整体而言，老年文娱产业各业态的商业闭环都已跑通，运营模式越来越成熟。

七、中老年流量收割模式不可持续，超级用户模式是未来

中老年流量收割最早从 PC 时代后期就已经开始了，大概是在 2012 ~ 2015 年，大部分创业者是个人站长，他们通过做广场舞视频的 SEO 挖掘流量，然后做广告变现。随后进入 App 时代，大部分个人站长卖掉账号

没有继续参与，而糖豆、就爱广场舞等通过广场舞 App 继续收割中老年流量红利，并通过不停地融资买流量。到了微信时代，又出现了一批收割流量的广场舞创业者，他们用不到一块钱一个用户的流量成本大量地买公众号"粉丝"，然后通过广告变现，而内容基本以搬运为主。之后的小程序和短视频流量红利期间，依然有一大批专门收割中老年流量的机构。这些机构的商业模式简单粗暴，就是内容搬运—极低成本买流量—广告变现。

这种模式赚的就是不同时期的中老年流量红利，不以用户为中心，纯粹靠搬运同质化、低俗化内容获取用户，依靠 CPA、CPC、CPM 等网络广告方式获利。显然，这种模式只把中老年人当作流量，而不是真正意义上的产品用户来看待，可持续性就存在很大的问题。我们也看到，2015 年上线的一大批广场舞 App 正是由于"目的不纯"，大部分已经消失了。即使是已做成头部 App 的糖豆，由于用户黏性不强，变现很惨淡。

事实上，随着人口红利的消失，流量时代已经结束。未来的生意取决于多少人与你建立紧密关系，多少人是你的超级用户。超级用户的比例决定了生意能做多大。老人本就不是冲动消费的群体，老年文娱企业唯有像"农耕时代"一样圈一块地、种一季粮、精耕细作，精细化经营用户，才能秋收冬藏，拥有更多"现金牛"。如今老年文娱产业内商业变现情况比较好的企业，如退休俱乐部、美好盛年等，无不拥有一定量级的超级用户。我们判断，对于老年文娱企业，未来一定是"得老年超级用户者得天下"。

八、线上、线下结合，线上布局会加速

我们注意到，近几年老年文娱产业线上、线下结合发展的趋势很明显，尤其是有些本来纯粹开发线上产品的企业也开始布局线下业务。背后的原因主要有以下几点。其一，站在线下机构的角度，布局线上业务无外乎是为了获取移动互联网流量。其二，站在线上机构的角度，布局线下业

务实在是无奈之举：一是线上流量枯竭，需要寻找线下渠道做增量；二是线上运营数据一般，一时找不到更有效的方法提高用户活跃度，只能借助线下活动运营增强用户黏性；三是线上变现能力有限，通过线下产品提高营收水平；四是兴趣教育类产品的线上体验一般，只有增加线下课程互动才能提升产品体验。其三，综合来看，线上、线下结合有利于增加产品与用户的触点，尤其是对于相对特殊的老人群体而言，增加触点有利于增强信任感，而信任感是突破老年用户的心理门槛、提高转化率的关键。

需要强调的一点是，如果仅将线上业务作为获客的手段，默认线下变现强于线上，线上活跃要依靠线下，就完全否定了线上产品独立存在的价值。事实上，线上变现能力不强、线上不够活跃的核心在于线上运营不够有效、线上变现方向存在问题。作为拥有 2 亿名用户的中老年头部 App 糖豆，日活跃用户量只有百万个，与市场其他类头部 App 相比差距明显，线上变现的差距更大。显然，这种差距是无法长期通过线下解决的。

当然，随着新老人群体的触网率越来越高，线下机构布局线上业务已是必然趋势，尤其是新冠肺炎疫情对线下机构较长周期的冲击和对用户线上行为的推动，更会加速线下机构往线上的布局与转型，也会促进大量线上老年文娱企业创业创新。

九、内容为王，主题和形式更加丰富，IP 大幅增加

在新老人时代，老人不再是小白用户，他们的信息鉴别能力越来越强，以前泛滥的各种鸡汤软文、千篇一律的生活小窍门、随处可见的健康"伪知识"、低端粗俗的文娱表演、以营销为目的的文娱活动、枯燥乏味的教育课堂已经逐渐被他们淘汰。新老人需要有知识、有内涵、有格调、有品质、有价值的内容，他们需要引领，而不是简单呼应。

这种变化对产业而言，就是要摒弃内容的粗制滥造，不再做简单的标题党和低级的搬运工，不再长期停留在业余水平，要真正以内容为王，提

高内容生产的专业性，用优质内容建立产品核心竞争力，用优质内容增强与目标用户的情感联系，进而构建自己的"护城河"。

事实上，近两年专业 MCN 打造的中老年网红迅速崛起，已经给产业敲响了警钟。个别老年文娱机构的反应较快，提高了内容生产的质量。我们相信，会有越来越多的老年文娱机构重视专业内容的生产，资讯、课程、赛事、活动等老年文娱内容的主题和形式会更加丰富，老年文娱 IP 会大幅增加。

十、老年用户的付费习惯逐步养成，产业变现方式更加多元、更为成熟

对老年用户的了解越深刻，就越能准确把握用户的消费心理及消费决策的关键点，通过提升差异化产品力、进一步优化运营模式和营销模式，不断增强用户黏性，缩短用户的消费决策周期，变现将不再是产业运营者的普遍痛点。与此同时，在产业内众多机构的积极探索下，伴随着用户付费习惯的养成，以及付费意愿更高的新老人群体的增多，我们相信，业内会出现更加多元化的变现方向和更高市场价值的变现点。

可喜的是，我们观察到，受新冠肺炎疫情的推动，更多老年用户开始使用支付结算应用，老年用户的知识付费习惯也正在加速养成，很多线下教育机构积极尝试线上变现并取得超过预期的业绩。我们也清晰地感受到，老人群体正在从移动互联网上体验到更多不一样的生活方式，新的消费意识、消费形式、消费潜力才刚刚开始显露，线上付费学习、直播打赏、网红带货、直播电商等只是大幕初启，未来，中老年高频的社交场景必将推动时尚消费热潮，而强烈的人生补偿性心理也将拉动兴趣类消费频次，老年文娱产业的变现模式会日趋成熟。

行业篇

第四章 老年教育市场发展报告

范　振　张祚禄

范振，北京中关村科技发展（控股）股份有限公司研究员

张祚禄，北京中关村科技发展（控股）股份有限公司60加研究院负责人

核心观点

● 大力发展老年教育是科学有效地减轻人口老龄化压力的有效途径和举措。随着人口老龄化进程的不断推进，老年人对精神文化生活的需求不断增加，老年教育将迎来快速发展阶段。预计到 2050 年，中国老年教育市场规模超千亿元；线上、线下结合的发展模式不断深入；老年用户需求逐渐从老有所乐向老有所为转变，从期望社会交往向渴望自我实现的方向转变。

老年教育是让老年人继续学习而进行的教育活动，既不同于普通教育，也不同于职业教育和专业进修教育，而是根据老年人的生理和心理特征进行的一种特殊教育，目的是使老年人增长知识、开阔视野、丰富生活、增强体质。

老年教育与传统教育的区别：满足兴趣是老年教育的需求方向，与传统教育相比，老年人群没有对职业生涯的追求，更多的是通过参加培训班、讲座等形式来满足自身的兴趣需求。

第一节　老年教育用户画像

一、老年人群的学习需求特征

老年人的学习需求旺盛，农村与城市差别较大：60加研究院的一项调查显示，超过65%的老年人有学习的需求，其中城市老年人占85.5%，而农村老年人只占14.5%。城市老年人与农村老年人对教育的需求差别较大。

在想进入正规老年大学学习的老年人中，有73.7%的老年人反映报不上名，原因是教育资源有限。一些老年大学在校学员希望长期学习，不愿离开学校，而农村则几乎没有老年大学。

二、老年人群的学习方式特征

数据表明，老年人群更倾向于就近学习，近五成的老年人选择社区教育，16.7%的老年人选择老年大学，仅有8.3%的人倾向于网络教育（见表1）。

经过多年的发展，我国已经拥有老年大学、老年学校等教育机构超7万所，在校老年学习者800多万名。

还有上千万老年人通过社区教育、远程教育等多种形式参与终身学习，初步形成了多部门推动、多形式办学的老年教育发展格局。

表1 老年人群学习方式占比			
老年大学	社区教育	网络教育	其他教育
16.7%	46.8%	8.3%	28.2%

资料来源：60加研究院《中国老年教育行业研究报告》。

三、老年人群的学习目的特征

老年人群学习的目的主要是打发时间、与人交往、增长知识和满足兴趣。从表2可以看出，增长知识已经不是老年人群最大的需求，更多的是打发时间和与人交往。其中，以增长知识和满足兴趣为目的的老年人群走向了较为高端的老年大学，而抱着其他目的的老年人群则走向了中低端的社区教育或讲座培训等。

表2 老年人群学习目的占比			
增长知识	满足兴趣	与人交往	打发时间
12%	22%	29.7%	47.5%

资料来源：60加研究院《中国老年教育行业研究报告》。

四、老年人群的学习内容特征

如表3所示，关于保健的学习内容在老年人群学习内容中占比最高，为老年人继续学习提供服务将成为发展老年教育的主要任务。绝大多数老年人希望能够参与有益于提高生命质量、增加生活技能、丰富社会生活的相关学习。

学习内容受老年人欢迎的程度由高到低依次为医疗保健、文学艺术、文化娱乐、信息与科学技术。

表3　老年人群学习内容占比						
书法	保健	音乐	舞蹈	绘画	摄影	其他
11.2%	34.6%	9.7%	8.1%	10.2%	7.2%	19%

资料来源：60加研究院《中国老年教育行业研究报告》。

五、老年人群的学习付费意愿特征

从老年人群学习付费意愿的统计可以看出，近一半的老年人不愿在接受教育方面支付费用，年支付费用在2000元以上的仅占5.8%，绝大多数老年人的学习付费意愿在2000元以内（见表4）。

表4　老年人群学习付费意愿			
免费为主	每年1000元以内	每年1000~2000元	每年2000元以上
44.7%	33.2%	16.3%	5.8%

资料来源：60加研究院《中国老年教育行业研究报告》。

第二节　老年教育产业图谱

一、老年教育供给方

（一）公立老年大学

公立老年大学是老年教育的主要供给单位，几乎每个城市都有公立的老年大学为老年人提供教育服务。全国公立老年大学已经超过 7 万所，在校学员 800 多万名。

（二）民办老年大学

近年来政府鼓励发展老年教育，越来越多的民营企业进入老年教育赛道，开设老年大学，在北京、上海、广州、杭州等一、二线城市较为明显（见表 5）。快乐 50、美好盛年、快乐老人大学、养老管家、家游学院等老年教育企业如雨后春笋般成长起来。

表5　重点民办老年教育企业（部分）						
项目	城市	主打产品	收费	办学点	模式特点	商业变现
快乐50	北京	线上及线下老年大学连锁、衍生品销售、活动	线下 400～1500 元，线上 99 元	王府井校区、亚运村校区、达官营校区	连锁、自营	课程、衍生品销售、游学、政府采购
美好盛年	广州	线下老年大学连锁、展演、主题旅游、衍生品销售	几十到几百元不等	南洲校区、东圃校区、东方文德校区等10个校区	连锁、自营	课程、演出、赛事、游学、相关产品销售
快乐老人大学	长沙为主	线下老年大学、社区活动	200～700 元	科大景园校区、恒达校区等80多个	连锁、自营、加盟	课程、政府采购
养老管家	深圳	线上老年大学、智能硬件	会员（360 元/年）	无线下	线上课程	线上课程、旅游、硬件、内容分发
家游学院	杭州	线上老年大学、线下老年大学、老年旅游、衍生品销售	积分兑换	线上为主	自制线上课程	线上课程、游学、赛事、政府采购
樊登年轮学堂	上海	线上老年大学	会员（360 元/年）	线上为主	加盟	课程、加盟费

续表

项目	城市	主打产品	收费	办学点	模式特点	商业变现
银铃书院	北京	线上老年大学、SAAS系统	线上课程9.9~199元	线上为主	线上运营	课程、SAAS技术服务费
墨池	上海	线上老年大学	线上课程9.9~99元	线上为主	线上微信号、小程序为主	课程、衍生品销售
小桃说	上海	线上、线下老年大学	—	线上为主	主打摄影课程	课程

资料来源：60加研究院《中国老年教育行业研究报告》。

（三）其他老年教育

部分企业或者机构通过老年教育来增加产品的附加值，以实现品牌溢价，吸引高端消费者购买产品。把老年教育作为增值服务，通过老年教育项目提升产品的附加值，进而使主营产品得到增值。比如，乌镇雅园在地产项目中增设老年大学，老年人可以通过积分兑换的形式参加老年大学，进而驱动其参与到整个项目的运营管理中来，提升整个项目的品质，实现了该项目的溢价，其价格是周边房价的两倍。

二、老年教育内容

老年教育内容主要包括营养与保健、音乐与舞蹈、手工与园艺、文化知识、职业训练，以及对退休生活的适应等。随着越来越多的民营企业进入老年教育赛道，老年教育的内容逐渐丰富起来。为了满足老年人群的学习需求，舞蹈、书画、音乐、摄影、美食、养生、运动、历史、旅游、教育等内容逐渐被开发出来。

综上，老年教育产业图谱如图1所示。

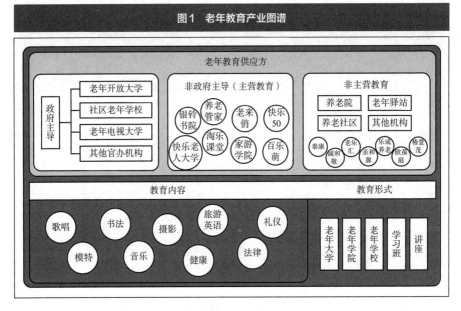

图1　老年教育产业图谱

资料来源：60 加研究院《中国老年教育行业研究报告》。

第三节　老年教育市场特征

老年教育市场的发展还处于相对早期阶段，老年人群的需求还未被完全挖掘出来，甚至现有的市场需求还远远未被满足，在人才师资、市场细分、教学模式、商业模式等方面都存在较大的提升空间。

一、市场处于早期发展阶段

虽然我国老年教育的提出较早，但是直到近年在政府的大力支持下才有了良好的发展。目前进入该赛道的企业还较少，市场发展处于相对早期的阶段。

二、缺少专业人才

从事老年教育的专业人才较少，更多的是其他领域进来的，很少有专门从事老年教育者。民办老年大学的教师大多是兼职，公办老年大学的教师很多也是具有一定经验的退休老人。现有的老年教育人才无法有效满足市场需求，缺少相关类型的教育人才，老年教育人才处于供不应求的状态。

三、政府办学为主，企业进入较少

目前老年教育市场以政府主办的老年大学为主，近年来虽然有部分企业开始进入该市场从事老年教育工作，但是数量仍然较少，无法满足当下老年人的教育需求。

四、公立老年大学火爆，民办老年大学招生压力大

目前老年教育以线下为主，公立老年大学由于享受政府补贴，学费收取较低，深受老年人的喜爱，因此很多公立老年大学一座难求。相比之下，民办老年大学由于各项成本居高不下，费用收取相对较高，导致很多民办老年大学的招生难度大。

五、市场颗粒度比较粗

提到老年教育，大多数人会想到老年大学，在整个老年教育市场中，老年大学占据核心，除此之外更加细分的老年教育领域少之又少，加之老

年市场本身不成熟，在教学体系和内容方面需要经过长时间摸索积累后才能逐渐分化为更加细小、更加垂直的领域。

第四节　老年教育业务模式

一、教学形式

老年教育的教学模式不断创新且逐步趋于互联网化、自主化、智能化。目前老年教育的授课模式以向 C 端提供服务为主，主要分为线下教学、线上教学这两大类。随着老年人的触网比例越来越高，教学模式不断创新，教学形式逐步趋于互联网化。

线上教学（网络课程、线上直播等）是当下老年教育的一种重要形式，线上教学可以打破时空限制，还能记录学生的学习轨迹、学习结果等方面的数据，更好地为老年教育提供服务。优点：突破时空限制；缺点：受到老年人触网能力限制，以技能导向型为主。

线下教学（传统课堂、线下游学、讲座等）也是老年教育的主要形式，线下教学的场景性强，师生间的互动更直接，能够保证最佳学习效果。优点：学习效果好，老年人接受度高；缺点：受时空限制较多，一座难求。

二、业务流程

老年教育的主要业务流程分为课程、招生、教学、成果这几个环节（见图2），当下老年教育课程设置趋于同质化，在招生与教学环节树立良好的口碑，是老年教育业务中关键的一环。

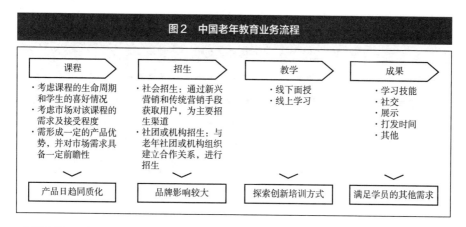

资料来源：60加研究院《中国老年教育行业研究报告》。

三、线上老年大学业务模式

2019年以来，越来越多的企业布局线上老年大学，以网上老年大学、养老管家、家游学院、樊登年轮学堂、银铃书院为代表的企业，通过制作老年教育视频等形式，在线上进行传播销售。比如，上海的樊登年轮学堂通过线上课程吸引老年人群购买会员服务，通过举办线下活动增强用户的黏性，从而形成商业闭环。杭州的家游学院通过在微信公众号加入线上老年大学视频课程来增强客户的黏性，通过在线下与社区合作，免费给老年人上课的形式来拓展高品质客源，进而推动游学业务的发展，同时家游学院还试水老年电商。众多的线上老年大学模式逐渐被探索。

（一）课程内容

1. 课程数量

网上老年大学数据显示，其课程数量已达10万节，位居线上老年大学前列。养老管家、银铃书院、樊登年轮学堂等线上老年大学在课程数量方面与之差距较大（见表6）。

表6	线上老年大学课程内容服务对比			
	界面美化	课程内容覆盖面	课程质量	版权
网上老年大学	★★★★★	★★★★★	★★★★	上传者/自有
家游学院	★★★★	★★★★	★★	自有/其他
养老管家	★★★	★★★★★	★★★	自有
银铃书院	★★★★	★★★	★★★	自有
樊登年轮学堂	★★★★	★★	★★★★	自有/合作

资料来源：60加研究院《线上老年大学研究报告》。

2. 内容覆盖

在老年教育线上课程的内容覆盖方面，各个企业相差不大，大多涵盖舞蹈、书画、音乐、摄影、美食、养生、运动、历史、旅游、教育等内容，基本满足老年人群的学习需求。老年人群比较关注的医疗保健、文学艺术、文化娱乐等板块基本被列为各个老年大学的重点课程内容。

3. 课程质量

近三成课程由公立老年大学制作并上传，保障了网上老年大学课程的输出与品质，而其他线上老年大学在课程质量方面则稍逊一筹。

4. 版权

网上老年大学的课程版权虽然为上传者所有，但是其具有使用权。而其他线上老年大学在版权方面更多是自有形式，避免了后期的版权争议。

5. 渠道选择

线上老年大学大多是通过微信小程序来搭建线上平台，随后进行裂变传播，快速获得新用户，设置爆点吸引并激活用户，通过设计良好的使用或消费场景留存用户，提高用户的沉淀，进而促进二次传播，实现裂变效应。

（二）变现模式

1. 售卖课程是线上老年大学的主要盈利方式

在对其他线上老年大学的分析中发现，售卖课程仍是当下线上老年大学变现的首选。比如,养老管家和银铃书院采用的是单课收费的形式,樊登年轮学堂采用的是年度会员形式和单独售卖结合的形式变现。随着网上老年大学、家游学院等企业免费向广大老年人群开放线上课程,用户争夺会更加激烈。

2. 私域流量变现成趋势

网上老年大学在平台课程里加入"进班群",吸引学员加个人微信;家游学院在平台中添加"加入圈子",引导学员加企业微信。无论是网上老年大学中的"进班群"还是家游学院的"加入圈子",都是构建私域流量池,为企业进一步变现做准备。

3. 线上、线下融合变现程度加深

老年教育仅仅依靠线上或者线下获得的收入有限,老年教育具有强运营属性,线上、线下整体作战是变现的较好选择。通过线上快速扩展,获得一定的品牌认知度,同时在线下服务好老客户,好好运营,进而产生强大的社交裂变效应。通过线下运营提升用户体验、建立信任感的触点,突破中老年用户的心理门槛、增加复购和高价值业务转化,进而实现企业盈利。

第五节　老年教育行业发展研判

一、老年教育市场发展的制约因素

(一)老年教育供给主体单一

当下,老年教育的供给主力仍是政府部门,大多依靠政府的财政补贴运转,离开了政府的补贴,基本处于停滞状态。同时,公办老年教育的覆盖面相对较窄,以至于出现"一座难求"的现象。近年来,随着民办老年大学的入局，在一线城市老年教育供给逐渐多元化，但是入局企业仍然较少，形式过于单一，不能满足当下老年教育市场的需求①。

（二）老年教育需求不足以支撑市场快速发展

通过对老年教育市场的研究可以发现，当下对老年教育有需求的大多集中在一线城市的"高知""高干"等少量老年群体中，对于更多的老年人来说，老年教育还属于"奢侈品"，因此出现市场需求不足的现象。

（三）老年教育管理体制有待健全

当下老年教育管理体制还不甚健全，我国老年大学最初的设计目的是为离退休老干部服务，但经过 30 多年的发展，老年大学学员成分发生了巨变，人数剧增，在国家层面制定老年教育长效机制迫在眉睫。就老年大学来说，不同地区老年大学的归属管理存在不同，老干局、民政局、教育局等多个部门都是老年大学的管理者，但"谁在管"却很难说清。

二、老年教育发展趋势

（一）中国老年教育市场规模将超千亿元

《老年教育发展规划（2016—2020 年）》指出到 2020 年，全国县级以上城市原则上至少应有一所老年大学，50% 的乡镇（街道）建有老年学校，30% 的行政村（居委会）建有老年学习点。随着老年教育市场需求的不断扩大，未来老年教育市场规模将快速增长。

随着"50 后""60 后"进入退休阶段，老年教育市场规模将随着老年人口的增长达到一定的峰值。预计到 2050 年，中国老年教育市场规模将超千亿元（见图 3）。

---

① 胡晓、赵鹏程：《老年教育事业发展的制约因素与对策》，《求索》2009 年第 2 期。

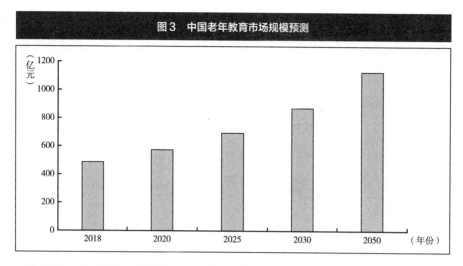

图3 中国老年教育市场规模预测

资料来源：60加研究院《中国老年教育行业研究报告》。

（二）老年教育形式更加多元化

1. 跨界融合是未来老年教育发展的大方向

未来，除了老年大学、社区教育等形式，市场主体和社会力量将发挥更大作用，将以"老年教育＋"的形式与其他行业融合、联动，推动老年教育的多元化和创新化发展。未来，老年教育将会融合到养老产业的各个环节之中，进行融合式发展，对养老的各个产业环节起到提质的作用。

2. 教育场所多元化

老年教育的举办场所将突破小范围化特点，从老年大学走向社区教育，走向养老产业的各个环节，走近老人身边。

老年大学：老年大学仍是政府主导的老年教育的主要形式和重要场地。

老年大学＋社会教育机构，组建老年教育联盟（集团）。

街道/社区：社区教育将是未来老年教育的重要抓手和重点内容，构建县（市、区）—乡镇（街道）—村（居委会）三级社区老年教育网络，方便老年人就近学习。

社会教育机构：其他机构兴办的老年教育机构正在发展壮大，市场主体具有敏锐的嗅觉和潜力挖掘优势，利于培育老年教育市场。

高校：高校结合学校特色开发老年教育课程，为社区、老年教育机构及养老服务机构等积极提供支持服务，共享课程与教学资源。

社区居家养老场所：社区老年人日间照料中心、托老所、社区养老服务驿站等各类社区居家养老场所也将是未来老年教育的活动场所。

养老服务机构：老年养护院、社会福利院、敬老院等养老服务机构作为固定场所，仍是老年教育的学习场所。

3. 市场主体多元化，市场竞争重合化

老年教育的供给主体将不断扩大，以政府为主导的老年教育兴办主体将进一步向市场开放，于企业而言是发展的新机遇。

随着市场的发展，老年教育的市场竞争将会更加激烈，未来市场竞争品类将进一步深入其他领域，出现市场竞争重合化。

4. 直播新趋势

直播作为线上课程的进一步延伸，其效果是录制课程无法比拟的。2020年，众多线上老年大学不约而同地开展线上直播课程，其中一个重要的原因是直播课程有着录制课程无法比拟的优势，老年人群可以看到真实的人，增加信任感，还可以在直播间随时与老师、助教进行互动，第一时间得到解答。随着各个老年大学对直播的日益重视，更多老年人群参与进来，观看直播的习惯逐渐养成，未来直播将成为老年大学授课的新趋势。

（三）线上、线下结合更加深入

未来老年大学线上、线下的结合更加紧密，越来越多的企业更加重视线上。老年教育企业仅通过线上实现盈利难度较大，线上的意义主要在于品牌塑造与通过小程序裂变获取用户（拉新）。线上裂变传播、线下付费转化仍是老年教育企业变现的重要途径。

> **专栏：线上、线下结合运营有三大优点**
>
> 一是从课程学习来看，线下课程的互动性更强，线上可以随时随地学习，两者结合起来学习效果更好。此外，学习线下课程是结交朋友的最佳社交场景，可以排解日常生活中的孤独感。
>
> 二是从获客角度来看，线上快速扩展，获得一定的品牌认知度，同时在线下服务好老客户，运营得好，往往能产生强大的社交裂变效应。
>
> 三是从运营体系来看，线上运营更方便加强与用户之间的联系，线下运营则蕴含更多提升用户体验、建立信任的触点，是突破中老年用户的心理门槛、提高复购率和实现高价值业务转化的关键。

（四）老年教育内容更加多元化和体系化

随着民办老年大学入局老年教育行业，老年教育的内容较之前更加丰富，未来随着老年人群对教育的需求量增加，越来越多的老年群体将教育纳入精神文化领域的重要追求，并对营养、医学、音乐、学术等方面的内容较感兴趣，老年教育的内容将进一步增加，多元化、体系化的老年教育内容供给将逐步形成。

（五）老年教育用户需求更加个性化

当下老年教育对老年群体的作用更多的是弥补年轻时没有时间学习自己喜欢的项目的遗憾，更多的是通过参加老年教育活动去结交更多的伙伴，融入新的圈子，丰富老年生活。未来，老年教育用户的需求逐渐朝着自我价值实现的方向发展。"老有所为"将是老年教育的重要发展趋势，深层次的精神文化需求将成为老年群体的核心需求。

当下心理特征："老有所乐"。当前老年群体具有"弥补型"心理，退休后选择弥补年轻时的遗憾。

未来心理特征："老有所为"。未来老年群体具有"发展型"心理，追求自我发展和自我价值实现。

当下需求特征：期望社会交往。当前老年群体的集体意识较强，更倾向于融入圈子、抱团娱乐。

未来需求特征：渴望自我实现。未来老年群体将渴望自我实现，自我表现欲极强。

（六）老年教育用户结构逐步扁平化

随着大众富裕阶层逐渐步入老年阶段，老年人的整体经济实力逐步提升，更多的老年人追求精神文化生活，老年教育以其文娱特征将会成为更多中高端群体的选择。随着更多老年人对教育产生需求，用户结构逐步发生转变，目标群体逐渐细分，未来将逐渐由"精英教育"转向"普惠教育"。

（七）老年教育价值链延伸

老年教育价值链的核心是课程，但随着依靠课程变现的难度增加，老年教育价值链不断延伸，商业模式中不断融入演出、赛事、旅游等付费服务。未来老年教育价值链将不断依托课程所带来的精准流量，向外扩展、延伸，与其他领域融合。

第五章　老年旅游市场发展报告

范　振　杨俊凯

范振，北京中关村科技发展（控股）股份有限公司研究员

杨俊凯，北京中关村科技发展（控股）股份有限公司研究员

核心观点

● 随着我国老龄化程度的加深，老年人的收入水平、生活水平提高，消费观念转变，老年文娱产业发展十分迅速。老年旅游作为老年文娱产业的重要组成部分，具有不可限量的开发潜力。通过研究发现：①我国老年旅游市场规模逐步增大，突破万亿元；②我国老年人群更愿意错峰出游，青睐休闲养生类旅游产品；③老年旅游市场存在产品品类不够丰富、设计缺乏针对性等问题；④老年旅游企业应重视跨界与创新发展，变革营销模式。

老年旅游是指老年人为了游览、观光、娱乐等休闲目的，离开自己的常住地进行的一种活动；是以老年人为核心，在产品设计、行程安排、营销宣传等方面更符合老年人特点的旅游活动。

第一节　老年旅游人群画像

一、人群特征

（一）年龄分布

老年旅游的主力人群是 60～70 岁的老人，数据表明这个年龄段的出游人群占整个老年旅游人群的近八成。

（二）收入水平

数据表明，目前有 3000 多万名老年人享有退休金，同时，我国城市中很多 60～65 岁的老年人还处于在职状态，除了退休金以外，很多老年人还有其他收入来源。

针对老年旅游人群的调查发现，月收入在 3000～5000 元的占 30.6%，月收入在 5000～7000 元的占 26.5%，月收入超过 7000 元的占 31.3%（见图 1）。

图1　老年旅游人群收入水平

| 11.6% | 30.6% | 26.5% | 31.3% |
| 月收入3000元以下 | 月收入3000~5000元 | 月收入5000~7000元 | 月收入7000元以上 |

资料来源：中国老龄产业协会、同程旅游。

（三）消费水平

老年旅游人群的消费潜力巨大，单次出游花销在5000元以上的比例已经达到39.4%。此外，携程与万事达卡联合发布的《2019中国跨境旅行消费报告》显示，2019年"50后"群体跨境旅行人均单次消费高达6706元，已经超过年轻人群的水平。

二、出游特征

（一）出游时间

在出游时间选择方面，由于老年人退休后时间上更为宽裕，因此出游时间的选择更加灵活多样，呈现较为明显的"错峰"趋势。数据显示，老年人群在出游时间的选择上明显集中在3月、4月、5月、9月和10月5个月份（见图2），季节上一般是以春季和秋季为主，而在具体出游时间节点的选择上，仅有不足20%的老年人表示会在节假日期间出游，超过80%的老年人表示"随时可出游"。

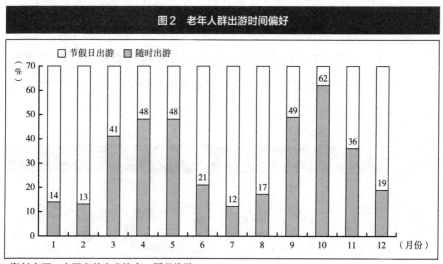

图2　老年人群出游时间偏好

资料来源：中国老龄产业协会、同程旅游。

在出游时长方面，4~7 天的出游时间被近四成老年人群接受。在单次出游天数方面，38% 的老年旅游者的单次出游天数为 4~7 天，33% 的老年旅游者的单次出游天数在 8 天及以上，另有 23% 的老年旅游者表示对行程天数无明确偏好。

（二）出游频率

老年人的出游时间比较灵活，因此出游频次明显多于其他年龄段。数据表明，42.7% 的老年旅游者每年出游 2 次，每年出游 3 次及以上的占 20.2%（见图 3）。

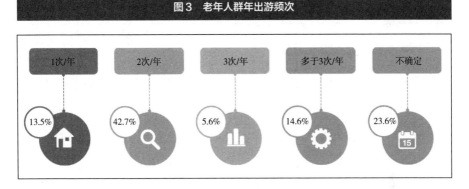

图3　老年人群年出游频次

资料来源：中国老龄产业协会、同程旅游。

（三）出行方式

老年人出游更加注重选择便捷、安全、舒适的交通方式，在长途休闲旅游交通工具的选择上，选择乘坐飞机出游的老年人比例最高，约占 27.7%，其次为长途汽车，约占 23.2%。此外，老年人也比较青睐乘坐高铁出游，占比为 19.5%。而在中短距离交通工具的选择上，备受老年人青睐的交通工具有汽车（占比为 41.6%）、高铁（占比为 19.3%）。

（四）购物特征

数据显示，90.4% 的老年旅游者在出游途中有过购物经历，明确表示从不购物的仅占 9.6%（见图 4）。老年旅游者最常购买的商品依次为当地特

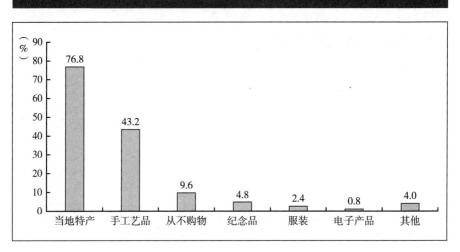

图4 老年人群出游购物品类比例

资料来源：中国老龄产业协会、同程旅游。

产、手工艺品、纪念品、服装等，对珠宝首饰、名表的购物需求接近于零。

（五）住宿选择

数据显示，老年人外出旅游住宿以星级酒店为主，占比达58.4%，住经济型酒店的老年人占比为29.6%，选择其他酒店的比例为12%（见图5）。这说明在选择住宿方面，老年人既考虑舒适性又讲究实惠。

图5 老年人群出游住宿选择比例

资料来源：60加研究院。

（六）出游地及目的地

老年旅游者主要来自上海、江苏、北京等 10 个地区，占全部中老年旅游者的 73.5%，其中前三名地区的占比高达 36.7%。从城市来看，一、二线城市等经济条件较好的区域是目前老年旅游者最主要的出发地。在一、二线城市中，来自北京、上海、天津、南京、沈阳、郑州、深圳、西安、武汉、哈尔滨等地的旅客居多。另外，大连、太原、济南、长沙、呼和浩特等城市老年人的出游需求也较为旺盛。

第二节　老年旅游产业图谱

旅游产业链是以旅游产品为纽带实现链接的。从整个旅游过程来看，提供旅游产品的不同行业组成了一个链状结构，游客从旅游过程的始端到终端，需要众多的产业部门向其提供产品和服务来满足各种需求。

与传统产业链单纯的上下游（纵向）关系不同，老年旅游产业链更为复杂，既有纵向关联，也有横向关系，甚至有纵横交叉的关系。在上游大型旅游商和下游景区、饭店、餐馆这条产业链中，既有明显的上下游关系，又有景区、饭店、餐馆这条横向关联的产业链。产业链中各个企业隶属于不同部门，它们相互影响、相互制约，旅游产业链呈现高度复杂性。

老年旅游产业链包括旅游资源、辅助产业、旅游产品搭建及分销商和营销渠道（新媒体及传统媒体），具体如图 6 所示。

（一）旅游资源

旅游资源主要由各大景区提供，是旅游业发展的前提和基础。旅游资源包括自然风景和人文景观。自然风景类旅游资源包括地貌、水文、气候、生物四大类，如高山、森林、江河湖海、野生动植物等。人文景观可归纳为人文景物、文化传统、民情风俗、体育娱乐等。

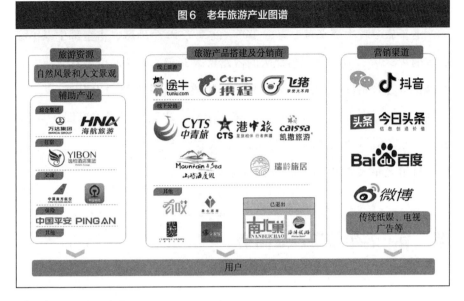

图6　老年旅游产业图谱

资料来源：60 加研究院。

（二）辅助产业

辅助产业是旅游活动正常开展不可或缺的部分，包括交通、住宿、餐饮、保险、购物等内容。

（三）旅游产品搭建及分销商

旅游产品搭建及分销商是老年旅游产业链的核心，包括各大旅行社以及各大线上旅游平台。经过多年发展，我国老年旅游产品结构逐渐丰富，开始向多元化、科学化发展，形成了传统跟团游、旅居游、出境游、老年游学并存的产品体系。

（四）营销渠道

目前营销渠道包括网络媒体（微信、微博、抖音）、传统纸媒、电视广告、门户网站和搜索引擎等。随着营销渠道的增多，我国老年旅游营销观念和方式也有了进一步的发展，口碑营销、品牌（广告）营销、网络营销、直播推广以及地面推广等形成了线上、线下相结合的营销方式。随着触网老年人的增多，网络营销逐渐成为现代老年旅游营销手段的重点。

第三节 老年旅游市场特征

一、老年旅游市场发展现状

（一）市场规模逐步增大

老年人口数量的增长预示着老年市场的逐渐兴起。随着整个社会意识观念的改变，老年人的出游意愿逐渐提升，更多的老年人将出游作为一种休闲方式。

2019 年我国老年（60 岁及以上）旅游人数占全国旅游总人数的比例超过 20%，按照这一比例来算，老年旅游市场规模已超 1 万亿元。2012 ~ 2018 年我国国内旅游人次和旅游收入如图 7 所示。

图7 2012 ~2018 年国内旅游人次与收入

资料来源：国家统计局。

（二）错峰出游特点明显

老年人退休后在时间上更为宽裕，相比年轻人，老年人的实际出游消费情况似乎更加符合"说走就走"的理想状态。其出游时间的选择更加灵活多样，呈现较为明显的"错峰"趋势，节假日对老年人并没什么吸引力。

（三）入局企业不断增加

整个旅游市场正在从以年轻人为主要消费群体的阶段转变为面对不同年龄层特别是老年消费人群定制个性旅游的高速发展、竞争激烈的阶段。目前我国从事老年旅游的企业集中度很低，加之国内老年旅游市场日益发展，更多的企业开始关注并计划进入市场。近年来越来越多的外资企业争相进入中国市场，更加剧了市场竞争。越来越多的综合性企业以战略性眼光关注老年旅游市场，也在不断地加入这一行业。

（四）逐步关注旅游体验

1. 深度体验游获青睐

超半数的老年旅游者偏好以体验文化及当地生活为主要诉求的深度体验游，表现出较为成熟的旅游消费观念，而初次出游的老年人相对更加偏好以"到此一游"为基本目标的观光游。

在具体的出游行为方面，省心省力、服务周全的跟团游是老年人出行的首选，同时对包团定制这一新玩法的关注度高于其他年龄层人群，定制旅游成为近年来老年群体出游的新选择。另外，邮轮游没有年龄限制，无须过多奔波，老年人选择邮轮出行的比例也高于整体市场水平。

2. 休闲养生游受青睐

随着人们对健康的关注度越来越高，以养生为主题的旅游线路将逐渐成为市场主导。相比传统的观光游，养生游更注重身体状况及内心的感受，突出休闲、慢时光，饮食也以养生药膳为主，让游客在气候宜人、风景秀丽的环境下，全身心地体验旅游的意义。

（五）消费区域集中性强

我国老年旅游消费呈现向一定区域集中的特征，老年旅游者来自环渤海、长三角和珠三角地区的比例较大。这些地区老龄化进程较快，同时经济发展水平较高，因此相较于其他地区老年旅游市场的发展更为迅速。

（六）短线旅游比例大

相对于历时长、距离远的长线旅游，短途旅游更受到老年旅游者的喜爱。从健康和适应性等因素出发进行考量，许多老年旅游者对短线休闲旅游更为青睐，在获得旅游体验的同时，也不会感觉疲累。

老年旅游以国内游为主，其中短线游占较大比例。老年境外游同样是由近及远，目前多集中在我国港澳、越南、韩国等地。老年群体倾向于选择较为传统与安全的陆路交通方式，近距离旅游占整个旅游市场份额的一半以上。随着高速铁路、高速公路等交通体系的进一步完善，以及我国老年人收入水平和旅游要求的不断提高，长线游、出境游将越来越多。

二、老年旅游市场存在的问题

（一）产品品类不够丰富

目前我国开设老年旅游服务的旅行社数量较少。一方面，旅游企业想开发银发旅游市场；另一方面，却不愿承担风险、投入太多资金建设健全、人性化的服务体系。现在老年旅游服务体系大部分是一般化和浅层次的，很多产品不适用于老年人，例如，老年人对旅游目的地的选择性强，对出游活动的安排比较慎重，而可供老年人选择的适合产品较少。

（二）旅游市场有待规范

企业对老年旅游产品开发的重视程度不够，有的企业虽然名义上提供的是"爸妈游"，实际上出售的产品却和普通的产品差不多。老年旅游市场不规范的现象处处可见。此外，老年人在出游上还是受到很大的限制。一般旅行社均有 70 岁及以上老年人须有家人陪同或出具健康证明的要求，80 岁及以上老年人出游则受到更多限制。

（三）产品设计缺乏针对性

大部分旅游景区在规划开发时没有考虑到老年群体的特殊需求，使得老年人在目的地选择上无形中多了许多限制，同时也对旅游景区的经济效益和社会效益造成了一定的影响。另外，在景区的娱乐活动方面，也很少有适合老年人参与的活动，老年人因身体条件的限制，不能参加运动量大的活动，更倾向于选择观赏性、知识性的项目。

（四）缺乏健全的医疗服务

老年人群在旅游过程中的健康风险远高于年轻人，而当下并未针对其增加相应的医疗服务，难以保障老年人群在旅游过程中的健康需求，使其在选择旅游时存在一定的后顾之忧。

（五）旅游消费水平偏高

现在老年人的收入来源较为单一，且消费意识仍偏于保守，因此在旅游产品上仍倾向于选择价格低的产品。但目前市场上符合这部分人群预期的旅游产品较少，多数老年旅游产品的价格动辄数千元甚至上万元，个别旅游团还有强制购物行为，这使许多老年人望而却步，进一步制约了老年旅游市场的发展。

第四节 老年旅游业务模式

一、传统跟团游——携程"爸妈游"和途牛"乐开花爸妈游"

传统跟团游是目前老年旅游市场上的主力产品，市场上规模较大、质量较好的跟团游产品当数携程推出的"爸妈游"和途牛推出的"乐开花爸妈游"。

2011 年，携程推出"爸妈游"品牌。这是我国在线旅游行业首个针对老年人的跟团游品牌，由携程提供一站式服务。从 2011 年推出以来，每年服务数十万个游客，其中 80% 以上是 55 岁以上的游客。携程"爸妈游"从服务、餐饮、购物、娱乐、交通五个方面提出了较高的要求（见表 1）。

表1　携程"爸妈游"服务标准	
服务	24 小时管家制，在行程前、行程中、行程后全方位关心照顾客人
餐饮	菜以热食为主，吃饭时间不小于 1 小时
购物	明确购物行程，绝对不强制购物
娱乐	行程设计轻松，一次步行不超过 30 分钟，游览时间增加 20%
交通	单次行车时长不超过 2 小时，增加停靠次数，满足客人上厕所的需求

资料来源：携程官网。

2016 年 3 月，途牛旅游推出了"乐开花爸妈游"服务。该项服务只针对 50 岁及以上的人群，且有专业的陪护人员跟团出发，对旅游产品的餐饮、行程、住宿、目的地等方面做出了详细的规定（见表 2）。

表2　途牛"乐开花爸妈游"服务标准	
餐饮	餐食基本全包，以中餐为主
行程	线路设计及行程安排以缓为主，安排午休，满足老年游客"快旅慢游"的需求
住宿	选择干净舒适的酒店
目的地	大多选择相对安全、气候相对温和、适合老年人出行的目的地，所有经典、精华景点基本覆盖

资料来源：途牛官网。

无论是携程还是途牛，其产品模式都是自营加平台，携程自营占 16.8%，途牛自营占 33.7%。"爸妈游"产品的整体价格在 1500～4000

元，部分旅游路线价格超过 1 万元。携程、途牛的"爸妈游"产品以国内为主，出国游路线占总路线的比例较少。

途牛、携程等旅游服务平台虽已推出相应的"爸妈游"产品，但很多产品的本质和传统的非"爸妈游"产品没有太大的区别，并未太多地考虑到老年人的核心需求。

（一）旅游团老年人比例不高

在途牛、携程旅游服务平台组织的一些老年团中，老人的比例逐渐下降。由于年龄、生活阅历不同，游览欣赏的对象也会有不同之处，因此旅游团的氛围不甚良好。

（二）旅游时长较短

途牛、携程等旅游服务平台在旅游时长方面安排 5~6 天时长的居多，这对于老年人来说显得相对紧凑。

（三）缺乏针对老年人的产品

在对途牛、携程所提供老年旅游产品的分析中可以发现，虽然其从吃、住、行等方面进行了规范，但是在产品设计方面并未针对老年人进行专门设计。

（四）几乎未配备随团医生

老年人出行最重要的一点就是健康保障，因此配备随团医生成为组织老年旅游团的重要一环，但在途牛、携程平台发布"爸妈游"产品的旅行社几乎没有配备随团医生。

二、旅居游——山屿海康养

旅居游是近几年兴起的一种老年旅游模式，注重慢游细品，体验区域文化，融入当地生活，强调健康养生等升级需求。有别于传统跟团游三大要素即大交通、酒店、景区，旅居游更注重适老化异地生活服务及医疗保障。目前，我国最具代表性的旅居游企业是浙江山屿海旅游发展股份有限公司。

浙江山屿海旅游发展股份有限公司成立于2010年4月1日，前身为安吉山屿海投资有限公司，于2015年登陆新三板。

截至2019年6月，山屿海旅居度假收入金额高达7780万元，占营业收入的99.79%。会员数量达到3695人，意向客户更是有2万余人。

山屿海通过自建、承包、托管、长期租赁等方式开发了国内外63个度假基地，并以此为依托，向老年人提供候鸟式旅居度假服务。

（一）盈利模式

山屿海的主营业务是旅居度假养老服务，老年群体是其主要客户。若要享受山屿海提供的候鸟式旅居度假服务，需先一次性支付一年或若干年的会员费，成为山屿海的会员。在合约期限内，会员可在一定时限内分期享受旅居度假服务。

（二）销售模式

山屿海的主要销售模式是，以传统销售、基地常驻人员销售、口碑营销等方式开发新会员，通过电话销售、会议活动、第三方合作等形式获取潜在客户信息，再通过电话回访、当面拜访、邀约活动等方式向客户销售候鸟式旅居度假服务。

从2019年半年报可以看出，山屿海的毛利率为44.49%。因度假基地的租赁费为固定费用，公司的主营业务成本相对固定，会员数量及其消费水平的变动会导致主营业务收入变动，进而导致毛利率产生较大波动。因此，山屿海的工作重点在于维持原有客户并开发新客户，这样才能保持山屿海会员数量的增长。

据统计，截至2019年6月，山屿海的销售人员为113人，占企业员工总数的50%。可以看出，山屿海主要依靠强大的销售团队来运营。同时，这种面向老年人提供单一旅居养老服务的轻资产运营模式是当前山屿海进行养老产业战略布局的主要特征。

（三）采购模式

目前，山屿海的度假基地主要有自建基地与非自建基地两类，其中非自建基地又包括承包基地、托管基地、长期租赁基地。山屿海长期租赁33个度假基地。

同时，山屿海还设立了专门的业务拓展团队，负责合作度假基地的信息搜集，供应商（合作度假基地）的选择、评审、确定、跟踪，以及承包、托管、长期租赁等协议执行过程中与供应商的沟通和衔接。

山屿海在实际发展过程中，也会遇到一些风险性因素。

其一，租赁成本受度假基地成本波动的影响。由于与各基地的租赁合同期限为1年，山屿海可能在续签时面临租赁价格的变化。

其二，同业竞争影响。老年旅游行业进入门槛较低，商业模式极易复制，因此，山屿海可能会面临不同竞争对手的威胁。

其三，会员人身安全风险影响。山屿海的消费群体以老年人居多，虽然公司为他们购买意外伤害保险，但由于保险覆盖范围有限，山屿海可能将额外支付赔偿金，这会对公司的实际运营带来一定的影响。

三、文化旅游——有哎乐龄文化交流社区

文化旅游泛指以鉴赏异国异地传统文化、追寻文化名人遗踪或参加当地举办的各种文化活动为目的的旅游。目前比较有代表性的文化旅游提供商为有哎乐龄文化交流社区。

有哎乐龄文化交流社区（简称"有哎"）成立于2018年，是中关村科技（股票代码：SZ000931）旗下面向乐龄人群的文化娱乐社交平台。有哎深耕老年文化娱乐市场，现已与《光明日报》、多个全国性或地方文体协会达成深度合作。

目前，有哎主要的服务人群为老年艺术团体，旗下合作社团超700个，覆盖近百万名老年人。

在运营模式上，有哎采取"线上＋线下"的运营模式，线下获客、线上传播的方式提升了老年艺术团体的信任度和黏性。

线下获客：通过举办线下大型文化活动，如合唱比赛、舞蹈比赛、模特比赛，吸引老年艺术团体加入有哎。

线上传播：构建了"微信＋网站＋抖音＋电视端"矩阵，输出养老、养生内容。有哎于2019年5月入驻歌华有线"年华"专区，视频日点击量已达到11万人次，节假日更高达18万人次。

有哎主要通过组织老年文化旅游实现盈利。在旅游中加入文化交流、艺术培训、演出等内容，在一定程度上提升了产品的附加值。在老年旅游的基础上，有哎还开设了与文化旅游相关的老年电商、线上老年大学等板块，进一步丰富了产品体系。

四、出境游——海涛旅游

我国老年出境游提供商中比较有代表性的是海涛旅游。但因多方因素影响，资金链断裂导致公司出现巨大亏损，现已退出老年出境游市场。

海涛旅游成立于2004年，隶属于北京海涛国际旅行社股份有限公司。主要经营以日本、韩国为核心目的地的出境游批发、零售、商务会议等旅游业务，总部设在北京。

海涛旅游先后和光大银行、渣打银行、兴业银行等开展过业务合作，捆绑银行、大打广告、找准目标群体，通过低于同行同类型产品10%～30%的价格快速揽客，以包机、包邮轮、在旅游目的地购买酒店和旅行社等方式降低成本。此外，海涛旅游善用广告和活动打品牌，海涛旅游的广告覆盖广播、电视、报纸等媒体。

海涛旅游的包机游、邮轮游价格低、没有强制购物，颇受老年人欢迎，每个旅游团中老年人的比例都极高。但由于产品、服务单一，受国际环境影响较大，且其利用游客押金投机金融市场失败导致资金链断裂，进而导致品牌信任危机，海涛旅游亏损严重，不得已退出老年旅游市场。海涛旅游业务模式如图 8 所示。

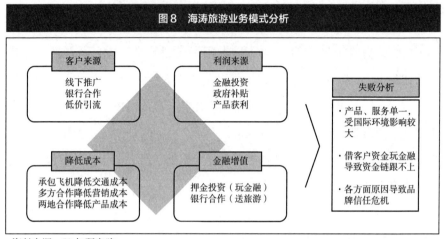

图 8　海涛旅游业务模式分析

资料来源：60 加研究院。

第五节　老年旅游行业发展研判

一、老年旅游产品更加适老化

（一）产品设计契合老年人群特征

老年人生活阅历丰富，对出游活动的安排比较慎重，旅游行程中猎奇的心理成分较少，偏爱内容丰富、活动愉快的路线。随着生活水平的提升，越来越多的老年人重视旅游的质量，希望在旅游过程中获得超越预期的体验。未来，符合老年人需求、以人为中心的旅游产品将更加受欢迎。

专栏1：适合老年人的产品设计

旅游路线：老年人希望游玩的过程是缓慢而又轻松的，所以整条线路的设计以及行程的安排应以缓、轻为主，消费水平整体偏低。

合理定价：当下大部分老年人在旅游消费方面相对比较节俭，因此在产品定价时应充分考虑老年人的心理，制定合理的价格。

非强制购物：在老年人旅游过程中，对购物应遵从老年人的自身意愿，不能通过购物或者其他方式来赚取收入。

餐饮：在老年人旅行的过程中，在餐饮方面要满足其质量好一点、量要足一点、蔬菜多一点、食物热一点、饭要软一点、吃得慢一点等需求。

运动量：在设计老年旅游产品时应该更多地考虑老年人的身体状况，对每个产品的交通方式及运动量进行细致的划分和详细的介绍，让老年人可以根据自己的身体情况选择适合自己的旅游产品。

出游安全：在选择景点时要选择有无障碍设施的，住宿的酒店最好离急救中心、大医院比较近。要配备随团的具有职业资格的医生，医生能够提供健康咨询，能开非处方药，也能进行紧急抢救。

住宿：旅游对体力的消耗较大，因此在住宿方面需要选择干净、舒适、服务相对较好的酒店。

娱乐：出来旅游就是为了放松、娱乐、休闲，在旅游之余举办一些娱乐活动，增添旅游的乐趣。

服务：实行24小时管家制，在行程前、行程中、行程后全方位照顾客人。

（二）产品品类不断增加

当下适合老年旅游的产品相对较少，旅游消费差异很大。随着老龄化社会的到来，老年人群基数不断增长，地区消费差异扩大，市场需求不断增加，经济实力不断提升，精神文化需求和消费理念千差万别，未来老年旅游产品品类将逐步增加，以满足老年旅游市场的需求。

（三）养生游将成为主流产品

根据老年市场的"慢旅游"特征，具有度假属性的休闲产品未来将成为老年市场的主导产品，在老年市场对养生、保健、养老等旅游需求的刺激下，度假居住、康体疗养两大产品有望成为未来老年旅游的主流产品，如温泉度假游、夏季避暑休闲游等。

（四）品质游需求不断提升

随着中国富裕阶层老龄群体的不断扩大，"新生代乐龄人群"将更加注重品质，看重旅游产品的内容和服务质量，品质好的高客单价旅游产品将迎来更多游客。

二、跨界融合发展

（一）借助老年旅游实现创新发展

老年旅游作为养老产业中较为成熟的变现方式，将初步融入其他领域中，如老年文娱、老年金融等，借助老年旅游实现创新发展，进而实现产品服务的优化。

（二）借助老年旅游变现

对于老年旅游企业来说，获得优质的客户是发展的根本，通过老年旅游业务，未来将会有越来越多的企业与老年旅游企业融合发展。

专栏2：老年旅游促进老年文娱企业变现

变现：老年旅游是老年文娱企业变现的重要方式，同时还可提供健康管理、线上商城等服务。

获客：可以从团体角度考虑，与老年艺术团、老年大学、老年文娱企业、养老机构等老年人集聚的团体合作获得顾客。

黏性：建立会员制，提供物超所值的服务，进一步增强老年消费者的黏性。

三、营销和销售渠道更为丰富

随着移动互联网的发展，越来越多的老年人群触网，微信、抖音等各种 App 在老年群体中的应用不断扩大，老年旅游的营销和销售形式也在不断创新。

（一）产品销售线上、线下相结合

线下门店渠道在未来很长一段时间将占据主导地位。同时，随着老年人触网比例的不断提升，会有越来越多的老年人选择互联网渠道购买旅游产品。未来，将逐步朝着线下咨询体验、线上购买的方向发展。

（二）营销渠道线上化

注重用户体验：未来旅游营销将以消费者为中心，根据消费者的心理和需求改变广告内容和互动方式，品牌和消费者的情感互动与销售紧密结合。

注重"线上＋线下＋体验"：从旅游行业现状看，"线上＋线下"的做法，在旅游营销上已多有实践，在两者相互融合的过程中，大家其实已经意识到了服务体验的重要性，未来"线上＋线下＋体验"的模式将成为主要方式。

专栏 3：老年旅游营销创新

新媒体、网红、直播、VR：直播是网红与"粉丝"的沟通途径，同时通过更多的直播活动使目的地的信息为游客所关注，传播成本低。"VR ＋旅游"的技术应用则颠覆旅游"预体验"，化身营销新利器。游客通过 VR，进入虚拟旅行体验，从而制订完美行程和计划。

超级 IP 的应用：通过打造超级 IP，借此了解细分用户需求并予以满足，可以将用户牢牢地黏在以 IP 为核心的旅游产业链条上。

四、市场发展更加规范化

近年来，中国老年旅游产业发展较快，老年旅游需求强劲，但也出现了行程不明、强制购物以及消费陷阱等问题。

国家旅游局发布的《旅行社老年旅游服务规范》于 2016 年 9 月 1 日起实施。经详细梳理可以发现，《旅行社老年旅游服务规范》不仅对旅行社行程中的服务质量提出了要求，而且对行程前的出行准备、合同签订，以及行程后的投诉处理都做出了细化的规定。老年旅游市场有望消除从前的种种乱象，正式步入规范发展的快车道。

第六章 老年短视频及网红市场发展报告

刘 静 张祚禄

刘静，北京中关村科技发展（控股）股份有限公司研究员

张祚禄，北京中关村科技发展（控股）股份有限公司60加研究院负责人

核心观点

● 移动互联网的发展为短视频带来巨大流量，在技术加持和经济结构变革的背景下，短视频行业迎来发展良机，同时，由于平台、内容、广告和用户的驱动，短视频成为全民娱乐方式。2020年，50岁以上上网的老年人群规模突破1.5亿人，老年网民数量稳步增长，老年短视频市场处于增量时代，许多老年人喜欢的短视频制作工具迅速占领市场，并形成社交平台。未来老年短视频内容将会更加垂直、优质，老年短视频平台的变现方式也会更加多元化，并形成稳定的变现方式，诞生于其中的老年网红经济也孕育着巨大的商业价值和潜力。

老年短视频是面向老年群体（考虑到用户的实际使用情况，50岁以上人群被列入本书研究的对象）、符合老年群体内容消费习惯的网络短视频。老年短视频平台是拥有独立短视频平台（App、小程序都算在内）且拥有大量老年用户的移动平台，今日头条、淘宝、大众点评等内嵌短视频模式，不在讨论范围之内。老年网红是指作为内容生产者或表演者，活跃在各类短视频平台上的老年（50岁以上）KOL，有一定"粉丝"量，有一定影响力，不包括明星（比如游本昌、张召忠等）。

本章采用文献研究、问卷调查、小组访谈、个案研究、个案访谈等方式对老年短视频平台、老年人爱看的短视频内容，以及老年网红的孵化机构、运作机构和老年网红本人进行深度剖析，以求刻画出老年短视频行业的全貌。

在文献研究过程中查阅了大量学术文献以及由第三方数据机构发布的研究报告和数据统计，问卷调查是基于有哎乐龄文化社区的用户进行的，共发放问卷113份，回收100份，有效问卷89份。除了线上发放问卷的方式，还对多组老年人团队进行了集中式小组访谈，了解老年群体对短视频内容和平台的看法。个案研究和深度访谈主要针对老年网红，对内容策划、账号运营以及商业合作公司进行深入研究，并研究了10余个老年网红账号的运营方式和商业运作模式。

第一节　短视频的老年用户画像

一、群体特征

来自卡思数据的统计显示，观看短视频的老年用户不多，能统计到的40岁以上的用户占5%（见图1），其中女性占52%，男性占48%，男女

比例基本持平。综合 QuestMobile、抖音官方和巨量算数的数据，2020 年 1
月，抖音 46 岁以上的人群占所有人群的 11%。60 加研究院通过统计发现，
在观看短视频的老年用户中，50～59 岁人群占 34.4%，60～69 岁人群占
46.9%，70～79 岁占 15.6%（见图 2），活跃在各大短视频平台上的用户
以低中龄群体为主。

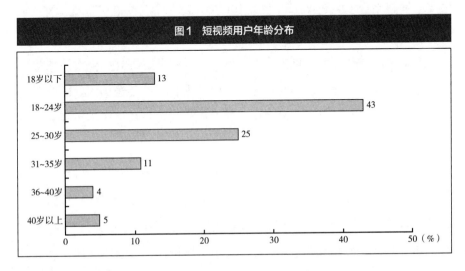

图1　短视频用户年龄分布

资料来源：卡思数据。

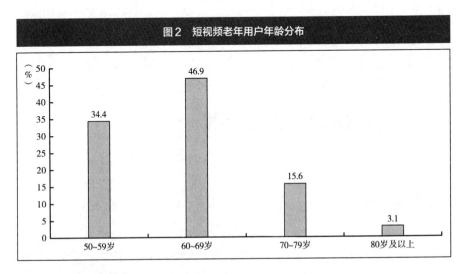

图2　短视频老年用户年龄分布

资料来源：60 加研究院。

二、平台分布

在头部短视频平台中，老年用户并不多。2020 年 1 月，抖音 46 岁以上用户占11%，2019 年 5 月，快手 55 岁以上老年用户的占比为 1.2%。火山视频中 40 岁以上用户占14%（见图 3），是各类独立短视频平台中 40 岁以上用户占比较高的。从 60 加研究院统计的数据来看，抖音、火山、西瓜是独立短视频平台中最实用的，而相比微信中的短视频、制作图文视频的美篇等，独立短视频的使用空间仍不是很大。目前来看，老年群体对综合平台的依赖度高于独立短视频平台，老年用户更倾向于选择综合平台来观看短视频，独立短视频平台的老年用户有待渗透。

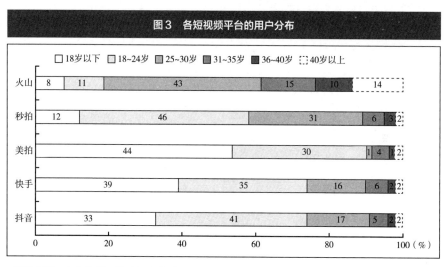

图3　各短视频平台的用户分布

资料来源：卡思数据，截至 2018 年底。

三、喜好内容

老年人群喜欢的短视频内容具有明显的年代特征和生活气息。健康养生、新闻资讯、搞笑幽默的内容是很多老年群体首选观看的短视频内容；其次，关于生活常识和美食的内容也很受欢迎，历经风霜的老年人群依旧喜好人间烟火味儿（见图4a）。

案例说明、讲故事是很多老年人群观看短视频时喜好的内容表达方式（见图4b）。此外，若内容平铺直叙，老年用户也是非常乐意接受的，年轻人喜好的强对比、大反差形式并不一定符合老年人群观看视频的偏好。

图4　老年人群喜好的短视频内容和内容表现手法

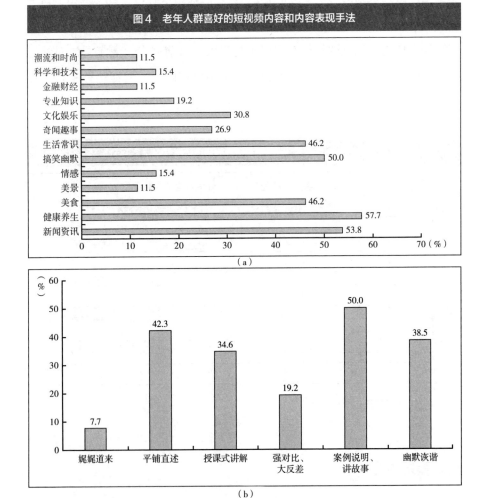

（a）

（b）

资料来源：60加研究院。

四、互动行为

总的来看，由于使用短视频应用的熟练程度、观看短视频的习惯等一些因素的影响，老年人群观看短视频的互动较少，但较爱转发。从所有年龄段的用户互动来看，82.8%的用户有过不同形式的短视频互动。其中，63.8%的用户会转发分享，65.5%的用户会点赞、评论、收藏，不参与互动的用户仅占13.2%。参与转发分享的短视频用户当中，20～39岁人群是主力军，占比近60%，不参与互动的多为40岁以上的用户。来自60加研究院的统计结果显示，在参与互动的老年用户中，会转发的用户占比达到53.8%，转发是他们常有的互动行为（见图5）。

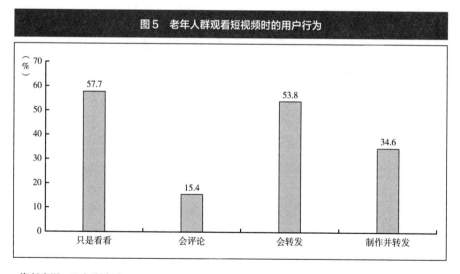

图5 老年人群观看短视频时的用户行为

资料来源：60加研究院。

当然，他们爱转发的短视频内容大多很实用（见图6a）。中老年人群分享的内容多是与实际生活密切相关，而且有价值的。"有实用价值，对自己的生活有帮助"的内容占53.8%，"贴近生活，表达普通民众心声"

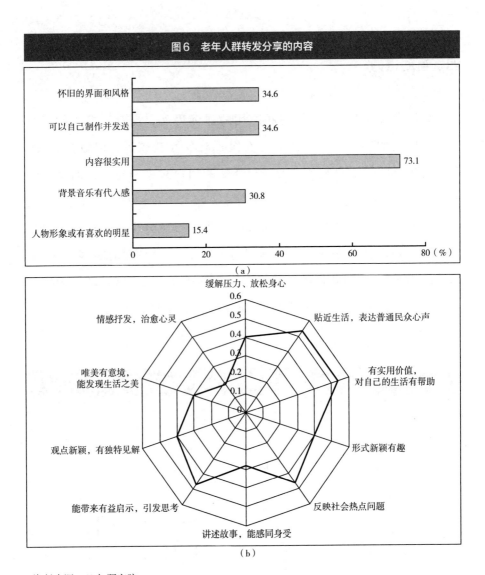

图6　老年人群转发分享的内容

资料来源：60加研究院。

的内容占53.4%，"能带来有益启示，引发思考"的内容占47.2%，"反映社会热点问题"的内容占45.7%（见图6b）。

五、观看动机

来自QuestMobile的统计显示，50岁以上用户的孤独、焦虑倾向性指数是最低的，也就是说，比起年轻群体多是因为孤独、焦虑上网刷视频，老年群体的这个特征并不明显。在60加研究院看来，很多老年群体看短视频是被其中的内容吸引，视频中有自己非常感兴趣的内容，短视频是其消遣、休闲的工具（见图7）。

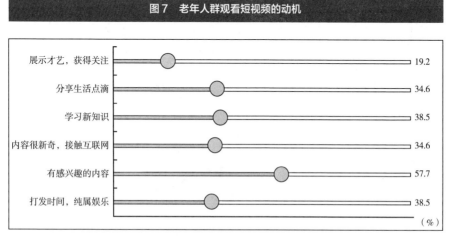

图7　老年人群观看短视频的动机

动机	百分比
展示才艺，获得关注	19.2
分享生活点滴	34.6
学习新知识	38.5
内容很新奇，接触互联网	34.6
有感兴趣的内容	57.7
打发时间，纯属娱乐	38.5

（%）

资料来源：60加研究院。

六、观看时间

根据易观的调查，老年人群更喜好在上午时段阅读、逛电商网站、玩游戏，更愿意在下午和晚上看视频以及短视频。60加研究院的数据也证实了这点，老年人群看短视频的时间集中在晚上，晚上是一个小高峰，看短视频的时间分布和全部用户基本一致（见图8a）。在时长上，老年人群观看短视频的时间一般在2小时之内（见图8b）。从地域分布来看，短视频中老年用户在三线以下城市占比较高，而且三线以下城市短视频中老年用户使用时长是一、二线城市短视频中老年用户使用时长的1.5倍。

图 8　中老年人群观看短视频的时间段和时长

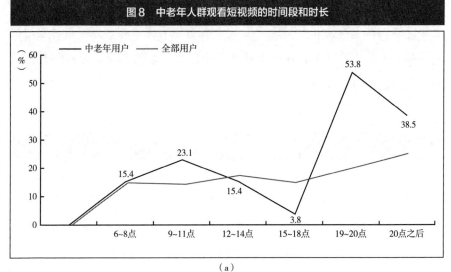

（a）

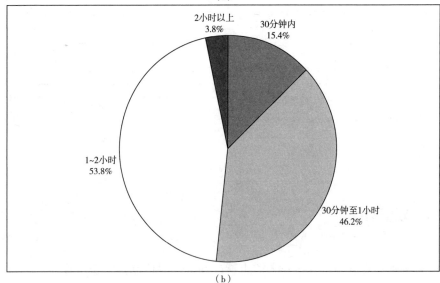

（b）

资料来源：易观、60 加研究院。

七、其他体验

许多短视频平台主要针对的是年轻群体，对老年用户并不是特别友好，这从前文老年用户的评论较少即可看出端倪，如果打字评论不好操作，会影响老年用户的体验。许多老年人认为当前的短视频观看和操作不太方便，73.1%的老年用户希望短视频简单、易操作，34.6%的老年群体认为许多短视频制作工具中的背景音乐、图片和视频模板应多些60年代和70年代的风格（见图9）。短视频的操作顺畅度、话题内容的普惠性应该是现在很多短视频应用中需要注意的问题。

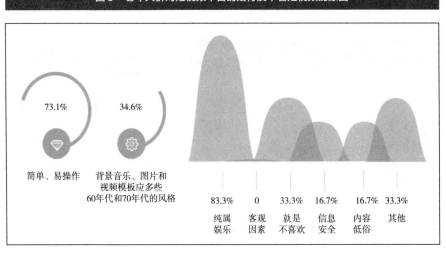

图9　老年人群对短视频平台的期待及不看短视频的原因

资料来源：60加研究院。

第二节　老年短视频平台业务模式

一、以小年糕、彩视为代表的 UGC 的社区

（一）小年糕产品及运营模式

1. 发展历程及简介

小年糕成立于2014年，初衷是做类似于美图秀秀、美颜相机类的影音

工具，旨在让摄影小白用户享受到简单制作影集的快乐。2014～2017 年，团队致力于打磨这款影集制作工具，目的在于让用户能够打开界面即看到所需要的功能，并且能够快速上手，而这也是小年糕的宗旨——操作极简，简单酷炫。

根据公开数据，小年糕在创立不久后就接连获得融资。2015 年获得 A 轮融资，2017 年获得 B 轮融资，2018 年获得 C 轮融资（见图 10）。也正是从2017 年开始，小年糕从单纯的影音制作工具开始向"工具 + 社区"转化。

图 10　小年糕的发展历程

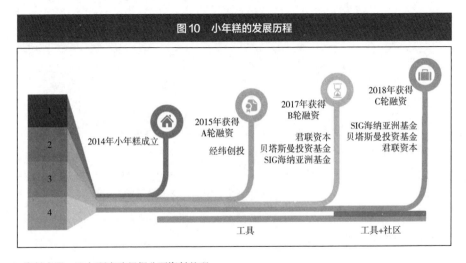

资料来源：60 加研究院根据公开资料整理。

小年糕是基于微信生态的照片转视频 UGC 工具和内容社区，从初创伊始就率先在微信小程序上发力，快速成为微信小程序开发者 TOP10 中的创业公司，被评为 36 氪 2017 "新商业 100 年度榜" 之 2017 年度高成长公司。小年糕有声影集小程序从 2018 年底到 2019 年 6 月的半年时间，一直占据微信小程序的榜首。根据阿拉丁的数据，2020 年 3 月，小年糕占据小程序 TOP100 榜单中的第四位。

小年糕影集制作工具的简便性以及内容的时代性，使老龄用户激增。目前，小年糕的注册用户超过 3 亿人，每日活跃用户有数千万人，日上传内容达到 10 万条以上。其中，50 岁以上的用户超过 1 亿人，而其他用

户以 30～50 岁人群为主，整体来看，小年糕是一款相对高龄的短视频
应用。

2. 运营模式

小年糕依靠小程序和公众号引流，其中又以小程序为主（见图 11）。
小程序主要包括制作影集和发现（短视频）两大板块，制作影集的方式也
有多种，用户可以选择急速影集、做 MV、视频剪辑、做图文，在制作视
频相册过程中，用户可以使用平台推荐的视频模板，也可以自由创作，自
行添加背景音乐和字幕，在最新的版本中，还增加了贴纸等相对高级的应
用。整个影集的制作过程，难度不是很大。

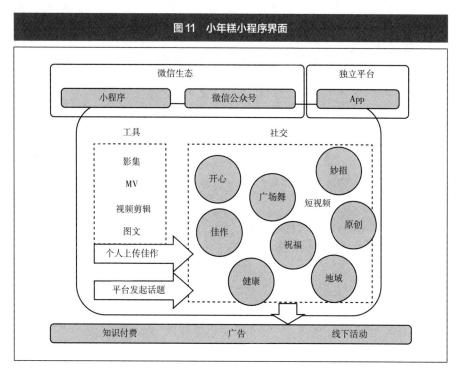

图 11　小年糕小程序界面

资料来源：60 加研究院根据公开资料整理。

在制作影集之外，小年糕还为用户设置了发现专区，专区内包含开
心、地域（根据用户地理位置自动设定或由用户选定）、祝福、广场舞、

健康、妙招、原创、佳作等内容。在这个板块中，用户可以随意观看短视频，用户上传的影集或视频在这个专区都可以发布，播放量高的视频还会被推荐。从发现专区的标签来看，小年糕并没有采取新闻资讯或传统门户网站中的内容分类，比如健康、教育、科学等，而是选取了目标用户喜欢的内容进行了分类。有许多老年用户特别喜欢发早安、晚安问候，小年糕就制作了祝福标签，可以实现一键制作祝福视频并发送。老年用户对生活妙招感兴趣，那就单独设置妙招标签。同理，广场舞、健康、开心等标签的设置都是如此。

小年糕的社交属性一方面从上述这些兴趣标签中体现出来，另一方面也从本地内容、热点内容这两个标签中体现出来。本地视频的制作和上传可以体现用户的地域属性，加强归属感，让同城人、身边人看到自己的视频。贴合时事热点的抗新冠肺炎疫情标签是新设立的，抗疫情内容的推荐会让老年用户知天下事、知周边事，也为身处疫情中的弱势群体带去力量。

即使拥有如此庞大的用户基数，小年糕在商业变现方面也非常谨慎。小年糕之前尝试通过广告推送、知识付费等手段来实现商业的转化，但还没有形成稳定的模式，在小程序上也没有看到任何变现的痕迹。从小年糕目前发布的招聘信息来看，小年糕正试图寻求变现的可能。2019年8月，小年糕发布游戏策划和广告平台产品经理的招聘信息。2020年4月7日，小年糕又发布了急聘商业化产品经理（中级/高级）的信息，要求这位产品经理能够负责小年糕产品商业化的整体规划、需求分析、产品设计，探索商业化新场景和新形势，研究中老年市场群体，探索设计适合小年糕的变现产品，提升变现效率。

3. 产品特征

首先，小年糕作为一款基于微信平台的应用小程序，借助微信海量的用户资源，在传播上具有很强的优势。到目前为止，小年糕的注册用户已经超过3亿人，大量用户成为内容生产者，小年糕的社区属性天然形成。

其次，50 岁以上的老年用户注册数量超过 1 亿人。由于这部分群体对互联网应用的好奇心和新鲜感没有年轻用户强烈，好用的东西一般不会更换。因此，小年糕的用户黏性非常高。从时间分布上来看，很多老年用户每天花在小年糕上的时间都比较长，这从用户发布的视频数量上也可看出，很多用户平均每天发布 3~4 个短视频，而且小年糕的"增粉量"远远大于"脱粉量"。所以，小年糕的用户留存度也非常高。

小年糕拥有大量用户并能留下用户的原因之一离不开工具使用的便捷性。许多功能极全面地展示在页面上，而且制作影集操作非常简单，用户可以套用模板，这就大大降低了影集制作的门槛。另一个原因在于它的"适老性"。比如，用户可以利用模板一键制作视频送祝福，套用的模板和背景音乐都带有他们特有的年代记忆；不会制作视频的用户可以查看详细的图文教程，还有不懂的地方可以直接和客服取得联系，客服一定会在 3 分钟之内给出回应；有误删或想再次利用的视频 30 天内都可以在回收站找到；原有的短视频采用横屏的方式播放，考虑到用户的观看体验，现在可以全屏观看了。这些细节和设计进一步虏获了老年用户的心。

内容是 UGC 社区避不开的话题，内容粗制滥造、同质化必会引起用户的反感，经过平台筛选和用户检验的优质内容在小年糕中的传播量非常大。小年糕的用户大多非常积极乐观，这从视频的评论内容中即可看出。因此，充满乐观精神、能够引发用户共鸣的内容成为小年糕的主流内容。

4. 数据分析

根据阿拉丁 2020 年 3 月的小程序排名，小年糕有声影集工具位居第四，名次较 2 月实现上升，阿拉丁指数为 9000。4 月 13 日，阿拉丁小程序行业动态数据监测显示，小年糕仍然位居第四。这里的阿拉丁指数是通过人气指标（AU）、搜索指标（AH）、使用指标（AO）、分享指标（AS）等一系列指标科学计算出来的小程序综合评分。因此可以推断，小年糕小程序覆盖人群广、使用频次高。

在微信公众号方面，小年糕同样表现亮眼。根据西瓜数据统计，小年糕微信公众号预估活跃"粉丝"有 888.17 万人，文章头条的平均阅读量在 10 万人次以上，头条平均点赞量为 6003 次，头条平均留言数量为 72 条，平均每周发 5 篇文章。小年糕公众号 2020 年 3 月 20 日以来热文数据见图 12。

图 12　小年糕公众号 2020 年 3 月 20 日以来热文数据

资料来源：西瓜数据，2020 年 4 月 15 日。

小年糕公众号的推送能有如此高的阅读量，主要原因在于其推送的并不是公众号常见的图文形式，而是短视频。老年用户只要打开公众号推送，就可以直接看短视频。另外，短视频的很多内容都来源于用户投稿，因此可以在评论区看到投稿作者和其他用户的互动，也可以看到很多精选留言来源于颇有才气的用户，评论区的留言点赞量甚至上千，这种互动行为营造出浓厚的社区氛围。

（二）彩视产品及运营模式

1. 平台简介

彩视 App 是由迅捷联动（北京）科技有限公司于 2014 年 12 月推出的

视频制作工具，是一款音乐相册、影集、视频短片制作软件。目前彩视平台的注册用户数量累计超过 3000 万人，且还在增长。用户年龄分布在 35~60 岁，女性偏多，学历较高的用户相对较多，收入基本处于中高水平。

现在的彩视不仅是制作短视频的工具，还是视频社区和社交平台，彩视的口号是"一起创作，一起分享"，重点在社区发力。短视频制作工具、直播和线上线下活动共同构成了彩视的产品框架，基于专业的短视频制作工具和直播技术，彩视打造了丰富的老年网络娱乐场景，构建了老年移动互联网社区。同时，彩视还在全国主要城市组建了活跃度极高的彩视群组，开展了丰富的线上线下活动。

2. 运营模式

与小年糕依靠微信发力不同，彩视一上线就采用独立 App 作为自己的主力平台，作为辅助，彩视在微信端同样利用了小程序和微信公众号，而公众号的推荐也在引导用户下载 App。彩视音乐相册小程序的操作界面非常简单，可以利用推荐模板直接制作影集，在首页中可查看其他用户发布的内容。目前来看，小程序中推荐的内容主要来源于彩视 App。

彩视的运营模式如图 13 所示，其三大产品线分别是短视频制作工具、直播和线上线下活动。短视频的制作主要是创作短片和影集，提供的 100 多套模板包括背景主题、片头和转场，功能有配乐、字幕、剪辑等，具有特色的视频模板、MV 字幕样式。彩视的短视频制作同当前主流的短视频剪辑工具无异，风格上符合老年群体特征，操作上等同于简版的剪映。

线上线下活动是彩视浓厚社区氛围和用户高黏性的重要表现。彩友将创作完的短视频上传之后会收到其他用户的赞赏和评论，赞赏通过虚拟货币彩豆来实现。在线上，彩视还会发起各种主题活动，邀请广大彩友积极参与，参与活动也可以获得彩豆奖励。彩视的线下活动分布在全国各地，基本每个月都会举办一次，形式有健步走、快闪、采风、达人评比等，同时会根据重要纪念日设计不同的主题。值得一提的是，线下活动虽由彩视官方来运作，但策划、组织工作却是由当地彩友来完成，用户基础非常好。线下活动能够如火如荼地举办，原因就在于长期在线上互动的彩友终于可以在线下见面，这是彩友社区建立的需求，也是长期用户关系发展的结果。此外，线下活动的举办也可以提升线上用户的活跃度，为用户提供一个集中的时间和空间来收集视频制作素材，为内容的持续输出和平台互动提供载体。

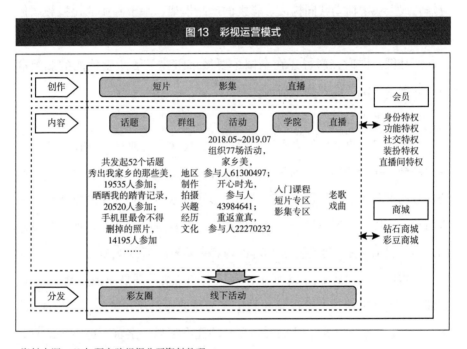

图13　彩视运营模式

资料来源：60加研究院根据公开资料整理。

直播是彩视当前主攻的业务，主播以中年人为主。直播频道的内容多是展示才艺，唱歌类的主播相对较多。此外，连麦聊天也是直播中受欢迎的模式。连麦聊天既可以语音又可以视频，区别于微信只能和好友聊天的方式，直播这种社交方式打破了好友的限制。在直播间，用户可以为喜爱的主播打赏，打赏的货币为钻石币，钻石币可以通过现金购买，也可以用彩豆来兑换。6元现金可以购买600钻石币，30元现金可以购买3000钻石币（兑换金额见表1）。

表1　彩视虚拟货币		
现金（元）	钻石币	彩豆
6	600	600
30	3000	3000
98	9800，赠200	9800
368	36800，赠800	36800
618	61800，赠1600	61800
1888	188800，赠5200	—

资料来源：彩视 App。

在商业变现方面，彩视目前主要通过会员体系和虚拟货币来实现商业价值的转化。在2017年初实施这两大商业化举措之后，年盈利规模已经达到数千万元人民币。彩视的会员包括普通会员、高级会员和超级会员（见表2），不同的会员等级拥有不同的身份特权、功能特权、社交特权、装扮特权和直播间特权，目前只能开通超级会员。超级会员有2种时长，可以充56元享3个月超级会员，也可充198元享1年超级会员。为帮助用户安全备份作品和草稿，还提供每年38元20G、每年68元50G、每年128元100G的云存储空间，超级会员免费拥有1G。

表2　彩视会员体系及享有权限		普通会员	高级会员	超级会员
身份特权	会员标识	普通会员标识	高级会员标识	超级会员标识
	积分加成	1.3	1.6	1.8
	红色昵称	×	×	√
	反馈优先处理	×	×	√
功能特权	屏蔽分享广告	1000条/年	2000条/年	不限量
	作品云存储	√	√	√
	视频分享上限	×	+3分钟	+10分钟
	会员模板	×	1套/周	1套/周
社交特权	查看访客	×	√	√
	优先推荐关注	×	×	√
	同城优先展示	×	×	√

续表

		普通会员	高级会员	超级会员
装扮特权	个人页作品置顶	×	×	√
	头像挂件	×	×	√
	卡片背景	×	×	√
	视频封面挂件	×	√	√
直播间特权	礼物折扣	×	×	√
	专属礼物	×	×	√
	自动点亮	×	×	√
	特殊欢迎语	×	×	√

资料来源：彩视 App。

彩视等级是用户活跃度和魅力的见证。随着用户在彩视上的探索和成长，等级会随之提升。等级越高，拥有的特权越多。等级积分的构成有两部分，即经验分和魅力分，两者的加分规则如表3所示。普通用户初次进入可以通过填写个人信息、分享作品等方式获得初始积分，同时拥有关注500人、分享5分钟短片/影集、发起直播等初始特权。

表3　彩视等级积分的经验分和魅力分加分规则		
经验分加分项	分值	备注
每日登录	10 分/次	每日上限 10 分
发布视频	50 分/部	每日上限 150 分
填写个人资料	25 分/项	上限 100 分
评论	2 分/条	每日上限 50 分
点赞	1 分/次	每日上限 30 分
发布图文帖子	30 分/个	每日上限 90 分
发布小视频	30 分/部	每日上限 90 分
魅力分加分项	分值	备注
新增"粉丝"	5 分/次	每日上限 1000 分
作品播放	1 分/次	每日上限 20000 分
收获点赞	1 分/次	每日上限 1000 分
收获评论	1 分/次	每日上限 20000 分
作品被转发	5 分/次	每日上限 10000 分
帖子上周榜	100 分/个	每日上限 100 分
帖子被加精	100 分/部	每日上限 1000 分

资料来源：彩视 App。

彩视的虚拟货币有两种：彩豆和钻石币。用户通过每日签到、在彩友圈点赞、在彩友圈评论、关注其他彩友、分享内容至微信、参与话题发布内容、制作视频、关注主播、给主播打赏等方式来获得彩豆。获得彩豆之后，可以在欣赏作品时用彩豆兑换礼物，为喜欢的作品进行打赏，赞美和鼓励彩友的创作，也可用彩豆在彩视商城兑换精美商品，或者购买使用更多优质模板和背景。钻石币主要是通过现金购买，购买后可在钻石商城购物，以此获得等级标识、进场特效、高亮昵称、特权礼物、升级通告、档单隐身、私人定制、个性名片、个性点亮、彩色弹幕等直播特权。彩豆金额即彩币，彩币和钻石币可以等额交换。

3. 数据分析

从蝉大师的应用数据来看，彩视 App 的下载量在总体排名中处于1250～1500 名，若只从摄影、录像的应用排名中去看，彩视的排名非常靠前，均值在 100 名左右（见图 14）。作为一款中老年用户居多的短视频制作和社交工具，彩视取得的成绩不容小觑。

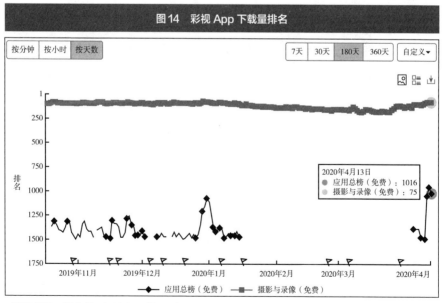

图14　彩视 App 下载量排名

资料来源：蝉大师，2020 年 4 月 13 日。

彩视在线上发起的话题讨论涉及分享、美景、圈子等7大类话题，每个大类下又有3~15个小主题，如"早安语录"有近50万人次参与话题讨论。发起活动百余场，有线下的健步走活动，也有线上的短视频拍摄活动，彩视助力抗疫、制作专属日历等活动的参与人数超2000万人。彩视的群组活动也非常有吸引力，群组根据地区、兴趣、经历等进行分类，每个群上限200人，为保持活跃度，彩视还为群组、群主和组员设置了奖项。2018年，彩视新增群组340个，加入群组的彩友达37000人，各群组还举办了120次线下直播活动。

彩视学院设置了入门专区、短片专区、影集专区三大课程体系，每个专区下开设不同的课程，为新手或不知道如何使用的用户提供教学和帮助。入门专区开设的"草稿的使用方法""本地作品的使用方法"有超过15万人次学习，短片专区提供的9个视频课程中最受欢迎的是"如何添加MV"，累计近10万人次学习，影集专区中的7个视频课程中，"如何制作一个简单的影集"有超过12万人次学习，剩余的6个视频课程平均4764人次学习。

4. 与小年糕的比较

彩视和小年糕的整体氛围就像抖音和最新上线的视频号，两者的氛围不一样，一个热闹，另一个冷静。视频号沿袭了微信以往的做法，官方不会过多介入运营，只制定基本的规则。小年糕也一样，只是提供短视频的制作工具，用户想怎么玩就怎么玩，但是规则是存在的，不允许超越底线。抖音则不然，其官方的运营属性非常强，经常组织全民参与话题和挑战。彩视就具有这些特征，其开展的线上活动和线下活动多是为了让用户参与其中、沉浸其中，比如热爱祖国这类快闪活动就很容易把社区的氛围带向高潮。

从界面的整洁度和操作简洁性上来看，小年糕更简单一点，这与双方的产品定位不同有很大关系。小年糕会把常用的功能全都放在界面上，而彩视功能非常齐全，除了共有的短视频制作功能和社交功能之外，彩视还加入了直播。两者都有数量庞大的用户，在用户获取方式上，小年糕倾向于依靠产品来吸引用户，彩视则更依赖它的社区属性。在盈利方面，显然彩视走得更快、更大胆，加入直播的彩视变现能力得到加强，而小年糕现在还处在探索期。

二、以"北京大妈有话说"为代表的 PGC

北京论语天下新媒体信息技术有限公司成立于 2015 年 9 月，是一家中老年短视频公司，2017 年 6 月 15 日，公司获得数百万元人民币的天使轮融资，投资方为五岳资本，这轮融资将用于短视频的内容开发和中老年社区搭建。目前已经推出了《北京大妈有话说》和《养生大讲堂》两档视频节目，《北京大妈有话说》是关于老年人话题的评说，每周都会上线新作品，《养生大讲堂》会对养生知识进行讲解。现在的《北京大妈有话说》节目涵盖健康养生、社会热点、家庭关系、文体表演、生活窍门、心理课程等方面。

论语天下除了由自己的团队生产内容之外，还和其他团队合作，如和腾讯合作推出《大妈辟谣》节目。"北京大妈有话说"的分发渠道非常多，基本做到了全网覆盖，腾讯视频、今日头条视频、百度好看视频及抖音等都能看到其身影（见图 15）。

图 15　"北京大妈有话说"运营模式

资料来源：60 加研究院根据公开资料整理。

区别于小年糕、彩视类的用户自产内容，"北京大妈有话说"的制作方凭借专业的视频制作技术和多年的资质积累，生产出比普通用户更加专业的内容。截至2019年7月，"北京大妈有话说"在腾讯视频已经发布上千条视频，播放量达数亿次。

"北京大妈有话说"从新媒体出发，已经形成"北京大妈"这个强IP，现在正不遗余力地打造线上线下结合的老年社区与老年电商，此外，还在知识付费和直播领域进行探索。在线上，"北京大妈有话说"依托微信公众号开通了微赞论坛，功能同微信一样，用户可以自由参与讨论、发帖、评论、点赞并关注其他用户。同时，还和北京市老龄委合作，组建"北京大妈有话说宣传队"，响应关于老年生活"有作为、有进步、有快乐"的号召，传播正能量、树立新风尚。宣传队可在线上学习课程、在线下参与公益活动。"大妈商城"依托有赞平台，现已上线43件商品，但销量不大。"北京大妈有话说"还上线了老年大学课程，内容涵盖文艺兴趣、书法绘画、健康养生、医疗科普、智能生活等方面，老年大学中有许多免费课程，付费的课程从9.9元到99.9元不等，目前课程的平均订阅量在1万个左右。在直播方面，"北京大妈有话说"还在探索利用建群看直播的方式引流。

三、以生产"爷爷等一下"为代表的MCN机构洋葱集团

MCN（Multi-Channel Network）诞生于国外视频网站YouTube平台，意为多频道网络。它是将不同类型和内容的优质PGC或UGC联合起来，以平台化的运作模式为内容创作者提供运营、商务、营销等服务，帮助PGC或UGC变现。MCN机构在短视频爆发期借势发展，已经从中介服务平台逐步演化成综合平台，可以提供更多的服务。

洋葱集团成立于2016年，熟知的办公室小野、代古拉K、七舅脑爷都是它旗下现象级IP。从抖音账号数量、头部账号"粉丝"量、播放量等多

个维度来看，洋葱集团可称作抖音第一内容生产机构。截至 2018 年底，洋葱集团已经打造出 83 个 IP，"粉丝"总数超过 3 亿人，其中百万级达人 IP 超过 10 个，而且还在不断增长中。

洋葱集团的市场部、洋葱大学、洋葱智库负责内容指导和市场研究，为 IP 的打造提供数据支持。洋葱智库总结国内外短视频行业的趋势和动向，形成专业的行业白皮书分析报告，洋葱大学下的辅导委员会主要研究各平台的爆款视频、内容动向和变化规则，两者被誉为 IP 打造的"大脑"，结合市场部提供的支持，三者合一可为团队提供灵感和方向性的指导。研发部、辅导委员会负责内容的研发和 IP 的教学指导，借助脑洞云、爆款神器、AI 审片官、分钟级检测、视频地域分布系统等提供支持。在 IP 打造方面，除了直接签约红人外，洋葱更倾向于由自己一手培养，许多达人都是"从 0 到 1"突破的。每位准达人签约后都要接受培训，从网感训练到业务熟悉再到内容创作都要经历层层考验。每位学员配备至少 2 名辅导员，负责商务合作、资源规划等业务。在此过程中遇到问题可以求助辅导委员会，由智库为其做内容诊断和调整。除了智库的指导咨询之外，集团还在具体的运营层面和人力、财务、法律方面为 IP 打造提供坚实的后盾。洋葱集团的运营模式如图 16 所示。

洋葱打造的 IP 具有很强的变现能力，一方面源于其内容、人设能够吸引大量流量，另一方面在于商业价值转化具有独特的优势。洋葱在布局内容账号时采用了家族式矩阵方式，通过 IP 抱团进行整合营销，IP 之间互相赋能，既可以为品牌带来更好的营销传播效果，也可以提高商业变现能力。洋葱旗下拥有的 IP 商业化事业部和洋葱电商，通过整合行业 KOL 的资源，为品牌提供定制化的营销服务，洋葱电商作为洋葱集团旗下的品牌供应链，帮助 IP 实现内容电商的品牌化转型，完成 IP 打造的商业闭环。此外，洋葱集团还与天猫、华为、唯品会、广汽传祺、Dior 等上百个品牌建立合作，通过定制广告视频实现盈利并为达人 IP 和品牌赋能。

资料来源：60加研究院根据公开资料整理。

第三节 老年网红运营模式

一、整体现状描述

老年网红的背后折射的是老年群体对精神文化的追求，对紧跟时代、拥抱互联网的追求，对年轻心态的追求。他们不愿被时代抛弃，通过网络寻找生活乐趣，在网上展现自我……

目前爆红的老年网红所涉及的内容涵盖健康养生、整蛊搞笑、生活技巧、情感话题、时政热点、时尚街拍、随意记录等，比起年轻群体关注的内容更具年代感和时代性。老年网红的诞生颠覆了大家的认知，在美女帅哥云集的短视频平台上，这些老人改变了以年轻人为主的网红市场，深受年轻人的喜爱。许多老年网红以展示自我为主，真实不做作，而且具有非常鲜明的人物特征，或时尚或率真或搞笑。他们和年轻人互动起来没有任何隔阂，代际融合的场景让观众有很强的代入感，因此能够吸引很多网友的注意。

老年网红衍生出的经济效应已经开始形成规模效应。"康奶奶说"主要向网友传授健康知识，以幽默诙谐的方式表达出对年轻群体健康状况的深切关注，在纠正错误和扫除盲区的过程中普及健康知识。之前并未在视频中穿插任何广告，现在开通了商品橱窗，售卖老年人的保健用品。分享精致生活观、注重生活仪式感的"末那大叔"和"北海爷爷"现在开始有好物推荐，"姑妈有范儿"也发布服饰鞋帽、民宿类的广告，"爷爷等一下"更是依靠洋葱制作了许多广告定制视频。

通过内容分析、类型区别、主打团队、商业化等角度，我们对抖音上的老年网红们进行了对比研究，具体如表4所示。

表4　老年网红在不同运营模式下的对比		
	个人运作	**公司运作**
所属领域	幽默搞笑、美食、健康养生、生活技巧、新闻热点 情感交流、时尚穿搭等	
"粉丝"数	<100 万人	>100 万人
亮点表现	单个视频播放量超过100 万人次， 平均播放量<1 万人次	单个视频播放量超过200 万人次， 平均播放量>1 万人次
关注重点	精神需求满足	经济利益实现
变现方式	电商、广告、直播为主	电商、广告、直播、 问答、内容付费、签约费、打赏

资料来源：60加研究院根据公开资料整理。

二、典型案例

（一）洋葱集团旗下老年网红——"爷爷等一下"

"爷爷等一下"是洋葱集团自主研发的垂直类IP，截至2020 年4 月15日，账号公开发布的作品有145 个，收获347.8 万个"粉丝"和5770.7 万个点赞，是名副其实的老年网红 IP。"爷爷等一下"是用老年人的视角看待现在的年轻人及社会热点话题，拍摄对象稳定，拍摄方式年轻化。

比起单纯记录老年生活、以幽默搞笑方式吸引注意力的老年网红，"爷爷等一下"的账号运营是由团队负责，"吸粉"速度远超同类 IP。成立于 2016 年的洋葱集团专注于各垂直领域，"爷爷等一下"就是其在中老年群体中下的一步棋，坚持"单点打爆"原则，只做一种内容，坚持一种风格，从素人开始自主研发，经过一系列运作，即可形成以内容为核心、以运营为基础、以数据为支撑的强势 IP，提高了商业变现能力。

"爷爷等一下"账号由"90 后"团队打造，采用故事演绎、街头采访等方式，展现了许多爷爷奶奶日常秀恩爱、紧跟潮流跳舞、与年轻人互动的社会现象。点赞量在 10 万个以上的作品中，关于社会问题的占 7.1%，关于日常生活及秀恩爱的占 26.2%，关于代际互动的占 33.3%，关于时尚的占 21.4%，关于街头采访的占 11.9%（见图 17）。

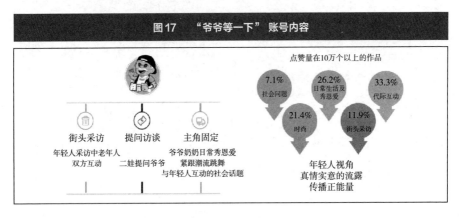

图 17　"爷爷等一下"账号内容

资料来源：60 加研究院根据公开资料整理。

通过账号内容的互动可以发现洋葱集团布局家族式账号的思路，在涉及代际互动的内容中，爷爷奶奶会有意提到其他孙辈，比如"小蜗 snail"。"爷爷等一下"喜欢的账号大多是洋葱集团旗下的其他账号，比如"苏豪同学""慕容瑞驰""李一萌 EMOO"等。在官方的运作下，各账号之间进行了联动，这样也可以有效提高 IP 的整体影响力。

据卡思数据统计，2019 年 11 月，与"爷爷等一下"实现商务合作的品牌有四家，分别是 DR 钻戒、瑞慈体检、苏宁易购、好人家调味料，其播放量分别达到 238.2 万、54.1 万、52.7 万和 37.8 万人次，互动量为 5.6 万、3.6 万、2.9 万和 1.8 万人次。售价 2999 元的荣耀智慧屏在"爷爷等一下"的商品橱窗中已经销售 1.2 万件，惊人的带货能力进一步验证了 MCN 机构在赋能 IP 价值和实现商业价值方面的强大能力。

（二）VK 时尚品牌旗下老年网红——"只穿高跟鞋的汪奶奶"

"只穿高跟鞋的汪奶奶"是一位气质出众的老奶奶汪碧云，对于汪奶奶而言，年龄只不过是数字，65 年的舞蹈生涯让她看起来神采奕奕、气质优雅，网友直呼："不应该叫奶奶，而应该叫姐姐！"根据飞瓜数据的统计，"只穿高跟鞋的汪奶奶"曾创下单日"涨粉"350 万人的纪录。截至 2020 年 4 月 15 日，"只穿高跟鞋的汪奶奶"抖音账号获得 7218.9 万个点赞，发布 59 个作品就坐拥 1130.7 万个"粉丝"的汪奶奶是当之无愧的网红。

从账号互动情况来看，"只穿高跟鞋的汪奶奶"和"迎枫不着急""菲戈"这两个账号互动较多，"迎枫不着急"和"菲戈"代表的是两位非常有绅士气度的老爷爷，专注高品质生活、追求自我，属于典型老年"型男"。追本溯源发现"迎枫不着急""菲戈"这两个账号衍生自"VK 不省心大爷"团体。因此，可以判断出 VK 公司在抖音短视频账号的布局方式。同"爷爷等一下"类似，"VK 不省心大爷"采用家族式矩阵来布局账号，同时还由团队账号裂变出个人账号，单独运营每一位网红。

VK（Verus Knight）是中国知名的以高级成衣定制为支撑点，通过百男大秀集合中国各区域、各领域、各年龄层次男性的一个平台，隶属杭州韦鲁仕科技有限公司。公司旗下的 VK 百男大秀作为中国最大的男士精致生活方式平台和十二大领域精英男士社群入口，以强大的 IP 影响能力、丰富的男团资源和优质的原创内容，在中国时尚文化及社群领域声名鹊起。

"VK不省心大爷"借短视频风口就此诞生，"只穿高跟鞋的汪奶奶"以其团队成员之一出现，现已发展为老年网红中的佼佼者。

"只穿高跟鞋的汪奶奶"凭借鲜明的人物特色、十足的时尚气息、温暖的故事情节和雄厚的公司资源一跃成为头部老年网红，其商业价值从视频中的广告和直播战绩一看便知（见表5）。

表5 "只穿高跟鞋的汪奶奶"抖音账号的商品橱窗（部分）		
商品	券后价（元）	销量（件）
肌肤未来海茴香修复面膜	49.9	37000
烟酰胺原液玻尿酸面部精华液	79.9	25000
柏瑞美定妆喷雾	59.9	148000
Seaml胖胖瓶代餐粉	109	7641
牛尔京城之霜意大利鱼子酱精华液	69	1680
好买多奇亚籽酸奶水果燕麦片	69.9	18000
金稻直发梳夹板直发卷发两用神器	159	145000
朴物大美双色护衣留香珠	44.9	73000

资料来源：飞瓜数据，2020年4月15日。

飞瓜数据统计，"只穿高跟鞋的汪奶奶"于2020年3月25日创了爆品卖货纪录，直播单场订单量超过7万单。在4个小时的直播中合作上架18款商品，爆单前三的商品分别是：欧诗漫玻尿酸面膜、欧诗漫小白灯美白精华和肌肤未来海茴香修复面膜。欧诗漫玻尿酸面膜订单量超过1万件，销售额超过80万元；欧诗漫修复小白灯美白精华订单量超过7000件，销售额达70万元；肌肤未来海茴香修复面膜订单量超过5000件，销售额超过44万元。目前，"只穿高跟鞋的汪奶奶"还在抖音、快手定向招商，未来的商业变现能力非常强。

（三）畅所欲言旗下老年网红——"淘气陈奶奶"

畅所欲言旗下MCN频道是国内极具影响力的新媒体影视联盟代表，拥有西南地区最大的自媒体内容矩阵，已累计发行作品2万多部，全网累计播放量超过百亿次。公司于2016年进行了天使轮融资，目前估值数亿元。作为一家 MCN 机构，该公司主要是对互联网视频内容进行孵化，为制片方提供发行、运营、广告营销等多方面的支持，合作内容涵盖微电影、网络电影、网络电视剧等。同时通过"全网多品 + 跨平台"的战略，引导用户通过公众平台和社交网络把内容传播出去，进行二次宣传。

畅所欲言已经制作发行的视频有脱口秀节目《盒子脱口秀》、影视吐槽类节目《畅所欲言秀》、人物故事《播音系传说》等（见图18），拥有影视节目和网络节目制作背景的畅所欲言在涉猎短视频时没有任何技术门槛。畅所欲言运营的短视频账号已经有 30 多个，约 1.6 亿个"粉丝"，其中不齐舞团属于头部账号。在精心策划之下，"淘气陈奶奶"于 2018 年 5 月 29 日发布的第二条视频就获得了 92.8 万个点赞和 1 万多条评论，内容是与《绝地求生》合作的老年版 98K 游戏。截至 2020 年 4 月 15 日，共发布 160 个作品，收获 216.9 万个"粉丝"，拥有 3481 万个点赞。

图18 畅所欲言的内容矩阵

资料来源：60 加研究院根据公开资料整理。

"淘气陈奶奶"与公司旗下的不齐舞团有关联，同"爷爷等一下"账号的矩阵类似，会在视频内容和喜欢的作品之间进行多个账号的互动。"淘气陈奶奶"的爆火内容均是涉及与年轻人相关的动漫话题，对评论进行词云分析，发现很多用户是年轻人。从盈利方式来看，"淘气陈奶奶"之前开过商品橱窗并有视频带货，但近期并没有变现表现。

第四节　老年短视频行业发展研判

一、老年短视频行业的发展趋势

（一）老年用户增长潜力大

老年网民规模不断扩大，增速也在不断提升。截至 2020 年 3 月，上网的老年人群规模突破 1.5 亿人，其中移动网民规模超过 5000 万人。老年网民数量持续增加，低龄中老年人的互联网使用行为和习惯与年轻人无异，使用短视频的老年用户数量不断增加，老年短视频行业的规模还处在增量时代。

在互联网娱乐方式的选择上，中老年人群并没有被时代抛下，他们正在成为短视频领域新的增长点。根据 QuestMobile 的数据，50 岁以上人群 2018 年 6 月移动互联网月均使用时长约为 109 个小时，同比上升 28.5%。在重点行业中，即时通信、新闻资讯、短视频的使用时长位居前三，分别约为 31 个小时、28 个小时、25 个小时。此外，短视频的使用时长是所有行业中同比增幅最大的。从 2018 年 3 月到 2019 年 3 月，老年人群花在短视频上的时间近 6 亿小时，同比增长 17.9%，增长速度超过即时通信。

随着短视频不断向下沉市场渗透，二、三线城市老年短视频用户的潜力非常巨大。总体来看，短视频在老年人群中渗透率偏低，但用户规模、使用时长、区域使用量都在不断增长，随着时间的推移以及受众的再教育，预计渗透率将继续提升。

（二）强调"两用"性

作为一款起初定位为文娱产品的应用，短视频对老年群体的吸引力之一在于其"有用"，内容有价值、有意思又好玩，这样他们才有使用的动力。吸引力之二在于，短视频平台作为一种工具，也会强调"好用"，能够适应老年群体的身体状况、移动互联网应用使用习惯等特征，有助于老年用户快速上手，从而提升老年用户群体的黏性。

重视老年用户、强调"两用"性的短视频工具一定能收获更多的老年用户，这也是小年糕、彩视类的小视频制作工具的老年用户使用率、参与度大大高于抖音、快手这类短视频应用的重要原因之一。

（三）社区属性加强

习惯服从组织、倾向于从组织中获得归属感的老年群体天然带着对人群、社群的青睐，虽然会受到强调个性、崇尚自由的思想观念的冲击，线下有组织、有纪律的活动也可能受到线上的影响，但他们对社交的需求一直未改变。形式在发生着变化，反而更强调了社区的概念。根据QuestMobile 的数据，2018 年 6 月，老年网民活跃渗透率最高的标签是社交（20％）。因此，无论是从娱乐性向实用性的转变，还是从工具属性向社区属性的转变，中老年群体爱分享、爱社交的本质只会得到加强。

（四）平台泛化

短视频的风靡使得各种平台都在推短小精悍的小视频，无论是独立的短视频平台还是综合性平台，都将会聚大量中老年群体。

除了之前谈到的短视频独立平台和综合平台内嵌短视频这两种主要形式外，现在还活跃着另外一种"短视频＋小程序"的形式。据不完全统计，老年音视频类的小程序已经有早安看看、票圈 vlog、快影音乐相册、祝福圈子、全民 K 歌、亲人必看、战友视频、真心祝福你、亲人都看、群友速看、心愿视频、糖豆视频、圆梦视频、腾飞视频、祥瑞视频、转发各群、群友速看等。根据阿拉丁的小程序榜单数据，在小程序月榜 TOP100 中，专门针对老年人的短视频小程序就有 13 个。

可以预见，未来随着新工具和新技术的发展会出现更多短视频传播平台。

（五）变现途径多元化

当前老年人群集聚的短视频平台的主要变现方式是电商和广告，依靠平台获得补贴和分成、凭 IP 授权收取代言费、开直播获得打赏或通过带货抽取利润分成、签约代言接广告、知识付费、社群运营、版权收入等变现方式相对较少，所占比重较低。在后续发展过程中，内容付费、IP 授权、社群运营等方式都将会覆盖到老年短视频的商业版图中，并形成稳定的商业模式。

将短视频视为一种传播工具，从横向角度拓展，"短视频＋健康""短视频＋母婴""短视频＋教育"……领域的拓宽也会促使变现途径多元化。

（六）内容垂直化，内容精品化

短视频在发展初期积累了大量用户的部分原因在于短视频平台鼓励用户入驻平台发布视频，比如抖音推出创作者计划，这使大量 UGC 在平台上聚集，由此引发巨大反响。无论用户是为分享生活获得关注，为成为网红赚取收入，还是为吸引流量积累人气，都会产生大量视频内容。而在帅哥美女、幽默搞笑、才艺展示等泛娱乐化的内容大量出现之后，势必会引起内容的同质化和用户的反感。

虽然当前的短视频内容非常充足，但优质内容匮乏，生产差异化的全品类内容将会成为下一步的发展方向，比如在人文、艺术、美食领域比较突出的二更视频就是垂直化内容中的佼佼者。优质内容的生产离不开专业内容生产者 PUGC 和 PGC，因此，由 UGC 向 PUGC 和 PGC 转化的趋势也会比较明显。

（七）体验感增强

5G 时代的到来必将引起各个领域天翻地覆的变化，5G 网络高速率、低时延、大连接的特点会打破短视频需要的网速限制，短视频领域一定会在新技术的发展下大大受益。

5G 会催生出更多的短视频新玩法，比如 VR 技术的运用可能会使观看短视频的临场感和沉浸式视听体验得到加强。技术的发展也会降低用户制作视频的门槛，这对老年群体来说大有裨益。

此外，更加智能的视频分发会让更多优质、垂直的内容以更快、更智能、更有趣的方式直达用户，用户体验感将显著增强。

二、老年短视频行业发展遇到的问题

（一）老年短视频行业的市场竞争会更激烈

虽然老年群体的上网数量还在增加，互联网渗透率还不是很高，但整体来看，互联网的人口红利在消失，时长红利渐微，存量市场成为互联网市场的新常态。

老年短视频领域看似一片蓝海，入局者不多，但从前文提到的专门生产老年内容的小年糕、祝福圈子等应用上来说，老年短视频行业的角逐也非常激烈。加上许多机构开始布局老年账号，在老年网红打造上颇下功夫，甚至带着大资本的影视公司也在切入这部分市场。未来，短视频将会为老年人群登上更多平台提供服务，老年网红也会如雨后春笋般大量出现。

（二）老年短视频的内容趋向同质化

现在的短视频以泛娱乐内容为主，老年人群作为短视频的内容生产者，发布的视频内容多是分享生活、展现自我，爆红的老年网红多是经过专业策划，个人账号成为爆款的难度加大，更别说提供稳定、持续、优质的短视频内容。

老年短视频领域生产优质内容的能力相对有限，这和人群的视频制作技术、制作初衷等有着很大的关系。虽然老年人中不乏文笔不错、拍摄水平高的人，但在新设备、新平台上发布 15 秒左右的视频，难度还比较大，很多老年人群更擅长发布长视频。再看小年糕、彩视等平台中的用户评价，即可判断出老年人群发布视频主要是为追求自己的快乐，得到大家的赞赏，能被更多人关注、制造更广泛的传播内容还不是他们目前迫切关注的。

（三）老年短视频的商业变现能力相对较弱

老年短视频领域的变现主要是通过广告和电商，其他变现方式未形成稳定模式，这和许多短视频账号在初设时就未考虑过变现有关，同时也与内容的无价值有关。

据了解，直播已经成为彩视的主要营收途径，但是让老年人加入直播大军颇费周折。小年糕在商业变现之路上走得非常谨慎，糖豆则一直在苦苦尝试各种变现方式。各大老年短视频平台的变现之路走得异常辛苦，在没有获得用户的信任感之前，让其付费还是比较艰难的。

三、未来老年短视频行业的发展建议

（一）入局老年短视频行业还有机会

目前的短视频行业看似已经过了红利期，进入存量时代，但阶段性红利期还在。在发展初期，短视频平台为吸引用户关注，会鼓励所有人都发视频，而现在的平台则从单纯的流量补贴计划转化为 KOL、优质内容和差异化品类流量扶持计划。从各大平台拥有的老年用户数量来看，未来用户数量的增加还会带来流量，有流量的地方就有机会。再从其他短视频平台上来看老年用户，目前主流短视频平台上的老年用户数量不多，老年账号也比较少，但是强 IP 的吸引力非常大。因此，老年短视频行业的市场机会还是有的。

（二）老年短视频不仅是内容平台，更是社交平台

锦视号称"老年版抖音"，友乐要做老年版直播平台，但入市后激起的浪花并不大，本无心插柳的彩视、小年糕，反因其工具属性沉淀下来大量老年用户。根据市场表现来看，专门的老年短视频平台并没有明显优势。那老年短视频的切入点到底选择哪种会比较好？是选择同祝福圈子、小年糕一样从工具切入，还是选择和糖豆、锦视一样从年龄、人群切入？抑或像彩视一样通过品类、内容切入？每种方式都各有利弊。

基于此，需要继续思考老年短视频的玩法和普通短视频是否不一样。短视频作为一种传播形式，现在已经演变为一种手段和渠道，短视频平台不是单纯的视频观看工具，而是以短视频为信息交互方式的庞大社群、以短视频为载体的社交平台。

（三）老年网红经济的潜力有待开发

未来老年网红是在综合性平台胜出还是在垂直用户平台更胜一筹，是否有必要专门打造老年群体的娱乐展示平台？这是发展老年网红经济绕不开的话题。

假设老年网红进驻综合平台，面临的最主要问题就是用户数量少，但是在综合性平台打造也有几点好处：一是受众不限于老年群体，对于视频主角或是观看视频的人来说，这不仅是娱乐消遣的地方，还是商机呈现的地方，老年网红的视频不仅可以吸引老年群体，对年轻人来说还是发展孝心经济的地方；二是可以有效促进年轻人和老年人的互动，丰富平台内容，在代际碰撞中产生新的内容和火花；三是从社会性来讲，有助于年轻人和老年人互相了解与沟通，对老年人来讲是紧跟潮流的象征，对年轻人来讲则是学习老年人经验的好方法。

以抖音为例，其本身定位为年轻人的音乐社区，因此老年群体并不是重点用户。但是若将年轻人和老年人放在一起碰撞，吸引更多群体加入，或实现内容深化、用户下沉，也不失为短视频下一步发展的方向。

现在的老年网红以时尚、生活技能、回忆等元素吸引"粉丝"，未来的老年网红也可以在旅游、购物、穿搭、教育、医疗、保健、养生、情感等方面生产更多内容，实现内容的深化。

MCN 机构也将进入老年领域，成为未来老年网红经济的核心。MCN在有针对性的流量引导、专业的商业化服务、高质量的内容开发、定制化的专业技能培训方面具有诸多优势，通过红人挖掘、签约合作、能力培养、内容制作、流量曝光、商业变现等方式促进老年网红经济的发展。

参考文献

1. 舒梦婷等：《浅析移动互联网下中老年娱乐与交流现状》，《研究探索》2017 年第 1 期。

2. 王雪琦：《吾老之域：短视频风口下的中老年人》，《中国企业家》2018 年第 16 期。

3. 巨量算数：《抖音用户画像》，2020 年 2 月。

4. 卡思数据等：《2019 短视频内容营销趋势白皮书》，2018 年 12 月。

5. 易观：《2019 银发数字用户娱乐行为分析》，2019 年 5 月。

6. QuestMobile：《中国移动互联网 2019 春季大报告》，2019 年 4 月。

7. QuestMobile：《中国移动互联网 2018 年度大报告》，2019 年 1 月。

8. 中国老龄科学研究中心：《老龄蓝皮书：中国城乡老年人生活状况调查报告 (2018)》，社会科学文献出版社，2018。

9. 中国互联网络信息中心：《第 45 次中国互联网络发展状况统计报告》，2020 年 3 月。

企业篇

第七章　线上老年教育案例：樊登年轮学堂

龚先念

龚先念，博士，中国建投投资研究院研究员

核心观点

● 简单总结樊登年轮学堂的产品运营模式，就是"学—玩—秀"，打造一个基于教育的老年社交场景。学只是一个由头，在学的过程中用户被赋予各种身份参与到教学中，并将学的成果进行展示，用户在"学中玩、玩中学"，完全沉浸在一个充满兴趣、充分参与、深度获得的社交场景中。

● 樊登年轮学堂做得好的地方：①紧扣用户的核心痛点，构建基于兴趣教育的社交场景；②用户自治的双师模式，让线下运营变得很轻且可复制；③线下加盟，开启快速扩张模式；④项目孵化很有节奏和章法；⑤IP赋能。

● 存在的问题与挑战：①产品与用户是否匹配；②课程的生产能力明显不足；③线下代理模式能否走远；④用户的课程付费意愿到底强不强；⑤线下活跃能否转化为线上活跃；⑥变现方向仍需探索。

● 樊登年轮学堂给予产业运营者的启示：①用户画像一定要清晰；②海一样大的市场，针一样细地切入；③一定要找到自己的势能。

最近两年，老年教育市场涌现出一批创业企业。有的从线下起家打造老年艺术教育连锁学校，有的从线上入手开发门类齐全的文化艺术课程体系。然而，大多数老年教育模式难以快速复制扩张，主要原因在于：其一，课程没有在线化，师资整合难度大；其二，线下运营很重，既要做场地管理，还有教务管理，不仅成本高，而且由于人员多，管理还很复杂；其三，由于前两个原因，如果连锁运营势必难以保证教学质量，从而影响学员体验。

起步于 2018 年的樊登年轮学堂，只用了半年时间就扩张到 12 个省 60 个市，目前用户已突破 10 万人。为了从新的视角探讨老年教育市场的创新和投资机会，本章对樊登年轮学堂的运营模式进行了深度剖析，研究它为何能够成为老年教育行业中的快公司。

第一节　樊登年轮学堂是什么

一、企业背景

樊登年轮学堂 App 由上海识行文化科技有限公司开发，公司设立于 2019 年 7 月 17 日，注册资本 100 万元人民币，法人潘丹青。公司股东潘丹青和陈亚川，分别持股 63.33% 和 36.67%。

潘丹青，樊登年轮学堂创始人兼 CEO，曾为中华英才网 KA 经理、小萝卜生鲜电商联合创始人、O2O 家居项目渠道总监、跨境电商项目联合创始人、全国大学生创业导师。

在 App 上线之前，产品载体是微信公众号"樊登年轮学堂"和微信小程序"年轮学堂"，由樊登读书会内部孵化。

樊登读书会由前央视主持人樊登于 2013 年创立。樊登读书会以文字解读和视音频讲解的形式，帮助那些没有时间读书、不知道读哪些书和读书效率低的人群每年吸收 50 本书的精华内容。

樊登读书会创始人樊登，21 岁毕业于西安交通大学材料系，23 岁拿下国际大专辩论赛冠军，25 岁加入央视主持《实话实说》《12 演播室》等节目，31 岁开始任职北京交通大学语言与传播学院、应用传播学研究中心主任。

二、产品介绍

（一）产品名称

App——樊登年轮学堂，微信公众号——樊登年轮学堂，微信小程序——年轮学堂。

（二）产品定位

一所有趣、有料、有欢笑的"新老年大学"（老版）。

一所有趣、有料、有品质的家门口的兴趣大学（新版）。

（三）产品使命

让长者多一份智慧，多一份快乐（老版）。

使长者多一份智慧多一份欢乐，让长者的生活更有意思（新版）。

（四）产品口号

学新知、交老友，引领长者新风尚。

（五）产品概述

为中老年用户提供专属的学习内容和社交场景。

（六）产品内容

目前，樊登年轮学堂已经搭建起"年轮学堂、年轮活动、年轮舞台"三大产品矩阵（见图 1）。其中，年轮学堂包括健康说、兴趣课、读书会三大板块内容（见图 2），为长者提供日更健康新知、月更兴趣大课及樊登书籍解读，解决长者的真问题、真困惑，让长者的生活更快乐、更充实。

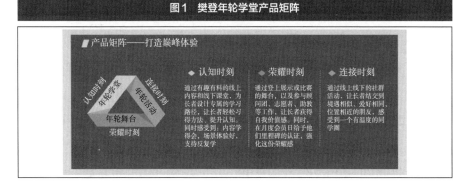

资料来源：微信公众号"樊登年轮学堂"。

资料来源：微信公众号"樊登年轮学堂"。

（七）产品售价

樊登年轮学堂采取会员年付费模式，一年会籍售价365元。会员享受365期健康知识、12门兴趣课、12本樊登讲书音视频、福利及线上线下主题活动、往年内容免费看五大权益，科学锻炼、安全防骗、隔代教育、玩转手机、心态年轻、兴趣交友、重拾爱好、风采展示八大价值。

除了年付费模式，单门兴趣课程售价99元，单本图书售价12元。

第二节 樊登年轮学堂是怎么发展起来的

一、发展历程

据创始人潘丹青介绍，樊登年轮学堂在 2018 年初开始筹备，做了五个月市场调研和一两百位用户调研，还翻阅了六七百篇国内外文献。

2018 年 7 月 11 日，"樊登老同学"微信公众号上线，招募种子用户：第一批 100 个产品体验官。8 月 13 日账号名称更名为"樊登年轮学堂"，账号注册主体是上海识践文化科技有限公司，该公司设立于 2018 年 5 月 22 日。

2018 年 10 月 17 日，微信小程序"樊登年轮学堂"上线。2019 年 2 月 12 日，更名为"年轮学堂"。2019 年 12 月 4 日，小程序完成迁移，原开发者上海识践文化科技有限公司由新开发者上海识行文化科技有限公司承接。

2018 年 11 月开始进行线下渠道推广，6 个月拓展 12 个省级授权点、60 个市级授权点。2019 年 5 月开始第二轮授权点招募，重点拓展人口集中的东、中部省份。2019 年 9 月，产品用户超过 10 万人。

2019 年 10 月 29 日，App"樊登年轮学堂"安卓版和 iOS 版上线。目前安卓版更新了三次，最新版本为 1.0.5；iOS 更新了六次，最新版本为 1.2.3。

二、产品迭代历程

（一）App 迭代记录（iOS 版，见表 1）

表1 樊登年轮学堂 App 迭代记录		
版本	时间	迭代记录
1.0.8	6 个月前	优化课程、书籍、海报微信分享功能，优化每天健康说观看人次数

续表

版本	时间	迭代记录
1.0.9	5 个月前	1. 健康说改版为"8 分钟健康讲堂" 2. 优化生成海报，使其格式更规整
1.1.0	5 个月前	解决生成海报和朋友圈分享在个别机型不兼容的问题
1.1.2	4 个月前	1. 分享海报文案和链接可动态配置 2. 解决不显示"年轮大使"标签的问题
1.1.8	1 个月前	新增年轮活动报名，解决 8 分钟健康讲座列表溢出问题，更新 400 电话
1.2.3	2 周前	1. 评论可上传多张图 2. 部分 UI 设计优化 3. 版本更新提示 4. 隐私政策链接打不开问题

资料来源：iOS App Store，统计时间为2020年4月25日。

（二）迭代分析

从 iOS 版的迭代记录来看，樊登年轮学堂 App 在上线后 6 个月内并未做大的功能迭代，大多是对程序小问题的修复，并且迭代次数较少。这主要源于在 App 产品上线前，微信小程序已经整整运营了一年时间。据樊登年轮学堂官方介绍，从第一版微信小程序上线到现在已经迭代升级了 10 多个版本。可以说，App 产品直接承载了微信小程序的所有功能，并且通过一年的运营，核心功能已经相对成熟，因此 App 产品上线后迭代频次低就在情理之中了。

三、为什么有人给樊登年轮学堂买单

（一）市场供给严重不足

根据中国老年大学协会的数据，全国有 7 万多所老年人教育机构，在校学员 800 多万名（见图 3）。如果以 60 岁以上 2.5 亿人口计算，入学率只有 3.2%；如果以 50 岁以上 4 亿人口计算，入学率更低至 2%。

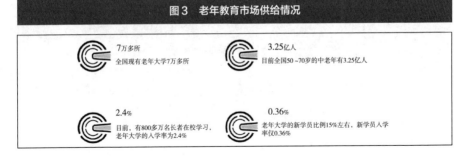

图3　老年教育市场供给情况

资料来源：微信公众号"AgeClub"。

根据2016年国务院印发的《老年教育发展规划（2016—2020年）》中提到的老年教育覆盖人群目标，"以各种形式经常性参与教育活动的老年人占老年人口总数的比例达到20%以上"，那么未来几年将有4200万~7200万名老人进入老年教育市场，市场潜力巨大。

（二）满足用户三大心理需求

樊登年轮学堂创始人潘丹青认为，中老年人的痛点是健康焦虑、社交孤独，以及由遗憾和落差带来的抑郁（见图4）。首先，健康不仅是生理上的需求，同时还是心理上的需求。45~55岁是一个普遍的疾病暴发期，生理上的疾病导致健康焦虑，所以家庭群里长辈们发得比较多的就是关于这方面的信息。

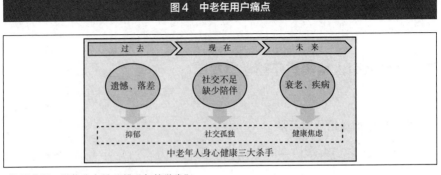

图4　中老年用户痛点

资料来源：微信公众号"樊登年轮学堂"。

其次，退休后中老年人的普遍问题是社交不足、缺少陪伴，反映出来的本质是中老年人的孤独问题，孤独是中老年人身心健康的"第一杀手"，危害在有些时候甚至超过疾病。

最后，过去反映到现在的有两个问题：一个是遗憾，也就是过去没有完成的梦想；还有一个是落差。落差反映在两个时间节点，一是45岁左右，孩子成家立业离开原生家庭，导致父母产生心理落差；二是退休后，产生价值感的落差。这两个落差会导致中老年人的抑郁水平升高。

针对上述痛点，樊登年轮学堂的解决方案是，打造以智慧、快乐、有价值为内核的教育产品（见图5），线上通过小程序和App"樊登年轮学堂"提供权威、丰富的音视频课程体系，线下通过课堂、活动、比赛等各种方式搭建丰富社交场景。让老人通过学习、展示、比赛、自组织等各种途径参与进来，在学习和社交中获得持续不断的"巅峰体验"。

图5　樊登年轮学堂解决用户痛点方案

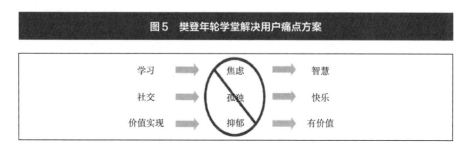

资料来源：微信公众号"AgeClub"。

四、樊登年轮学堂的产品运营模式

简单总结樊登年轮学堂的产品运营模式，就是"学—玩—秀"，打造一个基于兴趣教育的老年社交场景。学只是一个由头，在学的过程中用户被赋予各种身份参与到教学中，并将学的成果进行展示，让用户在

"学中玩、玩中学"，完全沉浸在一个充满兴趣、充分参与、深度获得的
社交场景中。

（一）利用头部 IP 激发用户"学"的兴趣

邀请蒋大为、王士祥、李跃儿等知名老师（见表 2）开发精品课程，
邀请樊登老师专门为年轮学堂用户选书，从而借助头部 IP 打造樊登年轮学
堂内容的核心竞争力和口碑。

表 2　樊登年轮学堂 PGC 资源	
名师姓名	名师背景
樊登	樊登读书创始人
蒋大为	著名歌唱艺术家
王士祥	国内著名学者
黄革	知名朗诵表演艺术家
潘庆华	著名摄影师
J 小姐	科学变美体系创始人
李跃儿	儿童教育家
申伟	清华美院教授
夏其新	国家级健身教练员
陈华	医学杂志副主编
李文	上交大博导

资料来源：根据微信公众号"樊登年轮学堂"相关信息整理。

樊登年轮学堂的线上课程分三类：一是兴趣课，主要包括诗歌朗诵、
旅游、摄影等兴趣爱好类课程，以及金融、法律、隔代养育等家庭生活类
课程；二是读书会，每周更新一本书的音视频精读，主题包括文化、历
史、家庭、情感、心灵、生活等；三是健康说，周一至周五每天更新一条
8 分钟、由权威医学专家打造的健康科普音频，内容力求老人听得懂、记
得住、用得上。

这些课程都是由年轮学堂的课程团队自主开发。目前，樊登年轮学堂
App 上的兴趣课有 12 类 24 门（见表 3），"樊登读书"有 24 本书的音视频
精读（见表 4），健康说相对较多，已经有 238 期。

表3　樊登年轮学堂兴趣课清单

类别	课程名称	学习用户数（人）
健康	8分钟健康讲堂	13.3万＋
	身心健康提升课	4.4万＋
	长寿必练操——八段锦	4.0万＋
	春季养正气护肺气	9259
	如何做好"心理防疫"	4162
	阿尔茨海默病的认识与防治	4015
声乐	蒋大为的中国唱法课1	8.0万＋
	蒋大为的中国唱法课2	1.8万＋
书法	零基础学书法	5.5万＋
英语	每日学习实用英语	3.9万＋
美学	形象提升课	6.8万＋
教育	李跃儿的亲子教科书	6.1万＋
绘画	工笔画课	4.2万＋
摄影	手机摄影课	6.9万＋
法律	法律防骗课	3.6万＋
朗诵	诗词朗诵课	4.2万＋
手机	轻松玩转微信第一阶	3.6万＋
	轻松玩转微信第二阶	3.7万＋
其他	百岁人生（长寿准备）	2369
	唐诗里的修身智慧	7.5万＋
	学会吃饭（吃饭智慧）	833
	苏东坡传（百姓之友）	1460
	树木与房子（故宫的构造）	859
	爱有8种习惯（让你更好）	573

资料来源：樊登年轮学堂App，学习用户数据截至2020年4月25日。

表4　樊登年轮学堂"樊登读书"清单

类别	书籍名称	学习用户数（万人）
亲子	让孩子远离焦虑	3.3＋
	你就是孩子最好的玩具	3.5＋
	如何培养孩子的社会能力	3.5＋
	如何说孩子才会听	2.8＋
	叛逆不是孩子的错	3.6＋
	正面管教	3.7＋
	刻意练习	3.4＋
	自卑与超越	3.7＋
	即兴演讲	3.4＋
	非暴力沟通	3.7＋

续表

类别	书籍名称	学习用户数（万人）
心灵鸡汤	幸福的婚姻	3.4 +
	幸福的方法	3.4 +
	亲密关系	3.7 +
	少即是多	3.5 +
	心的重建	2.8 +
健康	终极健康	3.7 +
	心理医生为什么没有告诉我	3.6 +
	我战胜了抑郁症	2.5 +
	流放的老国王	3.4 +
	谷物大脑	3.5 +
	为什么有的人特别招蚊子	3.8 +
其他	魏晋风华	3.4 +
	上瘾	3.4 +
	医生的修炼	4.1 +

资料来源：樊登年轮学堂 App，学习用户数据截至2020年4月26日。

（二）模仿双师模式，一举四得

老年教育运营要解决几个核心问题：一是规模化，如何在保证课程质量的情况下快速复制扩张；二是用户付费意愿，如何增强用户体验从而提高付费意愿；三是运营成本，如何在保证用户体验的情况下尽可能降低线下运营成本。

樊登年轮学堂为了解决这几个核心问题，采取了职业教育普遍应用的双师模式[①]。由于知识付费逻辑在老年教育行业并不适用，老年用户不会为学习兴趣课程付出相对较高的成本，因此教育运营商不可能照搬职业教育的双师模式，不然会入不敷出。

樊登年轮学堂的具体运营模式是，线上课程预先邀请名师录制（15～20分钟的课程）以保证课程水准，线下互动场景中配备一个讲师团队负责

---

① 简单理解，双师模式就是一名主讲老师通过直播或录播方式给学生上课，线下一名助教对学生进行现场指导和管理，可以有效解决广大下沉市场优秀师资不足的难题，降低学员的付费门槛，大大扩大教育企业服务学员的人数规模。

现场互动。

为了实现现场互动的标准化，樊登年轮学堂总部会给线下分院发放课程手册，课程手册里会针对课程的开场、互动、小游戏、点评等课程细节进行设置，总院也会通过磨课给分院赋能。比如现场播放线上视频课程，视频放到什么时候可以暂停，然后跟学员做一个什么样的互动，再播放到一个位置就进行一个随堂作业，播放结束后对学习进度、学员表现做一个总结，根据不同的场景有不同的侧重点。这样详细的互动方案可以保证双师模式的可复制性。

课程手册的执行是通过一个讲师团队完成的。这个讲师团队由讲师、组长、班长、院长、顾问团等角色组成。团队成员从学员中选拔出来，让他们志愿参与线下课程、活动和社群的组织管理，这样使整个线下运营特别轻。用户被赋予退休后新的职场身份，既有充分的参与感，也有强烈的认可感，这种润物细无声的用户体验显然会提高用户的付费意愿，同时还从源头上控制了线下运营成本。

（三）构建线下社交场景，打造荣耀时刻

樊登年轮学堂通过年轮活动和年轮舞台两个线下产品构建用户社交场景。全国各地的年轮分院组织了文化进社区、线下公益课等形式丰富多样的线下活动。通过精品课程，组织区域、城市、省级甚至全国级别的比赛活动。

将学习过程中的成果进行展示、比赛，并通过颁发证书的仪式打造用户使用产品的"巅峰体验"。对义务承担职务的学员给予隆重的颁奖和公布，打造属于他们的荣耀时刻。

五、樊登年轮学堂的会员发展之路

樊登年轮学堂在半年时间里快速扩张到12个省60个市，用户突破10万人，主要在于复制了樊登读书会线下裂变的成功经验，以及樊登读书会的渠道赋能。

（一）产品体验官

樊登年轮学堂的第一批种子用户采取了产品体验官的方式。在产品上线之初，运营团队就筛选了 100 个产品体验官。

（二）线下代理模式

樊登年轮学堂完全照搬了樊登读书会的线下代理模式①。据创始人潘丹青介绍，目前樊登年轮学堂 70% 的分会来自樊登读书会的体系。这些团队运营经验丰富，有的分会一年能做 100 多场活动，能够帮助樊登年轮学堂快速打开老年教育的市场。

樊登年轮学堂对加盟代理商设置了四方面的条件：一是要有实力，具备独立法人资格，在当地拥有一定的中老年市场资源；二是要有方法，具有一定的行业营销管理和服务能力，能将项目快速推向市场；三是要有场地和团队，有专门的经营场地和工作人员，确保有能力开展销售拓展、培训和服务工作；四是要有愿景，关注并热爱中老年服务行业，愿意与樊登年轮学堂一起共建兴趣大学。截至 2020 年 4 月底，加盟代理商已覆盖全国14 个省份，其中浙江、河北两地拓展得最为深入（见表 5）。

表5 樊登年轮学堂已签约加盟分院清单	
省份	城市
山东	济南市、青岛市、淄博市
湖北	孝感市、咸宁市、黄冈市
浙江	金华市、温州市、宁波市、湖州市、丽水市、东阳市、永康市、嘉兴市、台州市
福建	厦门市、泉州市、福州市
河北	保定市、沧州市、唐山市、邢台市、黄骅市、曲阳县、定兴县、易县、丰润区
江苏	南京市、昆山市
江西	南昌市
辽宁	沈阳市、皇姑屯区

① 樊登读书会的线下代理模式即地方代理销售会员卡。樊登与各地有独立法人资质的公司签订代理合同，代理公司以分会的方式进行樊登读书会的会员卡销售，樊登读书会则将销售收入的一半分给代理商。

续表

省份	城市
山西	太原市
陕西	西安市
北京	北京市
河南	郑州市、洛阳市
内蒙古	呼和浩特市
海南	海口市

资料来源：微信公众号"樊登年轮学堂"。

（三）老人、子女、政府多渠道同步营销

虽然产品是面向老人的，但是樊登年轮学堂的销售渠道并没有局限在老人一个端口上，而是多管齐下。只要是能够相对有效触达老人用户的渠道，樊登年轮学堂都会覆盖。经过全国各地分院一段时间的摸索，樊登年轮学堂梳理出触达用户最有效的渠道主要有三个：一是子女端，主要包括樊登读书和自媒体大号；二是老人端，主要包括社区街道、老年旅行社、兴趣类协会；三是政府端，主要包括老年大学、妇联和民办非营利机构。

（四）会员社交裂变

除了樊登读书会最擅长的线下裂变方式，樊登年轮学堂也没有放弃线上的社交裂变。主要方法依然是大家惯用的"老带新"，将免费会期作为激励手段，完成目标越高，得到的激励越大（见表6）。更为重要的是，年轮学堂将线下和线上的社交裂变进行了紧密结合。通过身份赋予的激励方式，赋予线下拓展的渠道和用户新的社交货币，再通过线上裂变的激励，从精神和物质两方面给予老用户裂变新用户的双重激励。

表6 樊登年轮学堂线上裂变手段	
任务	**奖励**
分享给好友	立得1天会期
邀请好友付费	立得30天会期

资料来源：樊登年轮学堂 App。

（五）渠道培训体系

对于那些在樊登读书会体系之外、没有线下教育运营经验的分会，樊登年轮学堂的办法是建立完整的、不断迭代的培训体系，帮助没有行业经验的新手在 20 多天的培训里快速成长。

分会培训的重点是各种渠道的开发维护、顾问团的搭建运营、活动策划和实施的核心要点等。总部渠道部的同事还会帮助分会与一些重要的、标杆性的渠道洽谈，将分会在当地的人脉资源最大化地加以利用。

樊登年轮学堂还保留了樊登读书会做渠道培训的一个好办法——找亮点。各地分会都有一批跑在前面的选手，总部和他们的沟通非常密切，会随时总结他们在一线跑出来的实战经验，然后形成活动方案和培训视频，再向各地分会进行培训，提高樊登年轮学堂整体的作战能力。比如在政府渠道，妇联对樊登年轮学堂的隔代教育课程很感兴趣；在企业渠道，樊登年轮学堂积极开拓团购市场，如有些地区待遇比较好的银行系统就会给退休员工购买；在老人渠道，社区对樊登年轮学堂的态度也是非常欢迎的，有些街道甚至会主动提供经费补贴，其对樊登年轮学堂推广会员产品也比较能接受。

（六）公众号、小程序、App 三端全覆盖

樊登年轮学堂覆盖了老年用户线上的主要流量入口，先后布局微信公众号和微信小程序，在运营一年之后又上线 App，实现了对老年用户线上三端的全覆盖。

六、樊登年轮学堂的变现之路

据创始人潘丹青介绍，目前樊登年轮学堂 365 元会籍产品中，老人自付比例高达 80%，而会籍只是一个基础款的引流产品，当学员对其产生深度的信任后，自然而然会产生更高端的课程需求、衍生品需求和主题旅游需求（见图 6）。

资料来源：微信公众号"AgeClub"。

目前，樊登年轮学堂声乐课和朗诵课的更新学习周期在一些地区已经结束，樊登年轮学堂为有需求的学员准备了 1500～2000 元的高端进阶课程，并会向他们推荐销售相关乐器等衍生产品。

在主题旅游方面，樊登年轮学堂区别于以目的地为核心的现有旅游方式，避开同质化竞争。比如书法主题旅游，请一位专业书法老师带队，在书法课的学员中组团，去游览各种古迹、博物馆，赏析碑文、名家作品等。

未来，樊登年轮学堂还将尝试大健康的变现模式，链接会员、加盟伙伴、品牌方潜在合作对象，形成樊登年轮学堂商业圈，打造共生共赢的闭环商业体系。

第三节　樊登年轮学堂的发展给我们的启示

一、做得好的地方

（一）紧扣用户的核心痛点，构建基于兴趣教育的社交场景

兴趣教育是老年用户的痒点，社交需求是用户的痛点，场景构建让老

年用户对产品从始至终有了很好的体验。老人不像年轻人有职场提升需求，也谈不上有什么职场压力，所以纯粹技能性、知识性的课程对他们没什么吸引力。樊登年轮学堂从用户退休后放飞自我的痒点切入，大量的线下运营是在解决用户的社交需求问题，而社交需求才是低龄活力老人最核心的痛点。创始人潘丹青坦言，樊登年轮学堂的核心是打造场景，给用户提供基于教育的社交产品，给他们营造智慧、快乐、有价值的感觉。

（二）用户自治的双师模式，让线下运营变得很轻且可复制

传统老年教育模式很难复制扩张，主要原因在于：其一，课程没有在线化，师资整合难度大；其二，线下运营很重，既要做场地管理，还有教务管理，不仅成本高，而且由于人员多，管理还很复杂；其三，由于前两个原因，如果连锁势必难以保证教学质量，从而影响学员体验。

樊登年轮学堂巧妙地运用用户自治的讲师团模式，既解决了线下场地问题，还解决了教务管理问题。通过赋予讲师团不同的身份，给予他们极大的社交货币，充分地调动起用户义务参与日常运营的积极性。这样既大幅降低了线下运营成本，还降低了管理难度，让整个运营体系变得很轻，从而让总部可以集中精力做课程、做运营的标准化。

线下运营体系化之后，将课程实现在线化的双师教育模式，既解决了优秀师资不足的问题，还能保证课程水准，这样就能解决传统老年教育的复制扩张问题了。

（三）线下加盟，开启快速扩张模式

线下加盟模式是当初樊登读书会的成功之道。樊登年轮学堂在解决了课程内容生产和运营体系标准化问题之后，快速复制了樊登读书会的线下代理加盟模式，并在最初阶段直接从樊登读书会分会中进行招募。樊登读书会分会的运营人员的线下活动运营和市场渠道开拓经验都很丰富，在他们的引领之下，辅之以相对成熟的渠道拓展培训，樊登年轮学堂的复制扩张速度很快。

（四）项目孵化很有节奏和章法

市场调查—用户调研—种子用户—上线微信公众号—上线微信小程序—全国线下代理加盟—用户突破 10 万人—上线 App，这就是樊登年轮学堂孵化的全过程。不难看出，项目孵化很有节奏和章法。整体的市场开拓和线上线下运营都是按照樊登读书会的套路来的，借助移动互联网技术和传统的营销渠道体系建设，实现了快速拓展市场。

（五）IP 赋能

对于樊登年轮学堂而言，最大的 IP 就是樊登。无论是品牌传播还是内容竞争力，樊登都能帮助年轮学堂建立一定的信任背书。当然，对于老年用户，单靠年轻人熟知的樊登还不行。樊登年轮学堂还整合了一些老人熟知的大 IP 比如蒋大为来开发精品课程。有了这些 IP 赋能，课程内容本身就具备了一定的市场差异化和竞争力，而课程内容是打开用户兴趣的第一把钥匙。

二、存在的挑战

（一）产品与用户是否匹配

从樊登年轮学堂已经上线的兴趣课程来看，除了健康、法律、亲子教育、手机摄影课程外，其他都是相对个性化的课程。在个性化课程中，既有需求较为普遍的声乐课、书法课，也有相对小众的英语、美学、工笔画、朗诵等课程。不难看出，这些课程面向的用户是多元化的，尤其是个性化课程是文娱需求层次相对高的用户才会学的，这些用户大多分布在一、二线城市。据创始人潘丹青介绍，樊登年轮学堂希望通过免费内容、线上线下活动以及轻付费的课程、会籍，筛选出一批对生活质量有要求的用户。很明显，运营团队的用户画像也是文娱需求层次相对较高的用户。

然而，从樊登年轮学堂已经拓展的渠道中可以看到，其在东、西、南、北、中，一、二、三、四、五线城市甚至更下沉的市场均有所覆盖，比如河北的曲阳县、定兴县、易县等。这些区域市场用户的兴趣教育需求肯定与保定、唐山的用户有区别，更不用说省会城市以及其他一线城市。显然，樊登年轮学堂目前的产品与已开拓的部分市场是不太匹配的。运营数据已经证明了这一点，尤其是新上线的学会吃饭（吃饭智慧）、树木与房子（故宫的构造）、爱有8种习惯等较为小众的兴趣课程，肯定不是下沉市场用户的兴趣所在。

据创始人潘丹青介绍，现阶段樊登年轮学堂的分会70%来自樊登读书会既有的代理商。这说明樊登年轮学堂依托樊登读书会的渠道赋能实现了用户的快速增长，但是也造成很多区域市场与产品本身的错配。我们注意到，从2019年5月开始，樊登年轮学堂启动的第二轮授权点招募中已经将市场重心放到了东、中部省份，这说明他们自己也察觉到了产品与市场不匹配的问题。

（二）课程的生产能力明显不足

目前樊登年轮学堂的兴趣课都是由课程团队整合PGC师资自主开发。创始人潘丹青坦言，这个过程费时费力，导致课程上线速度相对较慢。自2018年10月微信小程序上线，一年半过去了，年轮学堂整合的PGC老师只有21位，其中相对知名的只有蒋大为1人，开发的课程只有12类24门，几乎是1位老师开发1门课。根据笔者的统计，从2019年底至2020年4月底的4个月中新增了8门兴趣课，平均每个月新增2门。新增的8门兴趣课中有一半是健康课程，还有一半是学会吃饭（吃饭智慧）、苏东坡传（百姓之友）、树木与房子（故宫的构造）、爱有8种习惯（让你更好）等主题比较宽泛的课程，而不是典型的兴趣课程。

可以看出，樊登年轮学堂团队目前的内容生产能力明显不足。而课程内容是整个商业模式的起点，即使线下做得再好，内容跟不上，也是无源之水。课程团队亟须优化内容生产模式和运营模式，既要激发现有PGC扩大生产量，又要激发并整合更多PGC资源加入生产团队，还可以尝试UGC的内容参与制作。这样才能把内容生产激活，形成良性循环。

（三）线下代理模式能否走远

线下代理模式的核心是产品卖得动、卖得多，不赚钱的买卖没人愿意加盟。樊登年轮学堂到底能不能复制当年樊登读书会的成功？关键就在于一年 365 元的会籍卡好不好卖。就目前所获得的信息来看，其一，在 2019 年 5 月启动第二轮授权点招募以前，樊登年轮学堂已经拥有 12 个省级授权点，而到目前只增加了 1 个。其二，70% 的分会来自樊登读书会。这些既有的渠道优势主要在年轻用户，现在兼营老年用户，市场能力是否匹配？其三，来自樊登读书会体系之外的加盟代理人，有很多是退休后的老人，他们是否完全符合加盟代理商的四个条件？运营团队是否需要投入很大的精力对其进行培训和管理？其四，"兴趣课"和"樊登读书"的学习用户数平均在 4 万人左右，假设按照樊登读书会销售收入的 50% 返佣的政策，每个城市有 600 名付费会员，则加盟商一年收入 11 万元。这个收入水平对老人来说尚可，对年轻人来说则激励明显不足。综合判断，5 月启动的第二轮授权点招募可能并未达到预期。

（四）用户的课程付费意愿到底强不强

创始人潘丹青介绍，目前老人自付比例达到 80%。那么剩下 20% 的付费用户应该是子女或团购渠道。这个数据实际上还说明不了用户付费意愿怎么样。事实上，如果老人付费意愿很强的话，樊登年轮学堂也没必要去开拓子女端和政府端的销售渠道，也没必要同一会籍卖三个价钱。我们注意到，樊登年轮学堂 App 中的会员售价为 388 元，而微信公众号年卡售价为 365 元，礼盒售价则是 399 元。

从产品的销售话术来看，樊登年轮学堂 App 中强调"我们坚信，倡导年轻人关注父母学习成长没错，终身学习没错，为长辈提供与时俱进的文化娱乐服务没错"；礼盒产品中强调"小时候，父母陪我学习成长；长大了，我给父母快乐健康；在这个属于父母的节日里，送他们一份快乐健康"。很明显，这两个产品的销售对象是子女。从某种意义上说，樊登年轮学堂 App 上线似乎是专门针对子女这个销售渠道的。

（五）线下活跃能否转化为线上活跃

前已述及，樊登年轮学堂已有 10 万个以上用户，线下活动已遍布全国 62 个省市分院。但是在笔者统计的 2019 年 12 月 13～27 日的樊登年轮学堂微信公众号资讯内容中，我们发现每日推送的文章的阅读量，头篇平均在 600 人次左右，二篇平均在 50 人次，留言非常少（见表 7）。微信公众号是樊登年轮学堂最早上线的产品，距 2019 年底已有近一年半时间。相比 10 万人以上的用户，600 人次左右的头篇阅读量说明樊登年轮学堂用户的线上活跃度不够。

而从 2020 年新上线的健康课程来看，除了长寿必练操——八段锦的学习用户数在 4 万人以上，其他几门课程都未破万，远低于课程学习用户数的平均水平。新上线的学会吃饭（吃饭智慧）、树木与房子（故宫的构造）、爱有 8 种习惯（让你更好）等课程的学习用户数更低，只有几百个。应该说，2020 年初暴发的新冠肺炎疫情对老年线上教育产品是有利的，但是樊登年轮学堂的数据并不理想。下一步，樊登年轮学堂线上课程的开发以及线上运营都亟须加强。

表7 微信公众号 "樊登年轮学堂" 内容统计				
时间	内容	阅读量（人次）	留言数（条）	是否原创
2019 年 12 月 13 日周五	头篇：年轮故事	693	8	是
	二篇：年轮话题	61	0	否
2019 年 12 月 14 日周六	头篇：年轮故事	640	5	是
	二篇：年轮话题	66	0	否
2019 年 12 月 15 日周日	头篇：年轮故事	575	4	是
	二篇：年轮话题	289	0	否
2019 年 12 月 16 日周一	头篇：年轮健康	547	0	是
	二篇：年轮人物	59	1	否
2019 年 12 月 17 日周二	头篇：年轮话题	649	0	是
	二篇：年轮故事	47	2	是
2019 年 12 月 18 日周三	头篇：年轮故事	630	1	是
	二篇：年轮话题	49	0	否
2019 年 12 月 19 日周四	头篇：年轮课堂	731	0	是
	二篇：年轮话题	43	0	否

续表

时间	内容	阅读量（人次）	留言数（条）	是否原创
2019 年 12 月 20 日周五	头篇：年轮故事	692	7	是
	二篇：年轮话题	102	1	否
2019 年 12 月 21 日周六	头篇：年轮人物	373	7	是
	二篇：年轮话题	52	0	否
2019 年 12 月 22 日周日	头篇：年轮话题	721	3	是
	二篇：年轮话题	47	0	否
2019 年 12 月 23 日周一	头篇：年轮健康	582	0	是
	二篇：年轮故事	53	0	否
2019 年 12 月 24 日周二	头篇：年轮话题	682	5	是
	二篇：年轮话题	63	0	否
2019 年 12 月 25 日周三	头篇：年轮故事	567	2	是
	二篇：年轮话题	39	1	否
2019 年 12 月 26 日周四	头篇：年轮课堂	603	0	是
	二篇：视频	134	0	是
2019 年 12 月 27 日周五	头篇：年轮故事	585	4	是
	二篇：年轮话题	21	0	否

资料来源：根据微信公众号"樊登年轮学堂"整理。

（六）变现方向仍需探索

会籍、高端课程、课程衍生品、主题旅游、大健康，是樊登年轮学堂规划的变现方向。不难看出，前三项直接跟教育产品相关，后两项是老人的共性需求，且需求量很大，几乎所有的老年企业都会涉足。前面我们已经分析过，樊登年轮学堂以抓用户痒点入手，核心在于解决用户的社交需求痛点，会籍售卖也在这个过程中完成了商业闭环。但是，包括会籍在内的所有变现方向都是相对低频的产品，这一方面不利于做大营收规模，另一方面也降低了产品与用户的黏性。

樊登年轮学堂目前开发的主题旅游与教育产品结合得比较紧密，但是严重依赖师资，以及老师与学员的关系，而且旅游线路的个性化很明显，产品难以实现规模化，营收规模也会受到限制，需要重新开发适宜做大规模的文旅产品以及销售模式。更为重要的是，樊登年轮学堂需要在用户量进一步扩大的基础上，聚焦用户核心的社交痛点，开发高频的线上变现模式，而不是与别的企业展开同质化的竞争。

三、可以学习借鉴的地方

既然前面说到了樊登年轮学堂的发家之路，也简单陈述了可能存在的问题，那作为后来者有哪些方面可以借鉴呢？

（一）用户画像一定要清晰

你的用户到底是谁？用户画像清楚了，产品就清楚了，渠道也就明晰了。这样做出来的产品才会与市场匹配、与渠道匹配。不然，在实际运营中，一定会出现很多矛盾，影响目标的达成。

（二）海一样大的市场，针一样细地切入

樊登年轮学堂做了长时间的用户研究，分析了用户痛点，找到了兴趣教育的切入点。然而，在切入的时候，它并不是一上来就开发了很多兴趣课程和读书课程，做一个大而全的老年大学。这是很多在线老年大学常犯的错误。樊登选书的标准是实用性，它认为事业、家庭、心理三方面的问题是人类共同的痛点。因此，樊登年轮学堂推荐的书目基本是在这三个方面。像针一样细地切入市场，才能有效解决用户问题，用户也才会为你的产品买单。

（三）一定要找到自己的势能

每个成功的企业都有自己的成功基因所在，这不是任何企业都可以简单复制的。樊登年轮学堂没有樊登读书会的成功，就不可能有过去一年的快速发展；樊登读书会如果没有樊登的个人势能，也难以成功。这告诉我们，判断一个企业的未来，除了要关注它现有的运营状况，还要深入了解它从哪里来，及其核心团队的背景。这些因素的背后可能才是真正决定企业能走多远的基因密码。

参考文献

1. 微信公众号 AgeClub：《深度：樊登读书会有多看好老年教育市场？看樊登年轮学堂用"巅峰体验"6 个月快速扩张到 12 省 60 市》，2019 年 4 月 19 日。
2. 微信公众号青鲱鱼：《樊登年轮学堂潘丹青：中老年人教育新零售的实操分享》，2019 年 9 月 30 日。

第八章　线下老年教育案例：美好盛年

龚先念

龚先念，博士，中国建投投资研究院研究员

核心观点

- 简单总结美好盛年的产品运营模式，就是以线下连锁标准化运营为载体，采取双师教育和班委设置的教学模式，打造"课程＋舞台"的完整体验闭环。

- 美好盛年做得好的地方：①用户痛点抓得准，做出了与传统老年大学的差异化；②采取超级用户模式，快速实现正现金流；③用户自治的双师模式，让线下运营变得很轻；④整合教学场地资源，大幅降低运营成本；⑤单店实现正现金流再复制扩张；⑥不断试错，小步快走。

- 存在的问题与挑战：①微信公众号的使用路径较为混乱；②连锁扩张未达预期，速度偏慢；③项目运营过于依赖线下，制约会员发展速度；④缺乏 IP 内容；⑤旅游产品模式亟须调整；⑥电商能否做大。

- 美好盛年给予产业运营者的启示：①产品与渠道要匹配才能促进转化；②在不同发展阶段，团队结构需要与之匹配。

近几年老年教育在全国遍地开花。本章案例研究聚焦于南方一线城市广州，研究成立三年多的美好盛年是如何切入市场、设计产品，它有什么独到之处能够在相对短的时间实现单店单月盈利，以及它是如何整合资源，从而快速实现线下连锁运营的。

第一节　美好盛年是什么

一、企业背景

美好盛年微信公众号的账号主体是广州盛年优学信息科技有限公司。美好盛年创立于 2016 年，而公司设立于 2018 年 6 月 12 日，注册资本 108.7 万元人民币，法人黄吉海。公司股权结构如表 1 所示。

表1　美好盛年公司股权结构		
股东	持股比例（%）	股东类型
黄吉海	48.3	自然人
广州盛年合创投资咨询合伙企业	27.6	合伙企业
肖越	16.1	自然人
李慧芳	8	自然人

资料来源：企查查。

黄吉海，美好盛年创始人兼 CEO，曾为七天连锁酒店的创始成员之一，企业文化总监。

二、产品介绍

（一）产品名称
微信公众号——美好盛年，微信公众号——盛年大学。

（二）产品定位

中老年教育生活连锁机构。

（三）产品使命

让天下退休生活更美好。

（四）产品口号

不仅仅是课堂，更是一种生活方式。

（五）核心价值观

真诚、热爱、创新。

（六）产品概述

为学员提供"课程＋舞台＋活动＋旅游"四位一体的优质服务：通过各种课程（旗袍走秀、声乐、跳舞、朗读等）让学员学有所成；通过月季年、小中大的舞台让学员展示自我，享受掌声和赞誉；通过活动让学员结识新朋友，拓宽社交圈，赶走孤独；通过旅游让学员行万里路，丰富人生经历，留下美好回忆。

（七）产品内容

1. 校区

目前，美好盛年在广州共有 11 个校区，覆盖广州越秀、海珠、天河、白云 4 个区域，具体如表 2 所示。

表 2　美好盛年 11 个校区名单	
校区名	地址
1. 公园前校区	广州市越秀区中山五路 219 号中旅商业城 1318
2. 南洲校区	广州市海珠区南洲路 188 号之一海珠客运站旁
3. 东圃校区	广州市天河区东圃美林湖畔桃园中路 339 号创之融教育城内
4. 时代国际校区	广州市越秀区人民北路时代国际栩乐琴行
5. 淘金校区	广州市越秀区环市东路 370 ~372 号正佳环市中心 30 楼 3012
6. 白云校区	广州市白云区棠景街 16 号怡景大厦对面
7. 杨箕校区	广州市越秀区中山一路 21 号天兴大厦东塔 9 楼
8. 万国校区	广州市海珠区江南大道 113 –117 –1 号首层自编之二广之旅门市内

校区名	地址
9. 昌岗校区	广州市海珠区昌岗中路 166～3 富盈国际大厦 1413
10. 盈彩校区	广州市天河区中山大道 1116 号乐都汇 4 楼菲士行舞培训机构内
11. 五羊校区	广州市越秀区寺右二马路 27 号冠城大厦 5 楼乐娃舞蹈室内

资料来源：根据微信公众号 "美好盛年" 相关信息整理。

2. 线下课程

美好盛年线下校区目前已开设 7 个专业 37 门课程，共有师资 48 位（见表 3）。每个校区都有具体的课程表。

表3	美好盛年线下校区课程明细				
专业	课程	会员（元/期）	积分（个/期）	可抵扣积分（个）	师资
旗袍	旗袍走秀基础班	480/420/600	690/780/790	100	12 位：程惠香、于艳、杜忆萍、韦燕、于杰、李秀萍、史玲、于良贞、刘伯静、王维青、孙月、紫玫
	旗袍走秀特训中级班	840	1020	0	
	旗袍形体基础班	480	690	100	
	旗袍基础班	420/600	690/600/780	100	
	旗袍中级班	840	1020	100	
	旗袍精品班	1200	1390	100	
	旗袍提高基础班	480	690	100	
	旗袍表演基础班	480	690	100	
	旗袍优雅基础班	480	690	100	
	模特走秀艺术团	3980	4390	100	
	旗袍艺术团	3980	4390	200	
歌	声乐基础班	480/420/360/600	690/490/600/780	100	8 位：何锦辉、韩兆余、邵丛、叶春妙、黎广宇、江玉营、陈亮君、谢玉环
	声乐中级班	840	1020	100	
	声乐精品班	1200	1380	100	
	声乐演唱基础班	420	690	100	
	声乐表演基础班	420	600	100	
	中国民歌中级班	840	1020	100	
	红歌演唱基础班	420	600	100	
	声乐1对4精品班	1200	1380	100	
	盛年合唱艺术团	600	780	100	

续表

专业	课程	会员 （元/期）	积分 （个/期）	可抵扣积分 （个）	师资
舞	拉丁舞基础班	480/600	690/780	100	18位：郑文添、邱金旺、冯锶妍、王云生、杨钦宇、林荣平、张谊、涂其涟、冯大伟、孙琦琦、叶婉莹、桑丹、张杰、孙鹏、刘超、於梦果、范雪敏、陈慧彤
	古典舞基础班	420/480/600	690/780	100	
	形体舞蹈基础班	480/600	690/780	100	
	汉唐舞蹈基础班	420/480	600/690	100	
	民族舞基础班	420/480/600	600/690/790	100	
	百姓健康舞基础班	420	600	100	
美	气质提升基础班	600	780	100	
	模特走秀基础班	1080	1290	100	2位：黎娜、李艺丝
	化妆气质提升基础班	750	930	100	
乐	古筝基础班	700	880	100	4位：古友乐、伍日生、苏娅、张妮
	古筝中级班	900	1080	100	
	钢琴基础班	600	780	100	
文	国画基础班	600	780	100	4位：李伟强、肖华、王仁正、黎广宇
	朗读表演基础班	420	600	100	
	智能手机摄影基础班	420	600	100	
	油画精品班	1080	1260	100	
德	不断成长精品班	1	1	1	—

资料来源：根据微信公众号"美好盛年"相关信息整理。

3. 线上课程

美好盛年线上云课堂目前已开设5个专业12门课程（见表4），共有师资10位。

表4　美好盛年云课堂课程明细	
专业	课程
旗袍	1. 团扇的运用；2. 旗袍走秀如何转身；3. 伞的运用
舞蹈	1. 恋人心；2. 蝉
声乐	1. 莫斯科郊外的晚上；2. 在那遥远的地方；3. 珊瑚颂

续表

专业	课程
钢琴	1. 彩云追月；2. 月亮代表我的心
古筝	1. 指法：花指和古筝曲《美人花》；2. 指法：托和古筝曲《南泥湾》

资料来源： 根据微信公众号 "美好盛年" 相关信息整理。

2020 年 2 月 12 日，美好盛年上线直播课堂，开设了旗袍、舞蹈、声乐、瑜伽、书法等课程，直播时间为周一到周五，从早上 10 点持续到晚上 8 点。

4. 活动

美好盛年全年相对固定的活动有每月的生日会、时装发布会、卡拉 OK 免费唱等。随机的活动有智能手表品鉴、旅游精品品鉴会、品牌代言人活动、百人旗袍 MV 拍摄、庆五一文艺汇演、公园外拍（收费：39 元/6 人）、闺蜜棚拍（收费：39 元/10 人）等。

5. 舞台

美好盛年每个季度都会举办一次大型的舞台活动（见表5），让学员得以展示自我。

表5 美好盛年 2019 年活动明细		
时间	**活动与舞台**	**是否收费**
逢周一、周三下午	盛年百姓公益大舞台（面向美好盛年艺术团大联盟成员）	300 元/年/队
2~5月	盛年艺术节（已办四届）	免费
3月	美好大使代表大会（已办三期）	免费
4~6月	盛年好声音合唱节（已办二届）	免费
5月	夏季盛年音乐会	每个节目 3800 元
6~8月	海上丝路国际旗袍大赛	初赛：80 元/人 特训：880 元/人 决赛：2980 元/人
7月	千人旗袍秀	198 元/人
8月	校际文艺竞赛	免费

续表

时间	活动与舞台	是否收费
9月/10月	金秋艺术大赛/金秋文艺汇演/艺术嘉年华（已办二届）	免费
10月至次年1月	广州电视台生活频道 – 美好盛年春晚盛典（已办四届）	免费
11~12月	海上丝路国际旗袍盛典	特训：880元/人 决赛：2980元/人
12月至次年1月	新丝路中老年旗袍模特大赛	4980元/人（含旅游费用）

资料来源：根据微信公众号"美好盛年"相关信息整理。

6. 旅游

美好盛年主要与广之旅国际旅行社合作，以"美遍全球"为理念，以旗袍秀、外拍为主要特色。美好盛年2017年至2020年上半年旅游产品如表6所示。

表6 美好盛年2017年至2020年上半年旅游产品明细

产品名称	时间	行程（天）	费用（元）	招募人数（人）	产品特色
广东巽寮湾美拍之旅	2020年1月	2	—	—	无
德国瑞士8天旅拍表演团	2020年4月	8	15180	20	1. 琉森湖畔旗袍秀；2. 摄影师随团跟拍
东欧8天音乐美拍表演团	2020年5月	8	15180	20	1. 上课老师跟团；2. 布拉格广场旗袍、声乐快闪表演；3. 克鲁姆洛夫城堡晚礼服拍照；4. 萨尔茨堡街道跟随带队老师一起唱《雪绒花》；5. 维也纳城市公园上一节音乐课
新疆胡杨林旅行	2019年11月	—	6999	—	无
希腊爱琴海表演之旅	2019年4月/6月	9	13680/15680	20/25	1. 摄影师随团跟拍；2. 圣托里尼岛悬崖广场旗袍快闪表演
加拿大追寻极光之旅	2019年5月	9	23680	—	1. 加拿大育空怀特霍斯政府官方邀请；2. 参与当地的春季欢庆庆典表演；3. 当地政府颁发表演证书；4. 摄影师随团跟拍

续表

产品名称	时间	行程（天）	费用（元）	招募人数（人）	产品特色
菲律宾海上巡演之旅	2019 年 2 月	6	3380	—	1. 邮轮剧院表演；2. 邮轮大讲堂；3. 摄影师随团跟拍
千名楚粤文化大使游湖北	2018 年 9 月	4	2799	1000	1. 当地政府邀请；2. 政府欢迎仪式；3. 晚宴表演；4. 汉口旧租界快闪表演；5. 摄影师随团跟拍
唱享俄罗斯 9 天声乐之旅	2018 年 9 月	9	10999	20	1. 声乐老师带队；2. 红场齐唱俄罗斯名曲；3. 摄影师随团跟拍
德法意瑞 10 天外拍之旅	2018 年 6 月	10	13680	20	1. 欧洲小镇因斯布鲁克旗袍快闪；2. 摄影师随团跟拍
希腊爱琴海表演之旅	2018 年 4 月	8	12999	20	1. 摄影师随团跟拍；2. 圣托里尼岛悬崖广场旗袍快闪表演
澳洲 8 天表演外拍梦幻之旅	2017 年 9 月	8	13999	—	1. 悉尼歌剧院广场旗袍外拍；2. 布里斯班舞台表演（健康产品合作伙伴提供场地）

资料来源：根据微信公众号"美好盛年"相关信息整理。

（八）产品售价

美好盛年采取年卡、月卡、零售三种销售模式。年卡售价 300 元，赠 18 节课，享会员福利。

月卡售价 99 元，包含的权益主要有如下四方面。其一，旅游。赠送总价值 246 元的凯撒旅游省内 1 日游 1 次。其二，学习。赠送总价值 200 元的课程体验券 2 张、总价值 200 元的化妆课体验券 1 张、总价值 50 元的盛年云课堂月卡 1 张。其三，演出。1 个月内免费参加盛年会员舞台演出。其四，展示。赠送总价值 199 元的专业棚拍 1 次，1 个月免费参加盛年会员派对活动。

除了年卡、月卡外，每门线下课程可单独售卖，一次课售价 50 元，一期（包含 12 节课）的售价如表 3 所示。

2020 年初推出的付费直播大师课，每节 50 元（也可使用会籍赠送的 18 张听课券）。

第二节　美好盛年是怎么发展起来的

一、发展历程

（一）设立之初，构建"课堂＋生活"全方位全程体验模式

据创始人黄吉海介绍，美好盛年创立于 2016 年中。2016 年 12 月 9 日微信公众号"盛年大学"推了第一篇文章《退休之后，我们应该学会什么?》。

设立之初，美好盛年构建了"课堂＋生活"全方位全程体验模式。让每一个盛年学员都拥有 7×24 小时私人健康顾问在线服务的美好体验，将美丽、健康、生活有机融为一体，建立"生活就是舞台，人生更加精彩"的"美好教育"新模式。三大中心：中老年大学、网上商城、健康管理中心。六大服务：中老年大学、盛年舞台、在线课堂、健康管理、美好商城、盛年旅游。

2016 年在广州市天府路 161 号隽园商务 306 室设立了美好盛年中老年大学本部（后称"天河校区"）。盛年大学设有三个学院：艺术学院——开设旗袍、声乐、舞蹈、朗读、瑜伽、太极等系列精品课程；美丽学院——会集广州专业设计师团队，从美颜到美妆、美服，由内到外帮助学员追求美丽精彩；健康学院——授导健康乐观理念，让美好生活长久不衰。

同年，举办了第一届盛年艺术节和 2017 年迎新盛典。

（二）会员突破 100 人

2017 年初推出"美好讲堂"。该讲堂邀请国内外健康、养生、形体、

造型方面的专家在线上或线下授课，讲堂内容有中医的食疗方法、中成药合理用药二三事、春季养生首选灵芝等。会员免费收听，非会员收费9.9元。之后讲堂名称改为"名医微信讲堂"，分别在2月和3月各做了一期。在此之后，没有再推过此类讲堂。健康管理服务还推出了微信解读中老年养生书籍（每年30本），以及养生知识状元挑战赛活动等。

2017年6月盛年大学启动第三季招生，共开设19门课程，包括艺术和健康两大类（见表7）。其中，艺术学院新开班占比为38%，健康学院新开班占比为67%。

序号	学院	课程	状态
		表7　美好盛年2017年第三季课程表（7~9月）	
1		民族舞	已开班
2		旗袍中级1班	已开班
3		旗袍基础2班	已开班
4		英语基础班	新开班
5		旗袍基础1班	已开班
6		旗袍中级2班	已开班
7	艺术学院	摄影基础班	新开班
8		声乐中级班	已开班
9		声乐基础班	已开班
10		基础瑜伽班	新开班
11		朗读班	新开班
12		古典舞班	已开班
13		唱歌班	新开班
14		慢病管理	新开班
15		色彩医学	已开班
16	健康学院	健康食疗	新开班
17		气息调理	新开班
18		养生防病	已开班
19		太极班	新开班

资料来源：根据微信公众号"美好盛年"相关信息整理。

2017年6～7月，美好盛年举办了第二届盛年艺术节，预赛参赛队伍共有81支，包括走秀、舞蹈、唱歌及其他三大类别。另外有3支队伍通过3天的网络投票比拼，直接晋级决赛，投票数累计超过7万张（见表8）。最终决赛参赛队伍36支，其中美好盛年大学选送队伍3支，占8.3%。决赛现场门票20元/张。

表8 美好盛年第二届盛年艺术节网络投票结果	
前3名节目	投票数（张）
第1名：果之缘舞蹈团《多嘎多耶》	28646
第2名：大塘街文化站拉丁舞团《青春魅力》	21467
第3名：花都区老干部艺术旗袍队《柔情水乡》	21315
合计	71428

资料来源：根据微信公众号"美好盛年"相关信息整理。

通过半年多的运营，截至2017年7月，美好盛年会员突破100人（见图1）。

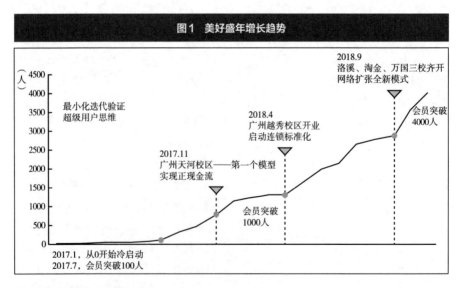

图1 美好盛年增长趋势

资料来源：微信公众号"AgeClub"。

（三）会员突破1000人，第一个校区实现正现金流

2017年8月，与广州尊享国际旅行社合作推出了第一个境外游产品——澳洲8天表演外拍梦幻之旅，售价13999元。

同月，在"旗袍走秀零基础班"开启双师教学模式。

9月1日，正式推出盛年大学会员卡银卡，年费300元，享吃、喝、玩、乐、学、礼六大福利（见表9）。

表9 美好盛年银卡会员权益	
会员权益类别	**权益明细**
吃	全年每周发布全城最低价餐饮，全城搜罗让你吃得划算，让你尽享低至5折的会员价
喝	品酒、品茶活动免费参加
玩	全年6次免费学校会员舞台活动，每月每季舞台表演
乐	全年4季旅游，会员享受低至7折的旅游优惠，带你美遍全球
学	全年20节盛年大学公开课，包括旗袍走秀、健康讲座、护肤课程等
礼	价值268元的红酒1瓶/价值258元的修容套装1套/价值239元的红茶1盒

资料来源：根据微信公众号"美好盛年"相关信息整理。

9月18日，推出"梦里张家界艺术交流邀请赛"，收费2588元/人。10月，首次推出会员团购。10月下旬推出180元季卡，3个月早读课随便上。"双十一"推出11.11元的2节体验课卡。

通过4个月的运营，11月会员人数增长10倍，突破1000人；会籍收入突破30万元；天河校区实现正现金流。

12月初，推出音频节目——盛年广播站。定位是：讲述自己的人生故事，释放退休生活的精彩，圆山区孩子的读书梦。公众号只在12月4日推了2期节目，后面再未推过。

（四）2018年开启连锁化运营，四位一体产品模式形成

2018年4月广州越秀校区开业，标志着美好盛年开始启动连锁化运营。

5月，调整服务模式，明确为"课程＋活动＋舞台＋旅游"四位一体。同时，启动第三届盛年艺术节。8月，启动首届盛年好声音活动。

9月，新开洛溪、淘金、万国3个校区。11月，天河、白云再开2个校区，累计用户6000人，会员突破4000人。9月27日，上线"美好盛年优学"微信公众号，原公众号迁移至新公众号。

（五）上线云课堂和直播课程，单店单月实现盈利

2019年初，美好盛年与广州60多位有影响力的团长共同发起"艺术团大联盟"，收费300元/年/队。

2月，启动第四届盛年艺术节。3月，杨箕校区开业。5月，上线美好盛年云课堂。6月，昌岗校区开业。7月，上线电子化课程系统"盛年通"。8月3日，"美好盛年优学"微信公众号更名为"美好盛年"。9月26日，上线微信公众号"盛年秀"。

2020年1月28日，受新冠肺炎疫情影响，美好盛年启动直播课程免费报名。2月12日，正式上线直播课程。3月6日，"盛年秀"微信公众号更名为"盛年大学"，定位为美好盛年的直播平台。5月23日，推出盛年大学加盟联营计划。

截至目前，美好盛年在广州有11个校区（如表2所示）。在册老师126位，大多为省市老干部和专业院校的老师。线上"粉丝"数量25万人，注册用户8000人，常年上课学员2200人，平均年龄54岁，98%为女性。据创始人黄吉海介绍，目前课程、旅游、衍生商业的年总收入突破600万元，已实现单店单月盈利，单店月营收超过50万元，1人1节课的利润为5元[①]。

二、产品迭代历程

（一）产品模式迭代记录

美好盛年产品模式做了两次大的迭代（见表10），不难看出运营团队经过近两年的探索实践，对最初的产品设想进行了比较大的调整。市场是

[①]《专访美好盛年黄吉海：打造优质退休生活第一站》，每日财经网，2018年7月18日。

检验产品的唯一标准，创业之初的用户研究、用户调研所推导出的产品模型未必能真正满足用户需求，更准确地说是未必能抓住用户的痛点。2018年5月重新设计的四位一体的产品模式，是对用户需求的去伪存真，从而真正形成了用户"学—演—秀"的体验闭环和企业"获客—活跃—留存—变现"的商业闭环。

表10　美好盛年产品模式迭代记录

版本	时间	迭代记录
1.0	2016 年	"课堂+生活"全方位全程体验模式 一个顾问：7×24 小时私人健康顾问在线服务 三大中心：中老年大学、网上商城、健康管理中心 六大服务：中老年大学、盛年舞台、在线课堂、健康管理、美好商城、盛年旅游
2.0	2018 年 5 月	"课程+活动+舞台+旅游"四位一体

资料来源：根据微信公众号 "美好盛年" 相关信息整理。

（二）线下课程迭代记录

美好盛年线下课程的迭代过程（见表11）是产品模式迭代最直接的表现。最初设想的是三个学院，经过一年的实践，同时大幅减少健康课程，大幅增加模特课程。说明用户的痛点不在于通过美好盛年获取健康知识，而是服饰搭配。随着舞台活动的增多，公司触达的用户迅速增加，用户需求更加多样化。除了模特课程外，美好盛年陆续开设了唱歌、舞蹈、美妆、器乐等专业课程。

表11　美好盛年线下课程迭代记录

版本	时间	迭代记录
1.0	2016 年	设有三个学院：艺术学院、美丽学院、健康学院
2.0	2017 年 8 月	双师教学模式
3.0	2017 年 10 月	减少健康课程，大幅增加模特课程
4.0	2019 年 5 月	以艺术课程为主，开设了旗袍、歌、舞、美、乐、文、德 7 个专业37 门课程

资料来源：根据微信公众号 "美好盛年" 相关信息整理。

与此同时，为了保证教学质量和用户体验，美好盛年在运营大半年后启动了双师教学模式。

（三）线上课程迭代记录

美好盛年线上课程的迭代频次不高，在上线云课堂之前，都是最为简单的微信群语音课堂（见表12）。内容上一开始以健康养生为主，后面以艺术类为主，与线下课程的迭代保持同步。从微信公众号的信息来看，美好讲堂和名医微信讲堂一共推了3期，微课堂在2018年做了20多期。2019年5月上线的云课堂开设了5个专业12门课程。总体来看，线上课程的数量远远少于线下课程，说明线上课程并不是运营的重点。

表12 美好盛年线上课程迭代记录

版本	时间	迭代记录
1.0	2017年1月	美好讲堂 形式：微信群；内容：以健康、养生为主
1.1	2017年2月	名医微信讲堂 形式：微信群；内容：名医讲健康养生
1.2	2018年6月	微课堂 形式：微信群语音+图片；内容：艺术类、拍照
2.0	2019年5月	云课堂 形式：视频教学；内容：以艺术类为主
3.0	2020年2月	直播课程 形式：直播+录播+小视频；内容：舞蹈、声乐、旗袍走秀、化妆、书画、太极等

资料来源：根据微信公众号"美好盛年"相关信息整理。

然而，2020年初暴发的新冠肺炎疫情迫使线下课程全部停课，运营团队在2月及时上线了直播课程，一开始以免费的公益课程为主，之后上线了付费类直播大师课。

（四）舞台活动迭代记录

美好盛年舞台活动的迭代有三个特点：一是从少到多，2016年只有2个，2017年3个，2018年5个，2019年增加到10个（见表13）；二是覆盖的艺术类型逐步增多，最开始的艺术节只有旗袍、舞蹈节目，2017年增加了朗诵，2018年增加了合唱；三是时间安排更为合理，让学员在每个季度甚至每个月都能有验证学习成果的机会。从这三个特点可以看出，美好盛年团队运营活动的能力逐年提升。同时，自2018年5月产品模式迭代升级后，团队更加聚焦于打造"学—演—秀"体验闭环，而之前设计的健康课程和网上商城并不是体验闭环的必要内容。因此，舞台活动近两年的快速增加是新产品模式的体现。

版本	时间	迭代记录
表13　美好盛年舞台活动迭代记录		
1.0	2016年	盛年艺术节+迎新盛典
2.0	2017年	盛年艺术节（6~7月）+盛年广播站+迎新盛典
3.0	2018年	盛年艺术节（5~7月）+盛年好声音（8月）+金秋文艺汇演（10月）+海上丝路国际旗袍盛典（11~12月）+盛年盛典
4.0	2019年	盛年艺术节（2~5月）+盛年好声音合唱节（4~6月）+夏季盛年音乐会（5月）+海上丝路国际旗袍大赛（6~8月）+千人旗袍秀（7月）+校际文艺竞赛（8月）+金秋艺术大赛（9月）+春晚盛典（10月至次年1月）+海上丝路国际旗袍盛典（11~12月）+新丝路中老年旗袍模特大赛（12月至次年1月）

资料来源：根据微信公众号"美好盛年"相关信息整理。

（五）旅游产品迭代记录

从迭代记录（见表14）来看，美好盛年旅游产品的核心特点近3年半没有变化，但是目的地变化很大。境内共推出3条线路，没有重复；境外7条线路，重复的只有2条。从目前情况来看，境外游产品每次招募限额20人左右，已发团8个，累计出团应该不超过200人。美好盛年常年上课学员2200人，境外游产品转化率不到10%。这说明旅游产品经过几年的打磨，还未完全成熟。

表14　美好盛年旅游产品迭代记录		
时间	迭代记录	产品特点
2017 年	境内：不详 境外：1 条线路（澳洲）	表演、老师带队、摄影师随团跟拍
2018 年	境内：1 条线路（湖北） 境外：3 条线路（希腊、西欧、俄罗斯）	
2019 年	境内：1 条线路（新疆） 境外：3 条线路（希腊、加拿大、菲律宾）	
2020 年上半年	境内：1 条线路（广东巽寮湾） 境外：2 条线路（西欧、东欧）	

资料来源：根据微信公众号"美好盛年"相关信息整理。

（六）会籍迭代记录

美好盛年会籍大的迭代有两次（见表15）。2017 年的银卡会籍权益明显比 2019 年的月卡多，除了共同的课程、表演、旅游外，还有吃、喝两项。从表9的权益明细可以看出，在运营的最初阶段，团队试图用最实惠的利益去打动用户，把吃、喝两项权益放在了最前面。但是，在 2018 年产品模式迭代之后，团队还是把权益聚焦到了服务的最核心部分。这既是用户的选择，也是团队运营策略的不断优化升级。

表15　美好盛年会籍迭代记录		
版本	时间	迭代记录
1.0	2017 年 9 月	会员银卡：年费 300 元 权益：吃、喝、玩、乐、学、礼
2.0	2019 年	1. 年卡：年费 300 元 权益：18 节课 2. 月卡：99 元 权益：游、学、演、秀

资料来源：根据微信公众号"美好盛年"相关信息整理。

三、为什么有人给美好盛年买单

（一）老年教育市场供给严重不足

如前文所述，目前我国老年教育市场供给严重不足，未来市场潜力巨大。

（二）满足低龄老人的成长和归属需求

美好盛年创始人黄吉海认为，退休之后的人生需求是一个"倒"马斯洛金字塔（见图2）。他把从退休开始到百岁大概分为三个阶段：第一个是重返年轻阶段，此时刚刚退休，心里其实很难接受老了的现实，觉得自己还很年轻；第二个是健康长寿阶段，在这个阶段，对健康的需求更大；第三个是养老照护阶段。

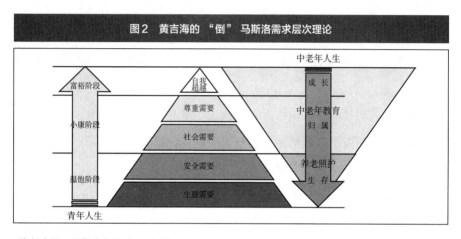

图2　黄吉海的"倒"马斯洛需求层次理论

资料来源：微信公众号"AgeClub"。

按照黄吉海的"倒"马斯洛需求层次理论，刚退休的人群已经在青年人生阶段爬到了金字塔的顶端，财富积累达到一定程度，家庭负担越来越轻，脱离职场束缚之后，开始追求自我。但是伴随而来的是，以往在职场所建立起来的社交关系以及积累的社交货币，随着离开工作岗位而几乎不复存在，这就是刚退休人群最为急迫的成长需求和归属需求。

针对这两个痛点，美好盛年的解决方案是，打造"课程＋活动＋舞台＋旅游"四位一体的产品模式，建立用户从学到展示表演的体验闭环。线下通过连锁的形式满足在地就学的需求，以艺术课程为核心内容，通过赛事活动搭建社交娱乐场景，让老人学有所成，实现退休后的自我超越和社交关系的重构。

四、美好盛年的产品运营模式

（一）"课程＋舞台"体验闭环

美好盛年四位一体的产品模式中，最为核心的是课程与舞台，这两者构建了用户参与学习的体验闭环。正如创始人黄吉海所说："传统老年大学的一个痛点，就是茶壶里煮饺子，有货煮不出来。很简单，我天天学，月月学，学完了以后呢？没地方展示。我学它干吗？我为什么要学十年？我就是告诉你，今天学的，明天就可以表演，立刻正向反馈回来。"

这种运营模式满足了用户需求，做出了老年教育的差异化，提升了用户体验，也就增强了产品黏性，提升了用户付费意愿。

（二）线下连锁标准化运营

美好盛年通过调研得出，老年教育的第一需求不是老师好，也不是课程好，而是离家近，所以他们采取了在地就学的连锁型方式。通过天河校区近两年的运营摸索，产品及商业闭环得到验证，团队形成了标准化的运营模型，于是在2018年上半年开始了复制扩张。

（三）双师教育和班委设置

与职业教育普遍应用的双师模式有所不同，美好盛年的双师教育主要涉及两个角色，一个是上课的专业老师，另一个是班主任。班主任是有一定基础的学员，相当于专业老师的助教。据创始人黄吉海介绍，班主任还承担了客服兼销售的职责，公司不设销售职位。可以看出，这种模式有两个好处：一是提高教学质量，让有一定基础的学员参与教学，能够帮助零基础学员快速提高；二是减少专职员工，大幅降低运营成本。

班委设置也有类似的运营目的。美好盛年通过设置班委（见表16），让学员参与到教务工作中来。其一，赋予学员参与感，调动其积极性；其二，赋予班长、学习委员这种新的职场身份，给予学员强烈的认同感，增强用户体验；其三，让老人管理老人，更有利于日常管理，降低沟通成本，提高运营效率，这一点非常重要。

班委	人数	职责	班委荣誉
班长	1	协助任课老师、班主任管理所在班级，维护课程期间的上课纪律，组织班级学员编排节目，组织表演，协助任课老师组织期末考试等	1. 在美好盛年，带领全班同学美好学习 2. 为班委提供专属的"影响力"积分和最新艺术培训课程，与美好盛年一起美好前行 3. 优秀班委有机会获得荣耀游学表彰
学习委员	1	协助班长工作，管理所在班级，协助班长积极组织所在班级的学员编排节目，负责联络工作，通知学员班级的最新通知、动态等	

表16　美好盛年班委设置规则

资料来源：根据微信公众号"美好盛年"相关资料整理。

（四）在线化

在移动互联时代，在线化是企业运营到一定阶段的必然选择。美好盛年一开始完全是线下，后面推出了微信公众号，但是这样的载体难以更好地沉淀用户、沉淀数据，随着规模做大也会降低运营效率。因此，美好盛年运营了近三年后，上线了云课堂和电子化课程系统"盛年通"。创始人黄吉海的目标是实现"四化"建设：用户在线化、员工在线化、服务在线化、产品在线化。

（五）异业合作，资源整合

美好盛年的团队和资本都有限，要跑通商业模式，必须进行多方位的资源整合才能弥补短板、降低成本、完成产品开发。从现有四位一体的产品模式来看，美好盛年整合的核心资源包括师资、教学场地、旅行社、线上商城平台或商家等。

其中，对教学场地的整合，美好盛年采取了与教育综合体合作的模式。美好盛年不用承担租金和装修成本，将当期课程收入的一定比例分配给教育综合体。

五、美好盛年的会员发展之路

美好盛年用了三年半的时间将门店扩张到 11 个，线上"粉丝"数量 25 万人，注册用户突破 8000 人，主要采取了社交裂变、赛事拓新、节日促销等方法。

（一）社交裂变

"老带新"是美好盛年发展之初拓展会员的主要手段。据美好盛年官宣，截至 2017 年 5 月 3 日，美好盛年大学 85.6% 的会员是通过朋友的推荐或分享加入的。美好盛年采用的政策有"老带新"送课程、转发朋友圈免费上课、设置推广大使等（见表 17）。

表 17　美好盛年社交裂变政策	
方式	**政策**
"老带新"送课程	介绍 1 名新人入会，老会员获赠 1 节课；介绍 2 人，得 2 节课；介绍 3 人，得 3 节课；新学员得 1 节课
转发朋友圈免费上课	转发海报图片到朋友圈，截图发给客服，即可免费上课
设置推广大使	进入公众号挑选感兴趣的任务进行推广；只要有人长按图片，推广大使就有积分；积分可以兑换课程、充电宝、旅游卡等礼品

资料来源：根据微信公众号"美好盛年"相关信息整理。

（二）赛事拓新

美好盛年通过举办或承办大型赛事的方法，触达银发人群中最为活跃的艺术团体，借助他们进行产品及会员拓展。从 2016 年第一届盛年艺术节开始，每年组织的赛事成倍增加。2017 年第二届盛年艺术节有 240 支艺术团体参与，4 届艺术节累计有 2.5 万人次参与。美好盛年的赛制规则一般是线下线上相结合，线下采取"海选＋初赛＋决赛"的方式，便于拉长传播周期；线上采取网络投票的方式，进行社交裂变。

（三）节日促销

美好盛年结合传统节日、网络节日以及开业、获奖等特殊时刻，通过产品大促拓展新的会员（见表18）。

表18　美好盛年节日促销政策	
方式	**政策**
新春新人新福利	3节课原价150元，现20元，限量99份
"618"课程巨惠	新人体验仅需6.18元/节，仅限前100人
"双十一"抢课	2节体验课原价120元，抢购价11.11元
年终巨惠买5送1	买5期课程送1期课程
年中感恩买4送1	买4期课程送1期课程
庆祝开业1元1周	支付1元即可上1周课

资料来源：根据微信公众号"美好盛年"相关信息整理。

（四）美好大使评选

为了筛选出最具影响力的意见领袖，美好盛年通过打榜的方式，每季度通过影响力排行榜（分享积分打榜）进行美好大使评选，召开美好大使代表大会予以表彰，并奖励周边2日游。

（五）设立艺术团大联盟

2019年初，美好盛年联合60多位艺术团团长设立"艺术团大联盟"，推出了300元/年/队的"3免3共"服务。"3免"：优质场地免费使用，专业老师免费指导，超级舞台免费表演；"3共"：共享赛事信息，共有摄影师资源，共同沟通交流。通过近一个月的限时免费活动，招募到一定数量的艺术团大联盟成员。

六、美好盛年的变现之路

目前，美好盛年的商业变现主要体现在6个方向：课时费用、会籍年费/月费、旅游、活动收费、课程衍生品、电商。课时费用是主要收入来源。据创始人黄吉海介绍，每门课一年的价格是2000多元，平均每个人一年消费课程4000多元，连带消费大概是1∶1。换句话说，平均每个人每年花费7000多元，相当于学员一个月的退休金。

具体来看，课时费用和会籍费是美好盛年最早的变现方法，通过一年多的运营，在2017年11月实现了第一个校区的正现金流，完成了单一核心产品的商业闭环，为进一步丰富变现路径打下了基础。

围绕用户兴趣学习的延展，舞台展示必然是商业开发的落脚点。提供增加社交货币的赛事活动和有舞台展示特色的旅游产品，解决了用户验证学习成果、获得别人认同的需求痛点。美好盛年顺势而为，既实现了用户兴趣教育的体验闭环，又找到了商业变现的第二路径。

课程衍生品及电商是美好盛年商业变现的长远布局。目前，在微信公众号"美好盛年"中的会员以及云课堂专区都有相关商品售卖。课程衍生品主要是服装、鞋、器乐用具等，品类相对单一。除此之外，其他商品品类主要是枕头、床垫、杯子等，品类也很少。

第三节　美好盛年的发展给我们的启示

一、做得好的地方

（一）用户痛点抓得准，做出了与传统老年大学的差异化

创始人黄吉海认为，中老年教育本质不是教育，核心是社交娱乐。正是基于对老年教育需求的深刻洞察，美好盛年的教学"不仅仅是上课那么简单"，"课程＋舞台"体验闭环的构建，让盛年大学与传统老年大学区别开来，让学员不仅老有所学，还能学有所获，大大提升了学员的自我价值感。用户价值获得提升，付费意愿就能提高，产品就能溢价，美好盛年的课时费

用就能远远高于传统老年大学的费用。

（二）采取超级用户模式，快速实现正现金流

创始人黄吉海从一开始就放弃了流量模式，专注于超级用户的筛选和拓展。据他本人介绍，美好盛年最早是从3个用户做起来的，从3个超级用户做到100个超级用户，花了13个月时间。显然，这是一个漫长、煎熬的过程，但是数量很少的超级用户让美好盛年快速尝到了甜头。因为在此之后，从100个超级用户拓展到1000个，只花了4个月时间，也让第一个校区实现了正现金流。整体来看，美好盛年用了17个月实现了商业闭环并产生正现金流，其变现速度之快在老年文娱产业内是少有的。传统零售是经营商品，新零售是经营用户。对美好盛年而言，拥有大量超级用户相当于拥有"现金牛"，企业提供的服务精准地落到超级"粉丝"身上，同时也能快速得到相应的回报。

（三）用户自治的双师模式，让线下运营变得很轻

美好盛年通过双师教育模式和班委设置，让学员参与到教务工作中，既增强了用户的参与感，又大幅减轻了教务负担。不然，只有9个员工的团队如何管理得了11个校区、近百门课程，同时还负责一年四季的大型赛事，还要负责商业转化。用户自治是老年文娱产业运营的巧办法，一举几得。最重要的是，让线下运营变得很轻，大幅降低人工成本，这样才能让创业团队快速盈利。

（四）整合教学场地资源，大幅降低运营成本

线下教育最大的一个成本就是场地租金。场地小了，不能摊薄师资成本；场地大了，租金自然不低，更何况是在广州这样的一线城市的核心城区。还有影响用户体验的场地装修，前期的一次性投入也不是一项小成本。因此，唯有通过异业合作，整合优质闲置场地，或者资源互换，才能大幅降低场地成本。这一点对于老年教育连锁化商业运营至关重要。美好盛年正是通过与教育综合体合作的模式才能在2018～2019年快速扩张到11个校区。

（五）单店实现正现金流再复制扩张

对于以线下运营为主的美好盛年，其商业模式不是以流量为核心的，因此，必须先解决活下来的问题。如果单凭几百上千的会员量去融资，没有人会感兴趣。创始人黄吉海是经营连锁酒店出身，深知做出第一个正现金流模型，才是连锁化运营的起点。因此，美好盛年花了一年多的时间打磨产品、开拓渠道、探索变现、规范运营，实现了第一个校区的正现金流。有了这个基础，才有了复制扩张的底气。

（六）不断试错，小步快走

从前述产品迭代记录不难看出，美好盛年每年都在尝试很多新想法、新产品，无论是课程、活动，还是旅游、会籍。比如，名医微信讲堂做了3期就没再做了，线下课程做了不到一年就开始减少健康类课程，盛年广播站做了2期也没做了，旅游线路固定的几乎很少，面对新冠肺炎疫情冲击马上上线直播课程。这说明团队的市场应对能力很强，不断根据用户的反馈调整产品思路，直到打磨出用户满意的产品。这种不断试错、小步快走的运营策略很锻炼团队，也会在这一过程中不断提升用户的体验感，获得口碑。

二、存在的问题与挑战

（一）微信公众号的使用路径较为混乱

2019年5月上线云课堂，只是简单地更新了微信公众号底部菜单，未对用户使用路径做出规划。目前，课程、商城、个人中心都存在多个入口，且点击进去后的链接路径也不统一，出现完全不同的页面。点击云课堂进去的页面有2个菜单"首页"和"我要报名"，但是点击"首页"，没有二级页面；点击"我要报名"，进入"美好盛年抢课平台"页面，该页面下端有4个菜单——"盛年课堂""快速选课""购物车""个人中心"，而点击"盛年课堂"，又进入"美好盛年"页面，该页面下端有5个菜单——"美好盛年""所有课程""在线客服""严选好物""个人中心"。可以想象，一个新用户想找见"严选好物"几乎是不可能的。用户使用路径不清晰，势必影响用户体验以及商业转化。

（二）连锁扩张未达预期，速度偏慢

创始人黄吉海在 2018 年底提出 2019 年新开 15～20 个校区，而实际上 2019 年只新增了 5 个，离预期有相当大差距。与樊登年轮学堂半年拓展 60 个城市相比，速度明显偏慢。教育连锁化运营有 7 个核心因素：一是产品标准化；二是服务标准化；三是培训标准化；四是场地选址标准化；五是资源整合能力跟得上；六是运营团队储备到位；七是师资储备到位。只有这 7 个方面都到位且财务测算符合预期，才能实现快速复制扩张。美好盛年未达到预期，肯定是在哪些方面准备不够充分。

（三）项目运营过于依赖线下，制约会员发展速度

从美好盛年 3 年多的发展路径来看，团队一直侧重于线下课程与赛事活动运营，线上投入精力很有限。这就导致了一个结果，会员增长速度偏慢（见表19）。创始人黄吉海所说的课程在线化更多的是选课在线化，并于 2019 年 7 月上线了电子化课程系统"盛年通"。这就导致基于物理网点的校区和依赖师资队伍数量的线下课程是有运营天花板的。即使有很多新学员想加入，受制于线下瓶颈，也难以实现。这是美好盛年未来一定要突破的地方。

表19 美好盛年会员人数统计

时间	会员人数（人）
2016 年下半年	0
2017 年 7 月	100
2017 年 11 月	1000
2018 年 9 月	4000
2019 年 12 月	8000

资料来源：根据微信公众号"AgeClub"、微信公众号"美好盛年"相关资料整理。

（四）缺乏 IP 内容

无论是课程还是舞台活动，美好盛年目前都缺乏大 IP。艺术类课程没有特别知名的大咖参与制作，大型赛事较为知名的新丝路模特大赛和海上丝路旗袍大赛都是合作机构的 IP。美好盛年自己打造的艺术节、好声音等，虽然举办了好几届，但并不具有 IP 的核心元素。整个项目已经运营了近 4 年，课程和赛事产品有必要做大的升级迭代。作为一个老年文娱机构，只有以内容为王，打造出自身的爆款产品，才有利于建立核心竞争力，增强产品对用户的吸引力。

（五）旅游产品模式亟须调整

美好盛年旅游产品连续做了近 4 年，但是整体出团人数与会员数以及线上"粉丝"数相比，转化率偏低。作为美好盛年四位一体产品模式的一环，旅游产品的好坏肯定会影响用户对整体产品的认知。从现有旅游产品的数量、推出的频次、单团规模、固定线路数量等方面来看，美好盛年的旅游产品模式还没有完全跑通。现有旅游产品老师带队、随团跟拍、提供演出机会的特色，与市场上很多产品类似，并无明显差异化、增加用户价值的地方。因此，旅游产品模式亟须调整，才会对公司有更大的商业贡献。

（六）电商能否做大

美好盛年从成立之初就规划了网上商城，但真正落地是在 2019 年上线了云课堂之后。团队规划了"严选好物"的商城模式，与典型的电商平台模式没有多大差别。在产品品类上，目前一共只有 14 个 SKU，主要是枕头类商品，有 4 个，除此之外，杯子有 3 个、鞋服有 3 个、化妆品有 2 个、床垫有 1 个、智能音响麦 1 个。不难看出，商品品类很单一，数量也很少，也非常见的老人必需品或养生类产品。即使在销售模式上美好盛年可以借助超级用户做社交电商，若商品本身缺乏吸引力，也是难以将销售额做大的。并且前已述及，"严选好物"的入口由于微信公众号的使用路径规划问题，几乎难以找到，这也会影响到老用户的复购和新用户的体验。

三、可以学习借鉴的地方

既然前面说到了美好盛年的发家之路，也简单陈述了可能存在的问题，那作为后来者有哪些点可以借鉴呢？

（一）产品与渠道要匹配才能促进转化

美好盛年2017年6～7月第二届艺术节网络投票数超过7万张，线下参赛队伍81支，为什么7月会员人数才突破100人？四届艺术节累计有2.5万人次参与，为什么境外游累计出团不超过200人？我们不禁要问，美好盛年的课程用户、赛事用户、旅游产品用户是同一拨人吗？

事实上，第二届盛年艺术节36支决赛参赛队伍中，只有3支来自盛年大学，也就是课程用户。这意味着绝大多数参赛队伍不是课程用户。我们知道，美好盛年的会员权益主要与课程相关。与此同时，与盛年艺术节类似的赛事市场上很多，参赛队伍未必非要参加美好盛年的。因此，非课程用户的参赛队伍转化为会员的可能性很小。

还有一个事实是，很多老年艺术团体已经具备了一定的专业水准，不需要一般性的课程类产品。但是，基于这些事实，美好盛年依然花了很多精力在组织赛事活动，拓展艺术团体渠道，更是在2019年初发起设立"艺术团大联盟"。数据告诉我们，赛事用户有可能提升知名度，但是对课程和旅游产品的价值转化贡献可能微乎其微。这告诉我们，什么样的产品应该匹配什么样的渠道，如果渠道与产品不匹配，则事倍功半。

（二）在不同发展阶段，团队结构需要与之匹配

前文分析了美好盛年存在的问题与挑战，既有产品端的，也有技术端的，而且很多问题迫在眉睫。背后的深层次原因在于团队结构以及相应的团队能力是否跟上了企业业务发展。任何优秀的企业，在不同的发

展阶段，都需要与之匹配的组织能力。有些能力是可以培训出来的，也是可以锻炼出来的，但是有些天然就缺失的能力只能依靠外部引入。至于什么时间引入，考验创始人的战略布局能力和人才规划的远见卓识。

第九章　老年演出平台案例：社区天天乐

龚先念

龚先念，博士，中国建投投资研究院研究员

核心观点

● 简单总结社区天天乐的产品运营模式，就是以社区舞台为核心，以社区艺术团为种子用户，以社区舞台表演为场景，通过社交裂变的方式，快速聚拢用户，形成线下头部流量；同时，通过官网和微信小程序的社交互动功能做用户的首次沉淀；之后，通过社交产品重构社区社交关系的功能，对线下用户流量进行二次沉淀；进一步，建立用户与商品的链接。

● 社区天天乐做得好的地方：①核心用户抓得准；②抓住了最为活跃的老年群体；③构建社区广场文化场景；④自身定位清晰，充分整合资源，实现最轻化运营；⑤公益名义，政府支持；⑥先做量后变现的发展节奏；⑦实施标准化建设，构建核心竞争力。

● 存在的问题与挑战：①沉淀用户的场景选择或许需要调整；②流量变现的转化方向值得商榷；③IP内容相对匮乏；④品牌不统一，影响用户认知和市场推广；⑤线上端口没有打通；⑥自媒体维护需要加强。

● 社区天天乐给予产业运营者的启示：①创始人对于商业机会的判断；②产品、用户、渠道之间要相互匹配；③企业发展要把握好节奏。

社区是很多养老产业参与者以及消费品公司非常关注的渠道，这个渠道离消费者最近，是一个具有高频需求的生活场景，近些年陆续出现了养老驿站、日间照料中心、社区服务平台（比如国安社区）等模式。本章案例研究聚焦于一个起步于新二线城市的社区文化新模式——社区天天乐。这个项目在近两年已经快速覆盖江苏所有 13 个地级市近 7000 个社区，影响 5000 余万个社区用户。它快速成长的秘诀是什么？本章还原了社区天天乐 7 年的创业历程，剖析其产品模式、运营模式，以及关键成功因素。

第一节　社区天天乐是什么

一、企业背景

据公开信息报道，社区天天乐是由常州市委宣传部、市文广新局、市文联主办，一开始由红火网承办，之后由常州市社区天天乐文化惠民服务中心承办、常州爱众文化发展有限公司对接服务的群众文化活动。政府每年出资 300 万元购买服务。

社区天天乐活动启动于 2013 年。常州市社区天天乐文化惠民服务中心设立于 2016 年，属于民办非企业单位，主任是赵倩（工商登记用名赵勇霞），法人代表许建荣（常州市舞蹈家协会主席、市文化管理艺术中心主任）。常州爱众文化发展有限公司（简称"爱众文化"）设立于 2011 年（公司原名称是常州爱众网络科技有限公司，2017 年更名），法定代表人和实际控制人是赵勇霞（见表 1）。赵勇霞也是红火网的创始人之一兼总经理。据百度百科介绍，红火网是常州天仁文化传媒有限公司创办的一家本地生活服务类网站。网站以家庭为核心导向，致力于提升家庭生活品质，提供家庭消费决策参考，是常州第一个专注于家庭经营建设的网络平台。

表1　常州爱众文化发展有限公司股权结构		
股东	持股比例（％）	备注
赵勇霞	40.5	—
常州爱众管理咨询有限公司	37.5	赵勇霞是该公司的大股东 兼法定代表人，持股39.87%
周仁杰	9	—
同程长基投资有限公司	5	—
苏州启程金禾创业投资合伙企业	5	—
苏州德晟鸿兴投资合伙企业	3	—

资料来源：企查查。

二、产品介绍

（一）产品名称

线下产品：社区文艺演出活动——文明社区天天乐。

线上产品：①社交产品为微信小程序九悦天天乐；②社区电商产品为微信小程序社区时光 e 站、社区时光 e 站＋。

（二）产品定位

爱众文化定位于社区新型生活方式领导者。

文明社区天天乐：群众文化平台。

微信小程序九悦天天乐：引领 5G 时代下退休生活方式的社交平台；退休者娱乐与文化服务商。

微信小程序社区时光 e 站、社区时光 e 站＋：社群电商。

（三）产品使命

让社区生活更美好。

（四）产品口号

文明社区天天乐：社区天天乐，健康又文明。

九悦天天乐：九悦天天乐，退休不寂寞。

社区时光 e 站、社区时光 e 站＋：时光悠悠，愿好物伴你久久。

（五）价值观

结果导向、客户为先、激情超越、学习创新、正直诚信、团队合作。

（六）产品概述

（1）社区天天乐：一个社区文艺演出服务平台，通过组织各类文化活动进入社区，满足社区老百姓的精神消费需求，同时定期对演出需求、群众满意度、团队巡演次数等进行统计和分析。

（2）九悦天天乐：为退休者提供兴趣圈，提供时尚展示、教与学、文娱交流等品质服务。

（3）社区时光 e 站：针对具体社区范围内的用户，进行有针对性、有特点的商品推荐，为用户提供一种更为便捷的社区在线销售方式，不用出门即可买到想要的货品，并且快递送货上门，具有快速、高效、低成本等特点。

（七）产品内容

1. 文明社区天天乐

活动时间：每年 4 月初到 11 月初开展。每周活动次数不少于 3 场，每次 30～45 分钟。活动时间以下午和晚间为主。

活动地点：社区广场。

活动形式：活动主要是各类器乐演奏、戏剧表演、歌曲演唱、道德故事说讲、健身舞、扇子操、秧歌舞等具有观赏性的文体活动。活动形式要体现时代性、多样性、参与性和群众性。

活动流程分为以下三个阶段。

第一阶段：社区总动员。每年 4 月至 5 月底，全市社区同时开展"社区天天乐"活动，同步启动社区天天乐星光大道的宣传和报名工作。

第二阶段：星光大道。社区天天乐星光大道，是将社区天天乐中优质的节目推送出来，打造百姓自己的舞台，只要有才艺就可以报名参加，按照节目的受欢迎程度，评比出优秀节目，给予一定奖励。最终优胜的节目，将会汇聚到龙城春晚的大舞台上，为全市人民展示才艺，送上新年祝福。

第三阶段：龙城春晚。星光大道的优秀节目将在常州本土化的春晚——龙城春晚进行表演。

2. 微信小程序"九悦天天乐"

九悦天天乐主要包含两部分内容，一是兴趣圈，二是九悦学院。兴趣圈主要是帮助退休人员构建围绕兴趣的线上社交关系，提供的核心功能有：创建圈子，加入圈子，发布动态，关注、点赞、评论、分享动态等社交互动，签约艺术团认证等。

九悦学院是社区天天乐的线上老年大学，将百名来自全国各领域的专家教授、艺术名师主讲的精品课程拍摄制作成最适合中老年人群学习观看的网络音视频课程。课程内容主要包括精品课程和时尚蜕变课。精品课程涉及声乐、乐器、书法、绘画、摄影、太极拳、舞蹈、瑜伽、英语、医疗、健康、法律等 16 个板块，音视频时长超过 100 万分钟。时尚蜕变课包括美妆与护肤、色彩与服装搭配、丝巾搭配与收纳、模特走秀四大板块。

3. 社区时光 e 站（+）

爱众文化在 2019 年先后上线了两个电商产品，社区时光 e 站以食品为主，相对综合，包括 8 个商品品类，132 个 SKU（见表 2）；社区时光 e 站+专卖蔬菜，只有一个商品品类，6 个 SKU（见表 3）。

表2　微信小程序 "社区时光 e 站" 商品清单		
品类	细类	SKU（个）
家用清洁	洗衣液、面巾纸、婴儿洗衣皂、卷纸等	18
家禽鲜肉	土鸡蛋、海鸭蛋、牛排、黑猪肉、大闸蟹等	9
新鲜果蔬	苹果、梨、猕猴桃、柚子、石榴、火龙果等	12
时尚穿搭	老人鞋、丝巾	13
休闲食品	饼干、坚果	5
个人洗护	洗发露、护肤霜、除臭剂	8

续表

品类	细类	SKU（个）
米油调味	食用油、大米、酱油、醋、蚝油、料酒	34
家用电器	电饭煲、破壁机、电磁炉、微波炉、烤箱、吸尘器、扫地机器人等	33

资料来源：微信小程序"社区时光 e 站"，统计时间为 2020 年 3 月 9 日。

表3　微信小程序"社区时光 e 站 +" 商品清单		
品类	细类	SKU（个）
蔬菜	多种蔬菜组合套餐、排骨玉米蔬菜餐	6

资料来源：微信小程序"社区时光 e 站 +"，统计时间为 2020 年 3 月 9 日。

（八）产品售价

社区天天乐活动是政府文化惠民服务，对参与的社团和个人是免费的。

九悦天天乐推出的九悦学院线上课程，年费 365 元。2019 年 10 月，"九悦天天乐"微信公众号上线后，推出了 99 乐粉会员产品，售价 99 元，会员权益主要有：12 主题① 138 门线上课程，2 次线下活动，1 次年度盛典，以及惊喜神秘之礼。

第二节　社区天天乐是怎么发展起来的

一、发展历程

（一）官方惠民公益活动起步，实现商业闭环

2013 年 4 月 12 日，常州市官方正式启动"社区天天乐"群众文化活

---

① 12 个主题课程具体如下：时尚蜕变课、运动原理课、声乐表演课、书法绘画课、摄影制作课、茶艺花艺课、读诗写作课、旗袍艺术课、九悦旅游课、朗诵阅读课、美食时尚课、运动达人课。

动。据《常州日报》报道，该活动是已经连续举办4年的"幸福广场周周演"活动的升级版。据时任市委宣传部部长介绍，连续4年的"幸福广场周周演"，已经形成了覆盖全市的文化服务网络，培养了数万人的群众文化骨干队伍。

"社区天天乐"群众文化活动由常州市委宣传部、市民政局、市财政局、市文广新局联合主办，红火网承办。政府对承办方予以财政支持，每场活动给予300元补助。赵勇霞是红火网的创始人之一兼总经理。据赵勇霞介绍，当初受常州市委领导的邀请，她承办起这个新兴的项目。

2013年，市委宣传部制定的"社区天天乐"群众文化活动目标是，在全市62个社区试点，从启动仪式当天至11月初，每周各社区至少开展3场活动。6月，又将活动形式升级为"社区星光大道"赛事，将周冠军、月冠军、总冠军的评选与龙城春晚结合起来。

为了确保实现年度目标，市委宣传部明确将"社区天天乐"群众文化活动的工作纳入相关部门全年工作考核。首先，明确职责分工：各辖市区委宣传部门负责联络沟通、活动督查考核以及宣传报道；民政部门负责将"社区天天乐"活动纳入全市和谐社会工作考核体系；各辖市区街道、各社区负责"社区天天乐"活动的日常工作和台账资料的收集汇总工作，确保活动正常开展；文化部门负责文化单位、文化演艺资料等方面的协调、统筹；市文化馆负责各辖市区文化馆资源的统一调配、提升；各辖市区文化馆做好社区文艺团队的辅导和节目配送工作，不断提高社区文艺团队的编排演出水平。其次，建立合理的考核体系。从文化事业专项经费中划出200万元，以考核结果为依据，对社区实行"以奖代补"，重点奖励优秀组织单位、优秀社区、优秀文化团队、优秀联络员。

2013年8月，市委常委、宣传部部长徐缨就如何深化"社区天天乐"提出了"三三五五"工作法。具体而言，"三有"：月月有主题、周周有计划、天天有活动；"三联"：大型小型活动联动、街道社区文化馆联动、线上线下联动；"五群众"：群众事、群众演、群众看、群众评、群众乐；

"五个一"：一句主题语、一首主题歌、一支健康舞、一台舞台秀、一次有奖竞答。

作为承办方，红火网成立文明社区天天乐专项运营小组，在每个社区配备一个专职联络员。整合社会资源，借助专业文化演艺公司，对涌现出的优秀节目和演员进行包装、宣传、打磨和推介；依托专业创意团队打造标准化舞台、统一 LOGO、设计独特新颖的文化衫等。同时，为了解决用户信任问题，赵勇霞建立文明社区天天乐官方网站，同时开发了手机 App，为每一个示范社区配备了智能手机，用于活动台账上传。通过官方网站和微博，可实时接受市民报名，发布演出信息，更新演出视频，市民也可在线观看节目、进行点评。

受益于"幸福广场周周演"的群众基础，"社区天天乐"活动启动 4 个月，已在 62 个示范社区连续演出 1291 场，各类基层演出近 9000 场，受益群众超过百万人。试点社区申报节目量已突破 15000 个，群文团队超过 3000 支，上场参演的市民接近 5 万人次。

有了庞大的线下用户流量，承办方红火网创始人之一赵倩开始尝试流量变现。她认为，文明社区天天乐活动能够深入基层老百姓的生活，这也是很多企业希望下沉的业务范围，因此她开始联系以往合作过的企业。第一个联系的是中国银行常州分行。该行当时正在创建一个"中银进社区"的品牌，与文明社区天天乐活动有着很高的契合度。最终，该行赞助文明社区天天乐星光大道比赛的所有费用。此次合作成功，意味着以社区活动作为流量入口、通过广告变现的商业模式初步形成。在此之后，先后有 10 余家企业签订赞助意向协议，30 余家艺术教育机构签订合作意向协议。

截至 2013 年底，社区天天乐活动在常州市 63 个示范社区演出达 4227 场，群众文艺团队 5000 多支，上场参演群众达到 10 万人次，惠及市民 200 万人次。

2014 年，社区天天乐活动覆盖 85 个社区。2015 年，覆盖常州市 6 个辖市区、101 个示范社区，55 支文艺演出团队，共演出 8793 场，惠及市民

230 万人次。

（二）市场化运作模式转变，活动运营实现标准化

2016 年 4 月 15 日，由常州市民政局登记的民办非企业单位——常州市社区天天乐文化惠民服务中心（简称"惠民中心"）正式设立，法人代表许建荣，赵倩任主任。当天，2016 年度社区天天乐活动正式启动。

市政府明确 2016 年是文明社区天天乐的转型、创新、升级之年，逐步实现从"政府推动"到"市场化运作"模式转变。据时任常州市委宣传部副部长朱明辉介绍，文明社区天天乐将从采用政府购买模式、强化团队主体作用、设立固定文化广场、实行社区申报制 4 个方面，转变运行模式、创新开展方式、完善组织机制，不断提升社区天天乐文艺演出的质量和效能。

具体政策是，在政府购买服务方面，各辖市区建立区级社区天天乐文化惠民服务中心，由常州市社区天天乐文化惠民服务中心优化整合全市群众文艺资源，组建 100 支群众文艺核心团队，开展好社区天天乐活动。常州市委宣传部和市财政局出资 300 万元，购买惠民中心的"惠民演出"服务，每年演出 5000 场。同时，由数个区委宣传部及市财政局、市文广新局、市文联共同建立惠民中心监事会，对组织协调、资金使用和活动绩效进行全面监督和定期督查。各辖市区分设单独账户，专款专用，便于监督。

在强化团队主体作用方面，在社区天天乐活动 3 年来发展出来的近千支文艺表演团队中，选拔出 100 支团队成为核心团队。核心团队的标准是具有一套相对完整的组织制度、相对固定的排练场地、一定数量的节目储备和独立演出 1 台以上 45~60 分钟综合文艺节目的能力。惠民中心统筹文艺团队的演出内容和社区实际需求，对核心团队进行统一调配，进行跨社区、跨街道、跨辖区的优秀节目巡演，逐步形成巡演机制，增强演出新鲜度和观赏性，提升演出品质，实现全市范围内有关社区天天乐活动的交流互动。同时，进一步激发团队的活力和动力。设立社区天天乐文艺团队培训基地，举办群众文化辅导班、专题讲座沙龙、主持人培训班、团队长座谈会等各项活动，不断提升文艺团队的专业知识、艺术修养和整体水平。

在设立固定文化广场方面，在全市范围内优选 10 个基础设施条件好、交通便利、居民聚集度高的固定文化广场，实现固定文化广场天天演、天天乐。

在实行社区自主申报制方面，天天乐活动将不再局限于之前的 101 个示范社区，只要社区居民有需求，社区场地满足要求，社区就可以自主申报。对演出有需求的社区，将本年所需要的演出场次、时间、主题自主上报给惠民中心。惠民中心将以半个月为周期，提前公布下阶段全市文艺演出的排期表。

截至 2016 年底，惠民中心整合成立 100 支核心群文艺术团，覆盖全市420 个社区，巡演 1.2 万场，参演群众超过 15 万人次，观众达 250 万人次。

通过几年的摸索，活动运营模式趋于成熟。据创始人赵倩介绍，每年承办 1 万多场活动，最重要的是核心群文艺术团的建立。这些艺术团在社区里面形成了一个 KOL 艺术团，他们不仅参与表演，更重要的是承担了一台晚会的组织活动，有组织大家去进行表演的人，也有发动大家去观赏表演的人，有拍摄的人，还有引领者⋯⋯

2017 年，市政府提出活动运营开始向"平台型运作、大数据管理、订单式配送"升级。4 月 26 日，爱众文化上线微信公众号"文明社区天天乐"。

4 月 28 日，惠民中心举行揭牌仪式，市文联、市四大专业文艺院团、市文化馆、常州大剧院等与惠民中心签订战略合作协议。惠民中心整合搭建起数据平台，各文艺团队和个人可以通过网络申请演出、进行互动。截至 2017 年底，社区天天乐活动覆盖全市 595 个社区，巡演 12336 场。数据平台累计登记用户 21 万名，审核通过的艺术团达 243 支，核心节目近2000 个。数据平台的搭建完成，意味着活动运营的标准化基本实现，为平台的复制扩张打好了基础。

（三）线下高速复制扩张，线上快速布局

2018年，爱众文化走出常州，将总部设立在苏州，开始了江苏区域拓城计划，当年覆盖南京、苏州、无锡三城。

2018年9月3日，爱众文化获得同程众创天使轮投资600万元人民币。

10月25日，爱众文化上线微信小程序"社区天天乐"。

12月14日，爱众文化上线社交产品——微信小程序"常青营"。2019年1月7日更名为"时光营"，1月19日再次更名为"时光银"。7月15日，小程序做了迁移，原开发者常州爱众文化发展有限公司由新开发者苏州昕云互通网络科技有限公司（实际控制人为赵勇霞）承接。9月23日，小程序更名为"九悦天天乐"。

截至2018年底，文明社区天天乐活动覆盖四城764个社区，核心艺术团达365支，演出12000多场，参演群众超过24万人次，现场观众达390万人次。

2019年3月18日，常州爱众文化总部进驻苏州。

3月28日，爱众文化上线以食品为主的电商产品——微信小程序"时光一站"。4月30日，更名为"社区时光e站"。

6月17日，爱众文化上线微信小程序"社区乐天天"。10月12日，上线微信公众号"九悦天天乐"，由苏州昕云互通网络科技有限公司注册。11月11日，爱众文化上线以百货为主的电商产品——微信小程序"社区时光e站+"。

同日，社区天天乐活动标准化体系纳入2019年度江苏省第二批标准化试点项目计划，标志着社区天天乐线下活动运营标准化已经成熟。

截至2019年底，爱众文化覆盖江苏全省13个城市。全年开展13000场社区广场活动，社区文化表演团队1468支，艺术节目41264个，覆盖全省6597个社区，影响5000余万人口。

据爱众文化官网介绍，2020年计划覆盖江苏、安徽、浙江、上海4个省市50个城市，2021年计划覆盖全国180个城市。

二、产品迭代历程

（一）线下产品迭代记录

文明社区天天乐活动1.0版本是在"幸福广场周周演"活动基础上的升级，将单一的社区广场表演丰富为"社区广场天天乐＋社区星光大道＋龙城春晚"（见表4），增加了赛事和更高规格的展示舞台。

版本	时间	迭代记录
		表4　社区天天乐活动迭代记录
1.0	2013年	"幸福广场周周演"活动升级版：社区广场天天乐＋社区星光大道＋龙城春晚
2.0	2016年	创新活动形式：百姓星光大道＋优秀团队巡演＋文化广场天天乐＋精品节目展演＋龙城春晚
3.0	2017年以前	硬件设施标准化
4.0	2017年	实行数据化管理；丰富活动内容："运河之星"全民K歌大赛、少儿才艺大赛、小品情景剧大赛、主持人大赛、广场舞大赛
5.0	2017年以后	智能中控系统和AI监播系统
6.0	2019年	运营标准化体系——运营336管理体系和管理标准化体系（江苏省标准化试点项目）

资料来源：根据网络相关信息整理。

2016年，活动形式进一步丰富，增加了优秀团队巡演和精品节目展演，活动地点为固定文化广场和社区广场相结合，在10个固定文化广场实现了天天演，这样就大幅增加了演出频次，也为社团用户提供了更多的表演展示机会。

与此同时，为了不断提升产品的体验感和商业价值，运营团队先后进行硬件升级、实行初步数据化管理、开发智能中控系统和AI监播系统、建立运营标准化体系。

LED屏幕、智能舞台灯光、高级定制座椅、大型音响等舞台基础设施的升级应用，改变了传统的社区舞台场景，能让观众感受到更加舒适、高级的视听效果，在提升活动品质的同时也吸引更多用户参与。

2017 年开始整合搭建数据平台，在社区天天乐官网上增加晒图互动、艺术风采、近期活动安排等板块，各文艺团队和个人可以通过网络申请演出并进行互动。

之后，运营团队开始中控设备的研发，主要包括智能中控系统和 AI 监播系统。这两个系统的主要作用在于以下四方面。一是便于对演出过程的监控，能让整个演出流程的操作更加简单化、自动化。利用数据采集摄像头和互联网系统监测演出流程，一个工作人员可以同时掌握数十场线下活动。二是可以对活动所覆盖社区进行年度数据收集，进一步了解观演人数、年龄段构成、性别比例，通过现场观众的反响分析用户的行为特点、对节目的感兴趣程度等，定期对演出需求、群众满意度、团队巡演次数等进行统计和总结。三是做到广告可视化，使品牌更为有效地触达用户。四是便于规模化复制。

在总结多年活动运营经验的基础上，运营团队提炼出运营标准化体系——336 管理体系（见表 5）和管理标准化体系（见表 6）。

表 5　社区天天乐活动运营 336 管理体系

管理体系	核心内容
1. 艺术团管理 3 步	招募 培训 日常管理
2. 社区服务 3 步	确定场地 场地排期 社区维护
3. 活动执行 6 步	排期确定 广告植入对接 活动前期审核 现场执行 活动后续工作 不定期质量检查

资料来源：根据网络相关信息整理。

表6　社区天天乐活动管理标准化体系	
标准	核心内容
1. 艺术团整合公益化	公益手段聚人、黏人、创造人 演出人员零成本
2. 社区场地全覆盖	100% 覆盖全市所有街道 演出场地零成本
3. 供应商集约化	舞台产品标准化 运输安装模块化 10 倍效率改造现场
4. 活动内容标准化	建立行业运营标准 活动执行标准化
5. 广告效果可视化	智能中控系统 AI 监播系统

资料来源：根据微信公众号 "AgeClub" 相关信息整理。

（二）线上产品迭代记录

由于微信小程序的版本迭代记录没有完整的公开信息，我们无法对社区天天乐的线上产品功能迭代情况进行精准分析。从已有信息来看，微信小程序 "九悦天天乐" 目前的版本号是 1.0.0，自 2018 年 12 月 14 日上线后，做了一次迁移、三次更名。

作为社区天天乐团队线上布局的第一个拳头产品，产品名称在不到一年的时间里更换了四次（"常青营"—"时光营"—"时光银"—"九悦天天乐"），不难看出团队对其寄予厚望，同时也反映出在品牌上的不确定心态。

微信小程序 "社区时光 e 站" 最近一次的更新时间显示为 10 个月前，自 2019 年 3 月 28 日上线后做过一次更名（之前名称为 "时光一站"）。11 月 11 日，微信小程序 "社区时光 e 站 +" 上线，最近一次的更新时间显示为 4 个月前。

整体来看，线上产品先做了社交产品和老年教育产品，后做了电商产品。从上线时间来看，前后间隔不到 3 个月，说明运营团队急于在线上布局，一方面通过社交产品更好地留存并活跃用户，另一方面通过电商产品和老年教育产品快速进行流量变现。

三、为什么有人给社区天天乐买单

社区天天乐的线下活动是免费参与的，承办方爱众文化的收入来源及商业变现主要通过三个渠道：政府、商业机构和用户。

（一）政府文化惠民落地和城市形象提升

社区天天乐是常州市政府重点打造的一项文化惠民工程。一开始政府给予承办方的费用是每场活动 300 元，3 年后采取政府采购服务的模式，固定为每年 300 万元、5000 场活动。政府为什么愿意投入？时任市委常委、宣传部部长徐缨在 2013 年已经表明，社区天天乐是常州市文化惠民的新阵地，是推进常州市苏南现代化示范区建设、百姓共享文化发展成果的重要举措，是文明城市建设的重要载体。可见，社区天天乐活动是常州市政府推动公共文化建设、提升城市形象的一项举措。从某种意义上说，没有常州市政府的推动，这项文化惠民活动是难以做起来的；没有前面 4 年"幸福广场周周演"的运作经验，政府也难以将这项活动的运作模式不断升级，进而产生更大的社会影响力。

2016 年央视《新闻联播》头条介绍常州"社区天天乐"活动，多个节目频繁在央视和各大卫视播出，向全国展示有才又出彩的常州人，文化惠民实现了从送文化、种文化到强文化的转变，被《人民日报》誉为文化民生"常州现象"。受到中央级媒体的广泛报道，既是对当地政府这项工作的肯定，也是对这种运作模式的肯定，必然会进一步激发当地政府持续投入、越做越好的动力。

（二）社区场景媒体的比较优势

社区天天乐活动自 2013 年启动以来，快速覆盖各个社区，到 2017 年已经覆盖常州市所有595个社区，2018年开始拓城后，目前已覆盖江苏省13个城市6597个社区，影响5000余万人。随着服务触点的快速增加并取得一个500万人口的新二线城市的全覆盖，以及江苏全省的城市覆盖，媒体价值日益凸显。更为重要的是，与平面媒体、视频媒体、分众媒体、社交媒体不同，社区天天乐活动是一个触达社区的场景媒体。在创始人赵倩看来，这种场景媒体具有高覆盖率、高精准率、高转化率（见表7）、高性价比、高记忆率的比较优势。

表7　社区场景媒体的比较优势					
					单位：%
指标	平面媒体	视频媒体	分众媒体	社交媒体	场景媒体
覆盖率	23	52	76	88	96
精准率	21	34	59	68	88
转化率	21	34	59	68	92

资料来源：根据微信公众号 "AgeClub" 相关信息整理。

据爱众文化介绍，社区天天乐场景媒体集社区属性、互动属性、集中传递、消费同频等特点为一身，这种推广模式非常有利于引导市场营销、扩大品牌的影响力。一场社区活动一般在一小时内，品牌方露出可在7次以上；在较短时间内快速提升产品的知名度，塑造品牌的美誉度和公信力。

正是基于上述比较优势，很多聚焦下沉市场的商业机构愿意选择这种性价比高、品效合一的渠道进行广告投放。正如创始人赵倩所说，老品牌需要扩大影响、巩固地位，新品牌更需要被大众知道、接受；很多品牌需要走进社区，近距离触达用户，让老百姓更了解它们；社区天天乐可以在一两周内让一座城市50%的人知道一个品牌。

（三）平台与用户建立信任关系并形成口碑

政府或群众自己组织的传统社区文化活动也不少，但是活动场次不固定、频率低、内容分散、品质一般，无法和需求匹配，很多居民又无法接收到信息，群众参与度有限。活动组织方很难与群众建立密切联系，并树立良好口碑。

社区天天乐活动有效满足了老年艺术团体舞台展示的需求和社区观众的文化娱乐需求，通过高频地满足需求，不断提升演出品质，既增强了内容生产者的价值感，又改善了观众的体验。在这一过程中，用户对平台逐步产生信任，口碑也建立起来。充分信任关系的建立，有助于平台开展用户消费的转化。

四、社区天天乐的产品运营模式

综合社区天天乐的线下和线上产品，可以将其整体运营模式总结为：以社区舞台为核心，以社区艺术团为种子用户，以社区舞台表演为场景，通过社交裂变的方式，快速聚拢用户，形成线下头部流量；同时，通过官网和微信小程序的社交互动功能做用户的首次沉淀；之后，通过小程序"九悦天天乐"重构社区社交关系的功能，对线下用户流量进行二次沉淀；进一步，建立用户与商品的链接（见图1）。

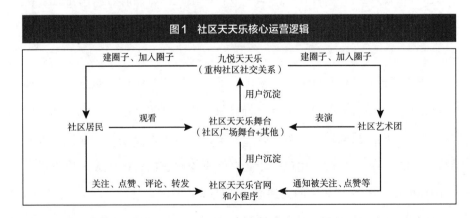

图1　社区天天乐核心运营逻辑

资料来源：中国建投投资研究院。

目前，社区天天乐的线上产品刚刚起步，而线下产品已经成熟，并在近两年实现了快速的异地复制扩张。线下运营模式的基本特征是，以社区文化为入口，以政府文化惠民为名义，以社区舞台和社区活动为载体，以社区艺术团为内容生产者，以社区居民为观众，通过 KOL 艺术团参与活动组织，通过艺术团整合公益化、舞台供应商集约化、活动运营标准化、活动现场执行数据化、活动形式赛事化等手段，快速聚集用户，并创造社区场景媒体价值。其中，有如下几个关键成功因素。

（一）以政府文化惠民为名义

具体来说，有如下 5 个运营手段。其一，活动主体规避商业化。政府作为主办方，公益组织惠民中心作为承办方。其二，两块牌子一套人马。惠民中心作为承办方，由爱众文化具体执行，爱众文化实际控制人也是惠民中心主任。其三，每年举行活动启动仪式，由市政府指定某个区政府承办，政府领导站台。其四，政府负责统筹协调社区资源，以及整合社区广场及专业舞台资源。其五，在活动期间，由官方媒体持续报道。社区天天乐采取上述运营方法，既能有效招募参演艺术社团，还能通过政府低成本整合活动所需资源，大幅降低运营成本。

（二）通过 KOL 艺术团参与活动组织

在艺术团里筛选具有晚会组织能力的 KOL 艺术团，由其承担活动的具体执行工作，包括招募参演社团、发动社区观众、场控、现场拍摄、图片编辑上传等。这样就让社团全程参与到活动的组织管理中，既能完全解决活动执行人员的投入问题，也能充分调动他们的积极性。让老人参与组织管理老人，效率会高于年轻人，这是老年文娱机构常用的运营方法。

（三）活动形式固定且周期长

每年社区天天乐活动的周期、地点、时间、流程基本是固定的，这样会给参演艺术社团和社区观众确定性的预期，有利于产生用户黏性。活动周期长达 7 个月，可以长时间地黏着用户。另外，相对固定的活动形式会让运营团队的精力聚焦，不断打磨产品，提高运营效率。

（四）赛事化运营

社区天天乐活动一开始就模仿星光大道的赛制，通过周冠军、月冠军、总冠军的打榜方式，量化艺术团的表现，增强参与活动的趣味性，并对表现最好的团队给予在更高规格舞台（龙城春晚）表演的激励和年终颁奖的精神及物质激励。

（五）运营标准化

爱众文化一开始并没有活动运营经验，但是运营一段时间后实施标准化是必然的。运营团队在这方面的建设主要是两方面：硬件标准化和活动执行标准化。硬件标准化主要包括舞台设施标准化和运输安装模块化，活动执行标准化主要包括艺术团管理、社区服务和现场执行三方面。运营标准化帮助团队提升了效率，也为复制扩张做好了准备。

（六）活动现场执行数据化

运营团队主要开发了智能中控系统和 AI 监播系统，这两个系统的开发实现了线下活动的数据沉淀，让广告效果可视化，社区场景媒体价值进一步放大。从另外一个角度讲，数据化的实现让这个产品提高了竞争壁垒，具有了核心竞争力。

五、社区天天乐的用户发展之路

社区天天乐用 5 年时间覆盖了常州市所有社区，又用了 2 年时间覆盖江苏所有 13 个地级市，触达 6597 个社区，辐射超过 5000 万人。总结其拓客方法，主要有以下几种。

（一）艺术团招募

老年艺术团是社区天天乐的主要目标用户。团队利用活动的政府支持和公益属性，在活动启动第一年就拓展了 5000 多支艺术团。艺术团是老年群体中最为活跃、影响力最大的群体。通过艺术团的拓展，能够最快速地拉新和传播活动品牌。

（二）KOL 艺术团筛选

运营团队在艺术团中筛选出演出水平较高、组织能力较强的团队作为意见领袖，培养他们成为种子用户，这样就能更为高效地传播、拉新。

（三）搭建高频的社区舞台场景吸引观众用户

社区天天乐将艺术团表演植入每一个社区广场，将表演时间固定在小区流量较多的下午或晚上，一周至少演出 3 次，从而将小区绝大多数居民转变为社区天天乐活动的观众。

（四）基于社区场景的社交裂变

社区天天乐依托社区广场舞台，通过社区熟人关系进行传播并直接链接家庭。按照社区一般的社交关系，一个社区艺术团至少可以影响 4 个家庭成员和 5 个熟人（按艺术团最小 6 人计算）。如果再进行二次、三次社交裂变，一个社区广场舞台能在较短时间内覆盖社区所有居民。

（五）社区快速复制扩张

社区天天乐活动第一年是 63 个试点社区。在活动运营成熟之后，团队进行了快速复制扩张，先是在常州，从 85 个增加到 101 个，再到 420 个、595 个，最终实现了全覆盖；之后开始异地复制，从南京、苏州、无锡 3 个城市到江苏所有 13 个地级市。

（六）艺术风采人气排行榜

运营团队设立了社区天天乐艺术风采人气排行榜，根据演出场次、送花数量、评论数量三方面进行综合排名，年底会根据排行榜数据对艺术团进行表彰。

（七）静态文化协会分会长招募

为了拓展艺术团以外的群体，2019 年 8 月，社区天天乐开始招募书画、摄影、乐器、非遗、收藏等静态文化协会分会长 30 名。相关招募要求和工作职责如表 8 所示。

表8　社区天天乐静态文化协会分会长招募条件	
招募要求	工作职责
1. 书画、摄影、乐器、非遗、收藏等静态艺术的爱好者，具有一定专业水准，能指导协会成员共同进步 2. 热心公益，愿意为静态艺术无私奉献 3. 拥有良好的品德和操守，组织纪律性强 4. 年龄45~65周岁（特别优秀者条件可适当放宽），业余时间充裕 5. 抗压力强，能积极组织社区静态艺术的展示展览活动 6. 身体健康，正能量满满	1. 在上级部门的指导下，推进并主持管辖社区范围内静态文化协会的全面工作 2. 发展管辖社区的协会成（学）员，对居民爱好者进行定期培训，组建社区静态艺术兴趣爱好者队伍（50人以上）。协调与社区、居民之间的关系，搞好协会交流的协调工作，加强横向联系，促进合作交流 3. 定期组织社区内美术、摄影、书法作品、非遗项目展及乐器表演等活动，每场活动的参与数量要求30~50人（作品）。要求做好策划、组织、征稿、布展、退稿工作。全年静态文化展类活动不少于10场 4. 协助上级部门做好招商承载任务

资料来源：微信公众号"社区天天乐"。

六、社区天天乐的变现之路

据创始人赵倩介绍，平台变现目前主要有三个方向：商业广告、用户消费收入和社区文化教育收入。商业广告是社区天天乐探索到的第一条变现路径。在第一个客户中国银行常州分行取得良好投放效果之后，后续许多品牌认识到了社区场景媒体的商业价值，尤其是很多老品牌。从社区天天乐的运营经验来看，社区场景最适合做老品牌的新产品的市场推广。一方面，社区居民容易接受有一定认知度的品牌；另一方面，对于广告主而言，这个媒体渠道比电视、报纸的性价比更高。

除了商业广告，社区天天乐近年来积极探索用户消费变现。团队主打两类产品：一是主题旅游，二是线上商城。主题旅游的产品单价平均在2000元以上。2018年付费用户有1000多人，2019年超过了5000人。2019年上线了"社区时光e站"和"社区时光e站+"，主打生活必需品，通过社群进行营销推广。

第三个变现路径也是在 2019 年开始尝试的，即老年教育产品——九悦学院。在创始人赵倩看来，在社区天天乐发展的第一个阶段，平台更多的是在担任"裁判"的角色；当活动相对成熟之后，平台不再只担任"裁判"，还要新增"教练"的功能，通过开办老年大学，培养更多、更好的老年艺术团。

第三节　社区天天乐的发展给我们的启示

一、做得好的地方

（一）核心用户抓得准

社区天天乐的核心产品是社区广场舞台表演，谁会是这个舞台的主角？什么演员会对这个舞台感兴趣？什么样的演员有可能投入大部分精力、时间在这个舞台上？简单分析，就会发现只有老年艺术团才能成为社区天天乐舞台的主角。因为他们对舞台规格要求不高、时间充裕、几乎不要出场费，核心诉求就是要有舞台进行展示，有观众观看。社区天天乐以社区艺术团为核心用户，说明运营团队做到了产品与用户的精准匹配。

（二）抓住了最为活跃的老年群体

我们还得再次强调一下老年艺术团的价值。对于社区天天乐运营团队而言，抓住老年艺术团不仅意味着精准匹配了产品，还意味着获得了最为活跃的老年群体。这对于他们快速做大是至关重要的，核心有两点：其一，艺术团是群体，不是个人，获取一个艺术团，就意味着获取了 n 个用户；其二，他们最为活跃，是老年群体中对于做流量来说最为优质的用户群体。从社区天天乐的发展历程来看，正是抓住了这群用户，才有了比老年线下教育企业更快的发展速度。

（三）构建社区广场文化场景

社区天天乐构建社区广场文化场景，可谓一举几得。其一，社区是线下最接近用户的渠道，也是邻里关系最集中的渠道。打通了社区，就能通过社交裂变快速获客。其二，广场文化，具有最低的用户触达门槛。没有太高的信任壁垒，就在家门口、交通便捷，不用盛装出席、想看就看。其三，舞台场景能够吸引观众并触发其情绪。一台精心组织的舞台表演，能吸引大量的社区居民来观看，并获得口碑。

（四）自身定位清晰，充分整合资源，实现最轻化运营

运营团队一开始就认识到，如果定位于纯粹的活动执行，承接政府外包服务，一定会入不敷出。政府每年300万元财政投入，而要覆盖几百个社区、长达7个月、至少5000场线下活动所需投入的人力及运营成本是远远高于政府投入的。要做成这个买卖，就必须重新定位，减少投入，增加收入。

社区天天乐的做法是，将自身定位于平台，当裁判，不做运动员，整合政府和社会资源，将运营做到最轻。一是在艺术团中筛选KOL艺术团，让其参与舞台的组织管理，从而从根本上减少活动运营人员投入。二是整合政府名下的场地资源、媒体资源、专家资源，做到演出场地零成本、媒体传播零成本、渠道拓展零成本、专家资源零成本、专业培训零成本，这样就把活动执行中的大额成本节省下来了。三是整合舞台供应商资源，通过舞台设施标准化和运输安装模块化，降低运营成本。四是整合公益组织等社会资源，减少运营投入。比如，通过华音基金会，免费获得1000套音响设备；与交通银行、常州大剧院合作，免费发放5万张文化惠民卡（文化惠民卡包含了常州市近100家文化活动场所等联盟单位提供的优惠服务）。

（五）公益名义，政府支持

获取老年用户，最难的就是信任。社区天天乐解决这一问题的有效办法就是淡化商业身份，通过政府的支持，以公益活动的名义对外宣传。社

区天天乐活动至今依然是常州市政府主导的文化惠民工程，政府采购的对象也仍然是公益身份的常州市社区天天乐文化惠民服务中心。这样做的好处很多：其一，有政府支持，对老年群体是有公信力的，也很容易在一开始获取参与者的信任；其二，官方名义组织的文化活动，有官员站台，有官媒报道，对社区艺术团的招募很有号召力；其三，正因为是政府公益活动，演出人员零成本，大幅降低了运营成本。

（六）先做量后变现的发展节奏

在运营团队明确自身平台定位后，并没有着急去做用户的直接变现，而是坚持做大规模，覆盖更多的社区和人群，先把社区媒体场景价值做起来。事实证明，这样的发展思路和节奏是对的。平台价值逐步获得了市场认可，尤其是 VC 的认可。在 2018 年 9 月获得天使轮投资后，创始人赵倩明确表示，变现不是现阶段平台发展的重点，未来在寻求合作时也不能过于追求商业变现。

实际上，作为承办方的爱众文化，不可能完全按照自己的想法去做，但幸运的是，常州市政府对于社区天天乐活动的指导思路与爱众文化先做大规模的想法不谋而合。在社区天天乐活动启动之前，政府已经连续 4 年主办"幸福广场周周演"活动。应该说时间不短，也积累了很多经验，为什么会对活动进行升级，并外包给红火网？显然是活动效果未达预期。因此在 2013 年刚启动社区天天乐时，政府要求每个示范社区每周演 3 次，之后又进一步要求做到天天演，每年新增示范社区数量。可见，双方做大规模的目标是一致的。

（七）实施标准化建设，构建核心竞争力

如果爱众文化不做标准化建设，则与一般的活动执行公司无异。显然，运营团队的目标更加长远。他们不仅做了舞台设施标准化、运输安装模块化，开发了智能中控系统、AI 监播系统，更为重要的是实现了活动运营和活动管理的标准化。这一系列标准化动作的完成，是项目能够复制扩张的核心所在，也提高了竞争门槛，构建了核心竞争力。

二、存在的问题与挑战

（一）沉淀用户的场景选择或许需要调整

社区天天乐完全是按照互联网模式运营的，先用免费的社区舞台文化产品获取流量，通过商业广告做流量变现，然后进一步挖掘用户价值。最大的不同在于，社区天天乐的流量在线下。当运营团队快速形成线下头部流量后，如何将线下流量导入线上，实现用户沉淀，是整个模式商业价值最大化的关键所在。那么，接下来如何选择沉淀用户的场景，是重大的战略决策。

我们看到，社区天天乐先后做了两次沉淀用户的场景选择。第一次是通过社区天天乐官网和微信小程序"社区天天乐"，核心功能是针对线下舞台表演的艺术团的线上社交互动（点赞、送花、评论、转发等）。很明显，这个场景是很难活跃用户的。用户的情绪高潮往往发生在活动现场，活动结束之后进行基于节目的线上互动，难以再激发用户的参与情绪。从官网上的"社区天天乐艺术风采人气排行榜"的数据就可以看出用户参与度不高（第一名的送花数为355，评论数为558）。

第二次是通过微信小程序"九悦天天乐"，核心功能是重构社区社交关系功能。这是一个综合熟人社交和陌生人社交的产品。我们知道，老人已经是微信这种熟人社交产品的深度用户，想改变他们的使用习惯是非常难的。而陌生人社交产品对老人而言是非常陌生的，市场上成熟的陌生人社交产品基本上是面向年轻人的，"九悦天天乐"产品中的"建圈子、加入圈子"功能对老年用户的使用门槛是相当高的。更为重要的是，社交场景的选择是否能真正将线下娱乐场景的用户沉淀下来？从小程序上线一年来的数据来看似乎是不理想的。事实上，只有能激发用户情绪的场景才能将用户沉淀下来。社区天天乐线下场景做到了，线上或许还需进一步调整。

（二）流量变现的转化方向值得商榷

2019 年社区天天乐陆续上线了两个电商小程序，商品品类以生活必需品为主。这是运营团队重点打造的三大服务平台之一：社区本地生活服务。"社区时光 e 站"上线近一年，目前共有 8 个商品品类、132 个 SKU；"社区时光 e 站 +"上线近 4 个月，只卖蔬菜，共有 6 个 SKU，单个 SKU 已售数量最多的 135 单，最少的 35 单。可见，这两个电商产品的转化效果一般。可以预期，这个状况在短期内难以改变。

究其原因，核心点在于场景不对。为什么场景不对？我们要清楚社区天天乐的用户到底是谁。简单说，它的用户画像是以打发时间为核心诉求的"小闲"。绝大多数人参加社区天天乐活动是为了打发时间，如果突然让他买东西，他会觉得心理建设没做好，他没有这个预期。社区天天乐应该沿着"小闲"用户的心理需求和行为路径去设计转化产品。

（三）IP 内容相对匮乏

社区天天乐运营了 7 年，核心产品主要是社区天天乐活动。虽然每年都会增加一些活动主题或者赛事，但并不具有 IP 的核心元素。运营团队投入了大量精力规范活动管理和现场执行的标准化，这在发展早期是相当重要的，也对项目的快速复制扩张起到了至关重要的作用。但是，随着项目进一步做大，以及近期规划要拓展到其他省份，就必须在内容上发力。团队需要进一步提升产品力，打造丰富的 IP 内容，提升用户体验。

（四）品牌不统一，影响用户认知和市场推广

在产品的梳理过程中，我们至少看到了"社区天天乐""九悦天天乐""九悦学院""社区时光 e 站"等名称，还不包括好几个更改过的名称。除此之外，背后运作的商业机构的名称是爱众文化。如此众多的产品名称，会影响品牌认知，更不利于市场拓展。

（五）线上端口没有打通

关于社区天天乐目前的线上端口，PC 端有一个社区天天乐官网和一个爱众文化官网，移动端有"社区天天乐""社区乐天天""九悦天天

乐""社区时光 e 站""社区时光 e 站 +"5 个微信小程序，以及"文明社区天天乐""九悦天天乐"2 个自媒体微信公众号。这些端口之间几乎没有链接入口。对于一个陌生用户而言，从社区天天乐的端口进去，根本发现不了还有其他产品。显然，这种端口布局很不利于产品推广和品牌传播。

（六）自媒体维护需要加强

从目前官网、微信公众号和小程序的情况来看，更新频次较低，内容较少，核心产品甚至都没有得到展现，这肯定会影响用户体验。更为重要的是，自媒体是企业的窗口，做好了更有利于增强老年用户的信任感。

三、可以学习借鉴的地方

既然前面说到了社区天天乐的发家之路，也简单陈述了可能存在的问题，那作为后来者有哪些点可以借鉴呢？

（一）创始人对于商业机会的判断

虽说赵倩当初是受常州市委领导的邀请承办社区天天乐这个项目的，但是如果对这个商业机会的判断稍有差池，可能跳进去就是一个大坑。就创始人赵倩而言，她有几方面的判断是很准的。其一，是社区文化这个新场景。虽然很多市场机构都会进入社区进行产品推广，但是很少有做社区文化的。当然，也有很多老年艺术团在社区广场进行排练或表演，但更多的是自娱自乐，撑不起一台节目。与此同时，政府部门会不定时组织一些进社区的文化活动，但是覆盖面有限、频次较低、时间也不固定。社区居民的文娱需求近些年持续增长，在有大量现成的老年艺术团渴望登上舞台表演，又有大量追求便捷高频文化产品的社区居民的前提下，社区文化场景应运而生。

其二，是有强大的政府赋能。社区天天乐活动的主办方和投入方是常州市政府，整个项目前五年几乎完全是在政府的主导和扶持下运作的。从发展历程也可以看出，常州市政府的作用不是简单地背书、站台，而是亲自指挥，整合政府所有资源，定目标、做分工、做考核。还有一点很重要，那就是政府已经做了4年的"幸福广场周周演"，积累了大量的社团资源和运营经验。可以说，这个外部势能是独一无二的，属于市场稀缺品。因为只要做过市场的，就知道整合社区这个渠道有多难。

其三，看到了一个崛起的银发市场，尤其是看到了庞大的老年艺术团群体。与刚需老人相比，他们更年轻、更有活力、更有消费意愿和能力。

一个企业的创始人对宏观机会的判断，会让企业迅速建立起竞争优势，赢在起跑线。

（二）产品、用户、渠道之间要相互匹配

企业在运营中经常会出现拉新太慢、转化太低等问题，如果产品定位准确，症结就在于产品、用户、渠道之间不匹配。一般会出现两种情况，一是产品与用户不匹配。用户不是产品真正对应的目标用户，这个问题一定是用户画像不清晰导致的。二是用户与渠道不匹配。用户画像是清晰的，但是获取用户的渠道选择有问题，会影响拉新效率。

从社区天天乐的用户发展历程可以看到，其在老年艺术团这个目标用户和社区渠道的选择上，做到了很好的匹配。这也是其能够快速做大的原因之一，值得借鉴。

（三）企业发展要把握好节奏

纵观社区天天乐的发展历程，可以看到几个明显特征：先做量，后变现；先做多，再做优，进而标准化；先标准化，后复制扩张；先实现商业闭环，再做大。运营团队在这样的发展节奏中，才会少走弯路。事实上，无论是产品运营，还是商业模式，都是讲究次序的，前一个动作是后一个动作的预动作。有时候，做早了、做多了没有任何好处，反而死得更快。

参考文献

1. 红火网，社区天天乐简介，2013 年 8 月 8 日。
2. 蔚莱：《赵勇霞：搭建舞台，社区文化惠民生》，《莫愁·智慧女性》2018 年第 12 期。
3. AgeClub：《一年举办 10000 场中老年文娱活动，链接 5000 个社区，社区天天乐如何成为老年行业中的快公司?》，2019 年 11 月 20 日。
4. AgeClub：《社区天天乐创始人赵倩：老年行业如何与社区经济相结合，打通最后一公里商业变现?》，2020 年 1 月 14 日。
5. 中吴网关于社区天天乐的相关报道。

第十章 老年媒体平台案例：退休俱乐部

龚先念

龚先念，博士，中国建投投资研究院研究员

核心观点

● 简单总结退休俱乐部的产品运营模式，就是以中老年生活服务资讯内容为核心产品，以电视节目、报纸、微信订阅号等媒体形式获客，通过会员权益转化会员并沉淀用户数据，采取志愿者运营方式，围绕用户社交和健康需求做旅游、生活用品变现，以及教育等其他衍生品变现。

● 退休俱乐部做得好的地方：①从电视媒体切入市场，一举多得；②免费的会员制模式；③围绕老年用户的吃和玩做变现；④搭建高效的营销体系；⑤媒体矩阵之间的协同性。

● 存在的问题与挑战：①线上社交产品的方向有待优化；②适老化特色在出境游产品中不明显；③异地是否能快速复制扩张；④公司急需一种互动性强的线上产品。

● 退休俱乐部给予产业运营者的启示：①合伙人的选择要优势互补、相互赋能；②做内容就要尽可能高频触达用户；③产品运营要有节奏；④志愿者体系可以模仿。

当商业变现难几乎成为老年文娱机构普遍的痛点时，聚焦上海地区的老年媒体平台——退休俱乐部的旅游业务收入一年增长1亿元，截至2019年底已超过4亿元，这是很多专业旅游公司发展多年都难以达到的业绩，在老年市场里更是凤毛麟角。本章研究了退休俱乐部5年的创业历程及其关键成功因素。

第一节 退休俱乐部是什么

退休俱乐部以电视栏目和报纸《我们退休啦》等IP内容为核心，倡导老有所乐、老有所依、老有所学，致力于打造会员制老年特色生活服务平台。

一、企业背景

退休俱乐部隶属于上海东犁文化传播有限公司（简称"东犁文化"）。该公司设立于2015年4月30日，注册资本610.6497万元人民币，法人及总经理张磊，创始人及董事长李翔。公司股权结构如表1所示。

表1 上海东犁文化传播有限公司股权结构		
股东	持股比例（%）	股东类型
李翔	69.52	自然人
中广影视产业无锡创业投资企业（有限合伙）	9.6	合伙企业
上海常春藤数字与传媒股权投资基金合伙企业（有限合伙）	5.76	合伙企业
李萍	5.73	自然人
南京光一文化产业投资发展合伙企业（有限合伙）	4.99	合伙企业
翁吉义	2.76	自然人
汪旻	1.64	自然人

资料来源：企查查。

东犁文化于2016年3月28日投资设立了上海东礼国际旅行社有限公司，法人及总经理张磊，监事李萍。2018年7月12日投资设立了上海东犁教育科技有限公司，法人及总经理李萍。

创始人李翔，曾留学日本学习电视制作专业，回国后参与创立上海日欣文化传媒有限公司。该公司自2002年成立以来，凭借自身在亚洲特别是日本、韩国的丰富媒体资源，成功开创了诸多电视栏目，节目内容覆盖时尚、旅游、美食、音乐、法律等，节目类型囊括资讯类、旅游类、谈话类、综艺类、少儿类等（见图1）。其中，以老牌代表性旅行节目《东京印象》和国内首个榜单类城市资讯节目《淘最上海》最为知名，在上海乃至全国均获得了极高的知名度和收视率。

李萍，东犁文化常务副总经理，也是退休俱乐部日常运营的主要负责人。

图1　上海日欣文化传媒有限公司制作的电视节目

资料来源：上海日欣文化传媒有限公司官网。

二、产品介绍

（一）产品名称

电视栏目：《我们退休啦》。

报纸：《我们退休啦》。

微信订阅号：退休俱乐部。

微信旅游服务号：退休了去哪玩。

微信商城服务号：我们退休啦。

线下活动：月月演、退休好风采。

线下门店：健康生活馆。

（二）产品定位

电视、报纸、订阅号：针对老年人的全方位资讯服务。

服务号：旅游产品、线上商城服务。

（三）产品使命

聚集退休族的快乐与健康。

（四）产品口号

退休俱乐部：退休乐生活，有我就够了！（旧版）

快来退休俱乐部看电视，读报纸，玩微信做活动，秀生活，交朋友。过有滋有味有趣的退休日子！（新版）

退休了去哪玩："五心级"品牌旅游，您值得信赖！

（五）产品内容

1. 电视栏目：《我们退休啦》

《我们退休啦》是在上海市老年基金会支持下，最初由上海电视台新娱乐频道、上海日欣文化传媒有限公司共同策划、合作推出的一档全新的服务上海数百万老年观众的生活服务咨询类节目。

栏目既有养生知识，又有退休政策解说，还有中老年时尚生活指南。主要分为"脑力锻炼""强身保健""兴趣爱好""老游所乐""老年新政"等主要版块，涉及健康养生、老年新政、养老理财、法律援助、兴趣爱好、专家解读等内容。

栏目以电视公开课的形式出现，赵志刚、谭义存、沈双华、顾竹君、富贵嫂等沪上名家会聚"教室"，和电视机前的老年观众成为"同班同学"。栏目整体风格轻松诙谐却又不失科学严谨，老年观众不仅能够在欢笑声中得到知识和锻炼，更能够获取到自身最关心的不少福利。栏目邀请专家解析最近出台的针对老年人的新政或者相关热点新闻，帮助观众及时了解相关资讯，从而真正做到便民、利民。

目前，栏目已覆盖上海、江苏、浙江、北京等区域，以及腾讯、爱奇艺、优酷等网络视频平台。栏目播出频道及时间如表2所示。

表2 《我们退休啦》栏目播出地区、频道及时间				
地区	频道	播出日期	播出时间（首播）	播出时间（重播）
上海	都市频道	周一至周五	17：00～17：30	次日9：30～9：57；24：27～24：54
江苏	太仓台娄东民生频道	周一至周五	19：00	
	海门台经济生活频道	周一至周日	7：23	
浙江	嘉善台善文化频道	周一至周五	17：25～17：55	
	杭州台影视剧频道	周一至周五	17：15～17：35	
北京	生活频道	周一至周五	16：25～16：50	重播1：周一至周五08：45 重播2：周一至周五06：07

资料来源：上海日欣文化传媒有限公司官网。

2. 报纸：《我们退休啦》

每周出版，全方位、及时地报道中老年生活各类实用资讯，让读者足不出户也能阅尽"天下事"。

《我们退休啦》周刊内容以生活资讯为主，还包括一些话题和产品。其中，头版头条内容以介绍旅游产品为主（见图2）。

图2 《我们退休啦》周刊头版头条内容示例

资料来源：孔夫子旧书网。

3. 微信订阅号：退休俱乐部

"退休俱乐部"微信订阅号是电视节目《我们退休啦》的官方公众号，主要为老年人提供生活服务资讯、实用的健康养生知识、及时的老年新政解读。内容上每日一更。承载了入会申请、报纸订阅、社区论坛、活动报名等功能，并作为生活和旅游商城入口。

其中，在社区论坛中嵌入了退休相册功能。退休相册主要提供电子相册制作工具，以及送花、评论等互动功能，有点类似于美篇App。

4. 微信旅游服务号：退休了去哪玩

该服务号主要推荐中老年退休了以后可以去哪里玩的各种旅游资讯，并嵌入旅游产品线上商城。资讯内容每周三更新一次。

"东礼国旅"商城主要有三类旅游产品，覆盖22个目的地，43个SKU，具体如表3所示。

表3　"东礼国旅"商城产品清单			
类别	目的地	SKU数量（个）	价格（元）
周边游	上海、无锡	3	118起
国内游	华南：海南、广西、广东 华北：山西 华西：贵州、四川、重庆、湖北	13	2599～4599
出境游	东亚：日本 东南亚：泰国、新加坡、泰新马、越南、缅甸 美洲：美国 欧洲：西欧、东欧、俄罗斯 大洋洲：澳大利亚、新西兰 海岛：斯里兰卡	27	3999～19600

资料来源：根据微信旅游服务号"退休了去哪玩"整理，统计时间为2020年3月20日。

5. 微信商城服务号：我们退休啦

该服务号主要推荐适合中老年的各种商品，并嵌入线上生活商城、退休直播间以及退休健康馆等功能。资讯内容每周三更新一次。

退休俱乐部生活商城目前有 11 个商品品类，43 个细类，438 个 SKU（见表 4）。其中，生活百货、服装配饰类商品居多，且以日本进口产品为主。

表4　退休俱乐部生活商城产品清单	
品类	细类及 SKU 数量（个）
禽蛋粮油	肉类（7）、禽蛋（13）、米面粮油（9）、南北干货（6）、方便速食（10）
中华老字号	冷冻菜肴（11）、熟食食品（4）、腌腊制品（0）、中式糕点（9）
时令水果	国产水果（14）、进口水果（6）
海鲜水产	冰鲜水产（5）、冷冻水产（26）、即食海鲜（10）、即食水产（2）、水产干货（4）
生活百货	日用家居（67）、日常保健（24）、家用电器（2）
厨房用品	厨具类（3）、清洁类（16）、杯壶系列（1）
服装配饰	服饰鞋帽（64）、美容美妆（22）、珠宝饰品（29）、时尚箱包（7）
养生保健	日常保健（14）、冬虫夏草（2）、西洋参（3）、燕窝（4）、石斛（2）、鹿茸（3）、海参（3）、灵芝（1）、阿胶（4）
床品家纺	床垫（1）、被毯（5）
本地生活	自助餐（3）、下午茶（1）、人气餐厅（8）
休闲酒饮	休闲食品（6）、冲调制品（6）、酒水饮料（1）

资料来源：根据微信商城服务号"我们退休啦"整理，统计时间为 2020 年 3 月 20 日。

退休直播间目前有 7 个频道——商城特卖会、名医支招、律师答疑、文化艺术、爱伊购、时尚生活家、淘最严选 - 美味直播间，共有 29.8 万个"粉丝"。

6. 线下活动：月月演

该活动由上海市老年基金会支持，每月在正规大剧场准时开演，邀请专业剧团（包括上海沪剧院、上海越剧院、上海滑稽剧团等）及著名演员为会员倾情献演经典和传统曲目。该活动于 2015 年 8 月启动，累计约有 6 万名用户参与。

7. 线下活动：退休好风采

该活动是专为退休人群精心打造的，不仅能充分展示当代退休人群积极的养老观念，同时也能满足会员退休后的精神文化需求，让退休生活更加多姿多彩，向社会传播积极乐观的精神。

退休好风采自 2019 年 4 月 8 日启动，累计做了 3 期，并在 2020 年 1 月 20 日举办了退休好风采春晚特别演出。

活动流程如下所示。

第一步，节目选拔。两个报名渠道：一是网络报名，自主投稿，退休俱乐部筛选后进行海选表演；二是街道推荐，由各合作街道提供至少 3 个节目，进行展演选拔。

第二步，网络投票。对所有初选入围节目进行网络投票，投票数靠前的可进入会演录制环节。

第三步，跟拍录制。摄录师全程跟拍，记录活动过程。拍摄内容包括街道领导采访、节目排练、演出视频、会演排练花絮等。

第四步，延伸活动。主要有门票活动、助力活动、现场抽奖活动等。

8. 线下门店：健康生活馆

健康生活馆是退休俱乐部旗下的一站式健康品直供平台，致力于打造成为上海老百姓最信赖的一站式"健康加油站"，坚持"原产地直供 + 老字号 + 老品牌"的经营原则，坚持一对一会员制健康管理，服务数百万名退休俱乐部会员。

2019 年 7 月，第一家健康生活馆在上海徐汇区桂林路 402 号开业。健康生活馆坚持"两个不卖"原则：非优品不卖，非平价不卖。坚持"三大免费"：现场免费品尝，免费代加工，免费指导用法。

（六）产品售价

退休俱乐部采取会员制模式。通过订阅号填写入会申请，免费成为退休俱乐部会员，并享有如下会员权益：①每周可免费收到一份《我们退休啦》周报（每周四发刊）；②免费参加退休俱乐部组织的各种讲座，免费观看各类文艺演出等；③以最优惠的价格参加退休俱乐部组织的各种聚会、旅游等活动；④有机会成为《我们退休啦》电视节目的嘉宾，在电视上展示风采；⑤以最优惠的条件获得老年生活服务、养老服务及健康护理；⑥会员购物享有会员积分，在每次购物中，积分均可作为现金使用。

2017年2月，退休俱乐部宣布，考虑到会员人数越来越多，报纸出版发行成本逐年递增，调整报纸赠阅方式：自2017年4月1日起，所有老会员以及新会员可免费赠阅报纸3个月，从第4个月起将收取订阅费用。2018年调整了订阅费用标准和部分赠报条件。2019年6月30日，全部停止免费赠阅，并调整了订阅费用和赠报条件。2020年又做了微调。具体如表5所示。

时间	订阅费用	赠报条件
2017年	半年10元，全年20元	1. 新入会会员免费赠送3个月；2. 积分兑付订报费用：在退休俱乐部的微商城、线下门店的消费积分可同值抵用现金
2018年	每月2.5元，全年30元	1. 新入会会员免费赠送3个月；2. 凡2017年度起参加过退休俱乐部任一旅游活动者，或在退休俱乐部微商城、线下门店购买过任一商品者，免费获赠本年报纸
2019年	每月2.5元，全年30元	凡购买2019年退休俱乐部旅游产品（一日游除外）或商城商品（金额400元以上），退回实际订阅费
2020年	全年50元	凡购买2020年退休俱乐部旅游产品（一日游除外）或商城商品（退休健康生活馆的商品除外）金额400元以上，退回全年订阅费

表5 《我们退休啦》周报订阅费用及赠报条件

资料来源：根据微信订阅号"退休俱乐部"整理。

第二节 退休俱乐部是怎么发展起来的

一、发展历程

2015年4月30日，创始人李翔设立上海东犁文化传播有限公司，正式从媒体行业跨界到老年行业。据李翔介绍，他做老年业务的动机主要源于三方面的变化：一是电视媒体尤其是民生节目的主要观众群体在 2010 年前后已经变成了中老年女性；二是上海老龄化率增长迅速，2014 年老年人口占比已达 28%[①]；三是家人退休后，其生活状态发生了变化，变得喜欢与陌生人聊天，且频繁电视购物。与此同时，李翔关注到一家日本上市公司的媒体矩阵模式（线上电视节目＋线下杂志＋沙龙活动）正好可以作为标杆。

5 月 4 日，《我们退休啦》栏目在上海电视台新娱乐频道正式开播，《我们退休啦》周报同步发行。随后，微信订阅号"退休俱乐部"上线。公司启动会员招募，完成会员注册即可获赠周报。

8 月，为了增强会员黏性，弥补电视、报纸、微信做不到面对面互动的不足，以及为了促进品牌传播，公司启动了退休俱乐部"月月演"线下活动。

借助创始团队以往的媒体资源，《我们退休啦》栏目一开播就有很多广告主冠名赞助，包括一些知名的保健品品牌和旅行社，因此公司一开始就有比较好的盈利能力。

随后，公司开始做旅游产品变现。为了解决信任问题，先做短线、低价、拼团的旅游产品，以百元内的短线旅游团为主，并制定了有别于传统中老年旅游产品的差异化标准：一价全包没有坑、线路必须实地考察、线路符合退休人群的行动规律。与此同时，在会员中招募旅游志愿者，让其扮演宣传员、协调员、监督员和辅助服务员的角色。截至 2015 年底，公司旅游业务收入突破 1 亿元。

2016 年 3 月 28 日，公司独资设立上海东礼国际旅行社有限公司（简称"东礼国旅"）。6 月 15 日，公司获上海常春藤数字与传媒股权投资基金合伙企业、中广影视产业无锡创业投资企业的股权投资。

10 月，完成第三批旅游志愿者招募。截至 2016 年底，公司旅游业务

---

① 数据来源于 2014 年上海市老年人口和老龄事业监测统计信息。

收入突破 2 亿元。

2017 年 1 月 18 日，公司举办首届志愿者年会，对先进志愿者进行表彰。

3 月 21 日，东礼国旅上线微信服务号"退休了去哪儿玩"，作为退休俱乐部的官方旅游服务平台。5 月，完成第四批旅游志愿者招募。7 月，退休俱乐部社区上线。

截至 2017 年底，旅游志愿者已达 500 人。公司旅游业务收入突破 3 亿元。

2018 年 1 月 23 日，公司举办第二届志愿者年会，对"最美旅游志愿者""先进个人""先进集体"进行表彰，并举行小队长、中队长、大队长授衔仪式。

4 月，公司与上海交通大学合作开办"国学与西方经典"研修班，致力于为中老年朋友打造一个高品质的学习和交流平台。

5 月 15 日，退休俱乐部社区上线迭代版本。当月，完成第五批旅游志愿者招募。截至 2018 年底，公司旅游业务收入突破 4 亿元。

2019 年 1 月 21 日，公司举办第三届志愿者年会，对"优秀志愿者""优秀队长""活动积极分子"进行表彰，并举行小队长、中队长、大队长授衔仪式。

4 月 8 日，启动第一期"退休好风采"大型文艺汇演节目选拔；5 月 30 日，举行文艺汇演；6 月 13 日，启动第二期节目选拔；7 月 26 日，举行文艺汇演；9 月 17 日，启动第三期节目选拔；11 月中旬，举行文艺汇演。

同年 7 月，第一家退休俱乐部健康生活馆开业，半年营业额从 40 万元增长到 250 万元。9 月 17 日，公司获南京光一文化产业投资发展合伙企业的股权投资。

11 月，完成第六批志愿者招募。截至 2019 年底，志愿者已有 550 余人。公司在杭州、苏州、南京开始运营。微信"粉丝"数近 100 万人，注册会员 50 万人，上海地区全平台会员数达到 120 万人。上海地区旅游业务收入达 4 亿元。

2020 年 1 月 6 日，公司举办第四届志愿者年会，对"优秀志愿者""优秀队长""活动积极分子"进行表彰，并举行小队长、中队长、大队长授衔仪式。1 月 20 日，举办退休好风采春晚特别演出。

3 月，公司获得由长岭资本等多家机构的联合投资，融资额达数千万元。4 月 7 日，微信订阅号"退休俱乐部"更名为"东犁退休俱乐部"。

二、产品迭代历程

（一）电视节目迭代历程

退休俱乐部的电视节目《我们退休啦》在内容方向选择上做过一次大的调整（见表 6）。据创始人李翔介绍，2015 年节目刚上线的时候，为了保证收视率，内容制作团队选择了老年观众喜欢看的家庭矛盾、纠纷类内容。但是运营一段时间后，李翔认为仅仅满足观众对家庭黑暗面的窥探欲，这档节目走不远。因此，半年后，制作团队对内容做了一次大改版，在内容方向上，定位于中老年健康生活方式和兴趣爱好。节目以虚拟老年大学课堂的形式进行录制，让每个正在观看的老人都有代入感。节目内容以课程来划分，如医学常识课、生活资讯课、理财窍门课、旅游资讯课、怀旧人文课、热点话题讨论等。每期都会邀请一名相关主题的专业顾问作为嘉宾，答疑解惑。

表6　退休俱乐部电视节目迭代记录	
版本	迭代记录
1.0	偏重家庭矛盾、纠纷类内容，满足受众对家庭黑暗面的窥探欲
2.0	1. 以健康生活方式、兴趣爱好内容为主 2. 以虚拟老年大学课堂的形式进行录制

资料来源：根据微信订阅号"退休俱乐部""AgeClub"相关信息整理。

（二）报纸迭代历程

退休俱乐部的纸媒《我们退休啦》自 2015 年发行以来，先后与 4 家报社进行过合作，具体如表 7 所示。

表7　《我们退休啦》周报出版合作方变更历程	
时间	出版合作方
2015 年	侨报
2016~2018 年	城市导报
2019 年	文化快报
2020 年	老友导报

资料来源：根据微信订阅号"退休俱乐部"相关信息整理。

（三）退休俱乐部社区迭代历程

退休俱乐部社区是团队重点打造的线上社交产品，早在 2017 年就已上线。2018 年 5 月做了一次大的版本迭代（见表 8），主要是精简社区板块和增加电子相册功能。之后，又把之前删掉的棋牌游戏板块恢复了。

表8　退休俱乐部社区迭代记录		
版本	时间	迭代记录
1.0	2017 年 7 月	15 个社区板块：旅游、美食、书法、唱歌、戏剧、棋牌、舞蹈、茶道、健身、摄影、花道、理财、养生、时装、文学
2.0	2018 年 5 月	1. 变更登录入口 2. 社区板块精简到 5 个：健康养生、旅游天地、美食分享、文学园地、戏曲人生 3. 增加退休相册功能
3.0	2018 年 5 月之后	社区板块恢复棋牌游戏

资料来源：根据微信订阅号"退休俱乐部"相关信息整理。

从迭代记录来看，近三年时间主要做了一次大的迭代，对于线上产品而言，迭代频次过低。从运营数据来看，六大社区板块的话题数和关注数也相对较少（见表 9）。说明这个产品还没达到预期，产品方向和功能设置都有待进一步优化。

表9 退休俱乐部社区数据统计		
社区板块	话题数（个）	关注数（人）
健康养生	1825	921
旅游天地	6716	3321
美食分享	830	555
棋牌游戏	38	167
文学园地	3618	366
戏曲人生	174	335

资料来源：根据微信订阅号"退休俱乐部"相关信息整理，统计时间2020年3月23日。

（四）旅游产品迭代历程

为了解决老年用户的信任问题，退休俱乐部一开始定位于低价、短线、拼团的旅游产品，实际价格大多在100元以内。与此同时，产品体验做到适老化，从而形成产品差异化。主要有三个特点：一是一价全包，杜绝二次收费和强制购物；二是吃、住、景点实地考察，保证服务品质；三是行程节奏符合老年人的行动规律。

通过短线、优质产品打开市场、形成口碑之后，旅游产品品类逐步丰富。目前，"东礼国旅"商城以境外游产品为主（见表10），售价在几千元、上万元不等，而周边游产品只有3个，占比不到7%。

表10 退休俱乐部旅游产品迭代记录	
版本	迭代记录
1.0	1. 以100元内的周边拼团游产品为主 2. 产品体验适老化
2.0	以境外游产品为主

资料来源：根据微信订阅号"退休俱乐部""AgeClub"相关信息整理。

（五）网上商城产品迭代历程

据创始人李翔介绍，退休俱乐部网上商城经历过一次大的调整（见表11）。刚开始运营的时候，品类选择以服饰和生活用品为主。由于选品不够专业、缺乏经验，产品没有差异化，加上产品质量不过关，销售状况很一般。当然，上线过早也是一个主要原因。团队以内容首先触达用户，当信任还未完全建立起来的时候，贸然上线一个与内容无关的产品，用户体验肯定是不好的。

表11　退休俱乐部网上商城产品迭代记录	
版本	迭代记录
1.0	品类：以服饰和生活用品为主，比如老年鞋、酵素同等
2.0	1. 产品定位：品质卓越、价格实惠 2. 新上商品，要先让员工身边的老人亲自体验 3. 11个商品品类，43个细类，438个SKU。 其中，生活百货、服装配饰类商品居多，且以日本进口产品为主

资料来源： 根据微信订阅号 "退休俱乐部" "AgeClub" 相关信息整理。

在此之后，公司重新组建了运营团队，重新进行产品规划和布局。运营团队首先明确了产品定位，即品质卓越、价格实惠。这样就把退休俱乐部的网上商城与其他商城的差异化明确下来了。其次，通过让员工身边的老人体验后再上新的举措解决了产品质量问题。最后，整合资源尤其是日本老年产品资源，与日本老年消费品企业合作开发产品，真正实现了商城的差异化，也极大地丰富了商品品类。

（六）"月月演"活动迭代历程

退休俱乐部"月月演"活动一开始采取PGC内容输出的方式，吸引用户观看，并转化会员。之后，过渡到以UGC内容为主（见表12），主要是运营团队发现有一个庞大的活跃老人群体——老年民间艺术团体，其有强烈的舞台表演需求，并且不乏相对专业的艺术团队，因此将"月月演"升级为一个结合真人秀的舞台表演活动。同时，设置海选投票的活动参与规则，让活跃的老年民间艺术团体帮助平台快速拉新。

运营团队分享过一期活动的数据，70支老年民间艺术团体，通过10天的海选投票，累计投票数达到87万张，平台访问量达300多万人次。

版本	迭代记录
	表12 "月月演"活动迭代记录
1.0	1. PGC内容输出：专业剧团、专业演员、专业剧场 2. 会员抢票免费观看
2.0	1. UGC内容输出：老年民间艺术团体、业余演员 2. 招募70支表演队伍 3. 15支最终参演队伍资格通过海选投票确定 4. 会员抢票免费观看

资料来源：根据微信订阅号"退休俱乐部""AgeClub"相关信息整理。

（七）"退休好风采"活动迭代历程

"退休好风采"大型文艺汇演自2019年4月启动，半年多时间连续做了3期，并做了春晚特别演出。活动流程在第二期就做了比较大的调整。从表13可以看出，参赛规则主要是丰富了玩法，增加了投票环节，包括海选投票和大众投票，以及大众评审资格的投票。不难看出，这些玩法的升级，主要目的在于增加拉新频次、扩大拉新范围。

版本	迭代记录
	表13 退休好风采活动流程迭代记录
1.0	1. 参赛团队提交视频资料 2. 参加网络投票。投票数前15名，获得文艺演出资格。投票规则：每天每个微信号可投3票
2.0	1. 增加海选报名。助力值达到999票，方可参与现场海选。投票规则：每天每个微信号可投1票 2. 大众评审团招募。参与者票数最高前100名获得大众评审资格，101~130名获得文艺汇演门票一张。投票规则：每人每天可投2票 3. 现场海选。专业评审和大众评审共同投票，前10名获得文艺演出资格

资料来源：根据微信订阅号"退休俱乐部"相关信息整理。

三、为什么有人给退休俱乐部买单

退休俱乐部采取免费会员制模式，变现渠道主要有两个：一是广告主，二是购买衍生产品的会员和用户。他们付费的原因何在？主要有以下两方面。

（一）较为稀缺的垂直媒体

退休俱乐部一开始从电视媒体和纸媒切入银发市场，是一个专注银发垂直人群、独立生产垂直内容、聚焦上海区域的媒体平台。这样的媒体渠道在市场上是相对稀缺的。当然，运营团队过往在旅行节目和城市资讯节目优秀的收视率表现也为《我们退休啦》这档新节目做了很好的背书。

面向中老年群体的商业机构倾向于选择更精准的媒体渠道进行广告投放。正如创始人李翔所说，《我们退休啦》电视节目一开播，很多知名的保健品企业便十分踊跃地进行冠名赞助。

（二）紧扣用户两大核心需求：健康和社交

退休俱乐部认为，低龄老人的核心需求是健康需求和社交需求。基于对用户健康需求的洞察，退休俱乐部通过健康资讯、线上商城和线下健康生活馆向用户提供健康服务，主要售卖滋补养生类食品。通过"原产地直供＋老字号＋老品牌"选品策略、一对一会员制健康管理模式及"非优品不卖，非平价不卖"的销售政策，退休俱乐部健康生活馆开业半年营业额就达到250万元。

退休俱乐部对中老年社交需求的理解更侧重于用户旅游体验中的洞察。团队认为，老年人旅游不仅是为了去某个地方玩，更多的是想和好朋友一起出去、跟同龄人一起出去，能够在旅途中享受生活。退休俱乐部发现旅游也是一种社交。因此，在其早期推出的旅游产品中，以拼团旅游产品为主，并通过独特的旅游志愿者运营方式，将会员在旅途中的社交体验做到最优。

四、退休俱乐部的产品运营模式

简单总结退休俱乐部的产品运营模式，即以中老年生活服务资讯内容为核心产品，以电视节目、报纸、微信订阅号等媒体形式获客，通过会员权益转化会员并沉淀用户数据，采取志愿者运营方式，围绕用户社交和健康需求做旅游、生活用品变现，以及教育等其他衍生品变现（见图3）。

图3　退休俱乐部产品运营模式

资料来源：微信订阅号"AgeClub"。

（一）聚焦老年生活服务资讯做内容生产

退休俱乐部先从垂直内容生产切入市场，满足中老年用户专属资讯内容需求。在内容上形成与传统媒体内容的差异化，与此同时在形式上采取虚拟老年大学课堂的形式进行电视节目录制，增加受众的代入感。

（二）媒体矩阵高频触达用户

退休俱乐部先后布局电视、报纸、微信、直播、短视频等传统媒体和移动互联网新媒体，弥补单一媒体触达、占用用户时长的不足，形成"海陆空"媒体矩阵，从而实现对目标用户的高频、长时间触达。

（三）通过免费的高品质文娱活动和会员制模式沉淀用户和数据

退休俱乐部采取会员制模式沉淀通过媒体矩阵触达的用户。为了提高会员转化的效率，运营团队设计出高含金量的会员权益，并以免费模式刺激用户。会员权益的含金量主要体现在免费的高品质文娱活动，具体包括"月月演"、"退休好风采"、讲座、电视节目录制等。尤其是一开始推出的"月月演"活动，邀请上海沪剧院、上海越剧院、上海滑稽剧团等专业剧团在专业剧场演出经典和传统曲目。用户必须提交入会申请，填写详细个人信息，尤其是真实姓名和准确的居住地址，才能获得演出门票（见表14）。

表 14 退休俱乐部入会申请和 "月月演" 领票规则	
程序	规则
入会申请	必须填写手机号、姓名、性别、出生日期、所在地区、居住地址
"月月演" 领票	门票将以挂号信的方式寄出，请务必准确填写邮编；不得以网名、昵称或笔名等非真实姓名参与报名，以免无法参加门票抽取活动

资料来源： 根据微信订阅号 "退休俱乐部" 相关信息整理。

（四）构建志愿者体系

退休俱乐部通过旅游志愿者招募，筛选出会员中的意见领袖，并通过志愿者组织体系的构建，以及一套标准化的运维模式，一方面让中老年意见领袖参与产品研发、测试、推广、营销、服务、监督、协调等全过程，让运营体系变得很轻，也很有效率；另一方面赋予意见领袖新的组织身份和激励机制，让组织与意见领袖建立紧密关系，并最大限度地调动其工作积极性。

（五）紧扣用户核心需求做变现

退休俱乐部通过上述举措完成了用户拉新、活跃、留存，建立起自身的私域流量，剩下的就是找到变现方向，实现商业闭环。运营团队紧扣中老年旅游社交和健康两个核心需求，明确旅游产品和偏养生类生活用品两个主要变现方向，并围绕用户痛点规划产品，形成差异化的产品策略和产品形态。

五、退休俱乐部的会员发展之路

退休俱乐部用了 5 年时间做到线上 "粉丝" 近 100 万人，注册会员 50 万人，上海地区全平台会员数 120 万人。总结其拓客方法，主要有以下几种。

（一）电视媒体导流

退休俱乐部最开始制作的《我们退休啦》节目与上海电视台合作，在新娱乐频道播出。借助官方媒体的支持，品牌公信力在目标群体中快速建立。与此同时，电视媒体的受众近年来以中老年群体为主。因此，将内容投放到一个相当精准的用户渠道，能够在发展初期提高导流效率。

（二）内容多平台分发

退休俱乐部采取多平台分发的策略进行流量导入，既包括自媒体，也包括外部媒体，运用线上、线下不同的方式。《我们退休啦》电视节目目前已落地全国十几个频道，以及腾讯、爱奇艺、优酷等网络视频平台。《我们退休啦》周刊在全国发行。微信订阅号"退休俱乐部"已在全国十几个城市注册账号并开展内容推送。短视频内容也在多个短视频平台分发。

（三）报纸和文娱活动的免费模式

《我们退休啦》周刊连续4年采取会员免费赠阅模式。"月月演"、讲座、社区活动、"退休好风采"等文娱活动也是免费向会员开放的。稀缺的内容、免费的模式，必然会有大量的会员转化。

（四）抢票、拉票等社交裂变手段

退休俱乐部在线下活动中频繁采用抢票、拉票等运营手段，开展社交裂变拉新。在"月月演"的抢票规则中，规定"抢到票的会员获赠2张门票"，这就实现了一带一的拉新效果。退休俱乐部发起的"我邀新会员"活动中，规定"老会员成功邀请4名新会员，可获得'月月演'门票2张（排序在前100位）"，实现了一带五的拉新效果。"最美旅游志愿者"投票活动带动了7万多人参与。更大范围的拉新手段运用是在赛事活动中，比如"退休好风采"的海选投票、助力投票等，一次网络投票活动能带来几十万甚至上百万新用户的关注。

（五）福利社

退休俱乐部生活商城服务号"我们退休啦"采取"福利社"社群运营模式拓展新用户。通过养生知识每日推送、名医养生知识讲座（每月举办1~2次）、抽奖游戏等福利刺激用户加入退休俱乐部福利社。

（六）志愿者招募

退休俱乐部自 2015 年开始先后启动了 6 期旅游志愿者招募活动，累计招募旅游志愿者 550 余人。每期志愿者是从报名的数千名会员中筛选出来的，每一个志愿者都是中老年群体中传播力、影响力较大的意见领袖。这支 550 余人的志愿者队伍散布在上海市各个街道、社区，既是退休俱乐部的品牌宣传员，也是会籍和其他产品的市场推广员。

（七）社团舞台活动

退休俱乐部在 2019 年专门面向老年民间艺术团体推出了"月月演"和"退休好风采"活动。运营团队开始重点开发老年民间艺术团体这个庞大的用户渠道，通过提供较高规格的舞台，吸引其参与活动并转化为会员，同时通过网络投票等裂变手段，让艺术群体带动大量新用户关注平台。

（八）异地复制扩张

据退休俱乐部官方介绍，截至 2019 年底，公司已经在杭州、苏州、南京开始运营。从微信订阅号的统计来看，以上海东犁文化传播有限公司作为账号主体的退休俱乐部订阅号已经覆盖北京、浙江、江苏等地（见表 15）。

表15　退休俱乐部订阅号覆盖地区统计

覆盖地区	订阅号名称	注册时间
浙江	浙江退休俱乐部	2017 年 4 月 7 日
江苏	江苏退休俱乐部	2017 年 4 月 12 日
安徽	安徽退休俱乐部	2017 年 4 月 13 日
江西	江西退休俱乐部	2017 年 4 月 13 日
北京	北京退休俱乐部	2017 年 10 月 27 日
湖南	湖南退休俱乐部	2018 年 1 月 26 日
无锡	无锡退休俱乐部	2018 年 1 月 26 日
南京	南京退休俱乐部	2018 年 3 月 19 日
扬州	扬州退休俱乐部	2018 年 3 月 19 日
镇江	镇江退休俱乐部	2018 年 3 月 19 日
常州	常州退休俱乐部	2018 年 3 月 19 日
南通	南通退休俱乐部	2018 年 3 月 19 日
天津	天津退休俱乐部	2019 年 7 月 24 日

覆盖地区	订阅号名称	注册时间
武汉	武汉退休俱乐部	2019 年 7 月 29 日
成都	成都退休俱乐部	2019 年 7 月 29 日
重庆	重庆退休俱乐部	2019 年 7 月 29 日

资料来源： 根据微信订阅号查询， 统计时间 2020 年 3 月 30 日。

六、退休俱乐部的变现之路

退休俱乐部从一开始上线电视节目就开启了商业变现，变现主要有 4 个方向：商业广告、旅游产品、老年生活用品和老年教育。电视节目广告收入是退休俱乐部最早的盈利点，广告主主要是一些知名的保健品品牌和旅行社。

之后，团队探索的第二条变现路径是旅游产品。据创始人李翔介绍，他们最初倾向于做旅游广告发布平台，但是有一个合伙人熟悉旅游产品，所以开始尝试自己做。通过差异化的产品策略和独特的销售模式，旅游收入增长迅速，成为公司的主要收入来源。

有了一定的会员基数后，团队开始尝试老年用品变现。一开始主打服饰和生活用品，由于选品不当和运营团队缺乏经验，销售并不理想。后面聚焦用户的健康需求，团队调整产品定位和规划，通过线上微信商城、福利群和线下健康生活馆两条渠道进行产品售卖，线下销售额快速增长。目前，退休俱乐部已经与多家日本老年消费品企业合作开发产品，计划打造一个"中老年人的无印良品"。未来，基于对新老人群体的生活理念和消费能力，创始人李翔非常看好护理和老年纸尿裤市场。

随着对用户的进一步洞察，退休俱乐部在 2018 年开始了老年教育变现的尝试。创始人李翔总结退休俱乐部会员的特征为"三不老人"：不那么爱跳广场舞、不那么爱贪小便宜、不那么会盲目购买保健品。这群老人具有一定的知识水平，有判断力，有丰富的兴趣爱好，希望在年老时弥补年

轻时的遗憾。基于此，退休俱乐部与上海当地名校合作推出国学班，学校
负责师资、场地，退休俱乐部负责招生、引流。与上海交通大学合作推出
的国学班（见表16），每一期学费高达12800元，目前已经开了4期。

项　目	具体内容
学制设置	一学年（两学期）
课程内容	涵盖国学（18次课）、史学（4次课）、文学（6次课）、西方经典（12次课）等
上课安排	每周二下午，每次3小时
开课时间	首届研修班入学时间为2018年4月10日
上课地点	上海交通大学徐汇校区
研修证书	由上海交通大学颁发研修结业证书
课程费用	12800元

表16　退休俱乐部与上海交通大学合作推出的国学班招生简介

资料来源：根据微信订阅号"退休俱乐部"相关信息整理。

第三节　退休俱乐部的旅游变现为什么做得这么好

退休俱乐部的旅游业务收入几乎是一年增长1亿元。第一年营收就达
到了1亿元，这是很多专业旅游公司发展多年都难以达到的业绩。事实上，
旅游产品是高度依赖服务人员的非标产品。同一家旅行社、同一条线路、
同一时间出发，只要是不同的地接和导游，旅游体验就会完全不一样。非
专业出身的退休俱乐部刚进入旅游市场就能取得不俗的业绩，背后肯定有
它的独特运营手段。

一、"先低后高＋先近后远＋先拼后散＋先少后多＋适老化"的产品策略

退休俱乐部从生活资讯内容切入市场，运营当年就上线旅游产品，应

该说转化场景是有问题的。更何况运营团队本身不是做旅游业务出身的，专业性存在不足。与此同时，运营周期相对较短，会员基数不够大，会员黏性还不强，品牌信任度还不够，如果没有精准的产品策略，旅游业务很难做起来。

为了解决用户信任问题，退休俱乐部采取的核心产品策略就是先做低价、短途、拼团的旅游产品，且旅游线路相对较少。这样做的好处在于：低价，便于降低用户决策门槛；短途，容易保证服务质量和旅游体验，也便于增加旅游频次；拼团，易于做大业务规模，也有利于大范围传播，容易形成口碑、实现裂变；产品有限，降低运营难度，集中所有资源做好几条线路，易于保证服务品质，形成口碑，同时减少用户选择范围，便于用户快速决策。

在此基础上，退休俱乐部进一步采取了适老化的产品策略，做出旅游产品体验的差异化。适老化主要体现在三方面：一是费用透明，一价全包，没有价廉物次、强制购物、半途加价等行为；二是确保吃、住、玩的体验品质，每条线路必须实地考察，整合旅游供应商资源，确保用户乘好车、住好的房间、享受好的餐饮服务（加菜并送水）；三是行程节奏相对舒缓，符合老人的身体状况和行动规律。这种适老化的产品设计有别于传统旅行社的标准化产品，为中老年人量身定制，用户体验后，极易形成口碑传播。

精准的产品策略对发展早期的退休俱乐部是至关重要的。事实上，市场中很多老年业务机构都在尝试旅游变现，甚至不乏一些用户量远远大于退休俱乐部的平台，但是旅游业务一直做不大。核心原因在于，它们大多没有清晰的产品规划，没有与团队能力匹配的产品规划，缺乏运营节奏；只是想当然地认为中老年旅游需求量很大，只要有用户基数，不愁产品卖不出去，一窝蜂似的上线很多直接从旅行社拿来的产品。退休俱乐部早期的产品策略为后面的快速增长打下了坚实的用户基础。一旦建立品牌信任、形成产品口碑，中老年的社交裂变速度是非常快的。作为运营方，只有不断丰富产品，增加 SKU，才能满足更多用户的多元化旅游需求。这个过程就是先易后难、由少到多。这是一个非常简单的运营思路，但是少有运营团队真正做得到。

二、"媒体矩阵＋线下门店＋志愿者"的营销策略

除了精准的产品策略，退休俱乐部还有一套营销组合拳。这套组合拳非常适合中老年群体，说明运营团队对中老年旅游消费决策心理有深刻洞察。

（一）媒体矩阵高频传播

退休俱乐部利用自身搭建的电视、报纸、微信订阅号、微信服务号等媒体矩阵，高频地向用户推送旅游资讯。资讯内容大多以软文形式出现，微信订阅号"退休俱乐部"每天一般推送 3 篇，微信服务号"退休了去哪玩"每周三推送 8 篇，《我们退休啦》周刊一般固定在头版头条。

（二）线下门店直接触达用户

针对老年用户安全意识强、认知能力（尤其是对线上产品信息的认知）有所下降的情况，退休俱乐部特别重视线下门店在销售环节中的作用。运营团队认为，面对面的产品咨询能大幅增进老年用户对品牌和产品的信任；同时，有别于年轻人自由行、自驾游的旅游消费习惯，老人倾向于跟团游，他们需要对路线、交通、住宿、景点等几乎所有产品信息了如指掌，而线上的产品信息描述是无法满足他们需求的。截至 2019 年底，退休俱乐部在上海长宁、浦东、松江、闵行、宝山、奉贤 6 个区开设了 6 家门店。

（三）巧妙的志愿者体系

退休俱乐部从 2015 年上线旅游产品就启动了旅游志愿者招募。近 5 年发起招募活动 6 期，累计招募 550 余人。公司通过多层级的志愿者组织体系和充分激励的运营体系，让 550 余人变成了执行力超强的推广员和品牌宣传员。

1. 组织体系

退休俱乐部明确旅游志愿者的基本职责如下：参加退休俱乐部旅游基地的考察；在退休俱乐部组织的旅游中，发挥监督作用；当旅途中发生突发事件和产生矛盾时，配合导游和协助领队开展工作，发挥润滑剂的作用；积极参加退休俱乐部举办的各项活动，包括俱乐部组织的旅游活动；积极宣传和服务于退休俱乐部的各项工作。

退休俱乐部设置了 4 个志愿者群，群里设组，组里设大队长、副大队长、中队长、小队长。一个群一般有 10 个组，一个组 10 人。

2. 运营体系

退休俱乐部建立了一套仪式感强，以精神激励为主、物质激励为辅的志愿者运营体系。一是志愿者招募。退休俱乐部在官方订阅号发布招募通知，明确工作职责、报名条件、报名方式等。其中报名条件为：身体健康、喜欢旅游、65 岁以下，男女不限；性格开朗、助人为乐、有一定的组织管理能力。二是大队长、中队长、小队长竞选。三是小队长、中队长、大队长授衔。授衔仪式每年举办一次，一般安排在志愿者年会上。四是"最美志愿者"评选。五是志愿者年会。每年初举办志愿者年会。年会程序经过前几年的摸索已经趋于成熟。年会程序主要如下：公司负责人对志愿者工作做总结并部署新年工作，先进个人和先进集体颁奖，小、中、大队长授衔仪式，志愿者文艺表演。

第四节　退休俱乐部的发展给我们的启示

一、做得好的地方

（一）从电视媒体切入市场，一举多得

选择从电视媒体切入中老年市场，对退休俱乐部有六大好处。其一，

发挥创始团队的最大优势。创始团队在此之前已经深耕电视媒体十几年，并且在旅行类和生活资讯类节目上有过非常出色的表现。因此，选择自己最擅长的领域起步，难度最低、速度最快。其二，有利于获取用户信任。在国内，电视媒体都是官办的。创始团队选择与上海电视台合作，就意味着有了政府支持。在中老年人天然对政府组织有信任基础的社会环境下，依托官方媒体做内容，更有利于市场推广。其三，有利于品牌树立。依托官媒的好处不仅在于增强用户信任，更在于这是一块金字招牌，非常有利于退休俱乐部品牌的建立与传播。其四，这是一条高效触达目标用户的渠道。做媒体出身的李翔非常清楚，随着移动互联网的崛起，电视媒体的受众以中老年群体为主。他们看电视的频率和时长远远高于年轻人。其五，有利于构建竞争壁垒。电视媒体领域不是一般人随随便便就能进入的，它的门槛在于内容生产的专业性，以及较高的生产成本。其六，团队自我赋能，整合广告商资源，迅速变现。基于团队十几年的媒体经验和收视率业绩，才可能做到《我们退休啦》节目一上线就有很多知名保健品机构进行广告投放。这一点对退休俱乐部的后续发展非常关键。正是在电视内容生产一开始便完成商业闭环并实现盈利的前提下，团队才有可能推出免费的会员权益去大规模拉新。

（二）免费的会员制模式

这里要强调的是两点，一是免费模式。国内有很多老年机构都推出过会员制，但是能做到免费的很少。退休俱乐部能做到，是因为广告收入已经让它实现盈利。而其他机构没有这么好的变现能力，会籍收入还是其主要营收来源之一。免费模式带给退休俱乐部的好处是显而易见的，即有助于快速打开市场、获取用户。二是会员制。通过会员权益的设计，将用户进行分级，能更好地沉淀高价值用户，获取用户核心数据，为后续商业变现打好基础。退休俱乐部设计的会员权益以报纸赠阅和线下文娱活动为主，紧扣目标用户的文娱需求，对低龄活力的中老年群体是非常有吸引力的。需要补充强调的一点是，在当下大多数用户非常抵触提供更多个人信息的情况下，赠阅纸媒是一个获取用户关键信息的便捷手段。

（三）围绕老年用户的吃和玩做变现

退休俱乐部选择的变现方向是符合活力老人需求特征的，并且抓住了他们最大、最高频的需求。众所周知，当下活力老人的画像是，有钱、有闲、有健康焦虑，他们就想身体健康、吃好玩好，还要弥补一下年轻时的遗憾。因此，他们需要健康知识、生活资讯、养生产品、旅游产品、兴趣教育等。当然，他们也有其他方方面面的需求，但是在吃和玩两个方面的消费意愿最为强烈。退休俱乐部以养生保健品和旅游产品作为主要变现点，意味着抓住了一个庞大的消费市场。

（四）搭建高效的营销体系

退休俱乐部突出的营收表现，离不开其独特的营销体系——旅游志愿者体系。事实上，这种体系并不新鲜，也非退休俱乐部原创，很多养老运营机构也采用过，但是唯有退休俱乐部的效果比较好。原因何在？作者认为，核心在于如何运营这套体系。志愿者组织架构好搭建，如何管理好不以职业发展为目的、不以养家糊口为诉求的老年志愿者，是成败的关键。我们看到，退休俱乐部在管理过程中非常注重稀缺性、仪式感、荣誉感、归属感的打造，给志愿者创造最大化的社交资本，给予其最大化的精神激励，而这些激励正好是已经退休的志愿者们最想获得的。内在激励的充分满足，再辅之以物质、福利方面的外在激励，就能充分调动起志愿者的积极性。

从运营成本角度讲，志愿者体系的有效运转，让退休俱乐部几乎免费招募了500多人的营销人员，还节省了推广费用和品牌传播费用，这对公司的财务贡献是非常大的。

（五）媒体矩阵之间的协同性

退休俱乐部搭建的媒体矩阵涵盖了电视、报纸、新媒体等，新媒体又包括1个订阅号、2个服务号，中间还嵌入了2个线上商城、1个社区，功能很庞杂。然而，团队的运营思路还是很清晰的。哪些媒体做导流、哪些媒体做互动、哪些媒体做留存，他们想得很清楚。新媒体之间都有入口，相互导流，协同效果很不错。

二、存在的问题与挑战

（一）线上社交产品的方向有待优化

退休俱乐部社区早在 2017 年中就已上线，2018 年做过一次大的版本迭代，主要是将话题板块数量做了大幅删减，原有核心功能未做大的调整，新增一项退休相册功能。整体来看，产品现有核心功能类似于微信朋友圈和美篇。从运营数据来看，每一板块的话题数和关注数都比较少，与120 万人的会员数对比，社区用户活跃度明显不足。作者截取了 2020 年 3 月 23 日和 2020 年 4 月 1 日间隔 8 天的数据，明显可以看出，话题数和关注数的增长很少，棋牌游戏和戏曲人生两个板块几乎零增长（见表 17）。退休俱乐部需要对社区产品方向进行重新规划，在核心功能和用户体验上做出与微信朋友圈、美篇的差异化。

表 17　退休俱乐部社区话题板块数据变化情况

社区板块	话题数（个）		关注数（人）	
	2020.3.23	2020.4.1	2020.3.23	2020.4.1
健康养生	1825	1841	921	928
旅游天地	6716	6738	3321	3328
美食分享	830	834	555	562
棋牌游戏	38	38	167	168
文学园地	3618	3658	366	368
戏曲人生	174	175	335	337

资料来源：　根据微信订阅号“退休俱乐部”相关信息整理。

（二）适老化特色在出境游产品中不明显

适老化是退休俱乐部旅游品牌的核心特色之一，也是起步时运营团队重点打造的产品策略。然而在线上商城东礼国旅中可以看到，出境游产品，比如东欧五国河轮 12 日游、东欧巴尔干 14 日游，其行程安排与传统旅行社的产品几乎没有差异，尤其是适老化特色并不明显。经典景点都覆盖到了，但是每一天的行程节奏与面向所有人群的普通旅游产品是一样的。事实上，传统旅行社近年来也非常重视老年市场，并相应推出了专门面向老年群体的适老化旅游路线。退休俱乐部所强调的一价全包不藏猫腻、不强制购物等特色，传统旅行社也能做到。因此，如果退休俱乐部在产品差异化上不能坚持下去，不能持续提升旅游产品竞争力，就会逐步透支旅游志愿者的价值贡献，损害多年积累的用户口碑，从而丧失竞争优势。

（三）异地是否能快速复制扩张

中老年群体的地区差异还是很明显的。起步于上海地区的退休俱乐部是否能将成熟的运营模式快速复制到其他区域存在比较大的不确定性。制约因素主要有以下几点：其一，电视节目内容目前偏上海地区化，需要突破地域性；其二，旅游产品目前大多数仅面向上海地区，周边游产品也只涵盖上海周边的景点资源，若要开发全国性的旅游产品，还需要整合大量的旅游资源；其三，支撑退休俱乐部的营销体系偏线下，在异地搭建需要花较长时间物色志愿者人选；其四，"月月演"、讲座、"退休好风采"等线下活动在异地复制，都需要一个相匹配的运营团队，而团队的搭建需要时间，当地资源的整合也需要时间；其五，所有面向现有会员的服务、产品都要结合当地人群的需求特点进行调整。

（四）公司急需一种互动性强的线上产品

退休俱乐部虽然搭建了一个"海陆空"媒体矩阵，但是用户互动性依然不强。电视媒体和纸媒本身就是单向传播的，能做互动的主要是新媒体。从官方订阅号"退休俱乐部"每日资讯头篇数据来看，阅读量一般在两万人次以上，但是留言一般不超过 10 条（除非发布有奖话题活动）。运营团队为了增强互动性而做的退休直播间，主要与生活产品售卖相关。其他线下活动虽然互动性强，但是参与人数有限，当遇到疫情等突发事件时更是无法开展。退休俱乐部本想通过社区产品增强线上互动并更好地留存用户，但是运营两年多的数据很一般。公司若想实现快速增长，克服线下扩张的局限性，必须在线上实现突破。

三、可以学习借鉴的地方

既然前面说到了退休俱乐部的发家之路，也简单陈述了可能存在的问题，那作为后来者有哪些点可以借鉴呢？

（一）合伙人的选择要优势互补、相互赋能

我们从公开资料看到，退休俱乐部几乎所有的外部活动都由公司常务副总经理李萍出席，创始人李翔和总经理张磊罕有露面，包括志愿者年会他们也不出现，志愿者体系的日常运维完全由李萍负责。这并不妨碍退休俱乐部的快速发展和良好的业绩表现，充分说明创始人李翔的团队搭建非常成功。擅长做内容的李翔专注公司战略和媒体内容制作，而其他运营管理事项则交给了更擅长做渠道、做营销的李萍。

（二）做内容就要尽可能高频触达用户

退休俱乐部从电视、报纸等传统媒体切入市场，为什么后面陆续启动了新媒体、线下活动、短视频、直播？原因之一就是为了弥补大屏和纸媒触达用户频次过低、占用用户时长过短的缺陷。在商业世界里，谁占用用户的时间更多，谁就拥有更多的商机。因此，在老年文娱市场，无论是做什么样的内容，无论是线上还是线下，一定要设计出高频触达用户的方式和手段。

（三）产品运营要有节奏

前面我们剖析过退休俱乐部的旅游产品变现为什么比很多旅行社都做得好，很关键的一点就是在创始人确定做旅游业务之后，他们并没有贪大求全，而是先易后难、先少后多。在企业运营中，往往做加法容易，做减

法难，尤其是在一开始特别容易做很多加法，力图完美。殊不知这种完美是自我陶醉，并不是用户体验的完美状态。企业做产品的目的，是要把产品卖给目标用户。谁是第一批用户？产品要围绕第一批用户的痛点去设计。只有让第一批用户体验好了，才会有第二批、第三批，才会有口碑。因此，做产品运营不要一上来就企图满足所有目标用户的需求。

（四）志愿者体系可以模仿

从前述分析不难看出，退休俱乐部取得优异旅游变现业绩的关键在于旅游志愿者体系。本章对其运营、管理做了详细的分析介绍，这些方法与手段没有技术壁垒，都是可以学习借鉴的。但是，在模仿过程中需要关注以下几点。其一，地区的差异性。前已述及，中老年群体的地区差异非常明显，在上海地区运转很好的志愿者体系未必能在其他地区顺利运转。在这中间，要特别关注 KOL 的差异化，并根据其差异化对运营管理体系进行调整。其二，体系管理者的禀赋。不是任何人都能管理好这套志愿者体系的。前面也提到过，在退休俱乐部内部并不是创始人在管理志愿者体系。因此，筛选出合适人选对于借鉴这套体系是很关键的。其三，注意细节并学其精髓。关注退休俱乐部志愿者组织体系和运营体系中的每一处细节，并准确把握稀缺性、仪式感、荣誉感、归属感的打造，这是给予志愿者最大的内在激励。

第十一章 日本、美国老年文娱案例分析

杨俊凯 张祚禄 范 振

杨俊凯，北京中关村科技发展（控股）股份有限公司研究员

张祚禄，北京中关村科技发展（控股）股份有限公司60加研究院负责人

范振，北京中关村科技发展（控股）股份有限公司研究员

核心观点

● 早在 20 世纪中后期，日本、美国先后进入老龄化社会，尤其是在二战后，银发经济发展加速，老年教育、老年旅游需求旺盛，美国、日本先后涌现一大批优秀的老年文娱企业。本章通过研究日本 Club Tourism 和美国 Road Scholar 的发展历程、产品服务和商业模式发现：①老年旅游业的发展和一国经济发展、老龄化进程密不可分；②老年旅游与人文、情怀等结合，能提升产品附加值；③多元化、创新、跨界发展是大势所趋。

第一节　Club Tourism：日本最大的老年旅游公司

一、公司概况

Club Tourism 是日本一家老年旅游服务商，前身为隶属于KNT‐CT 控股集团的 Tabino Friends Millioners Club。1996 年，更名为 Club Tourism（公司 Logo 见图1）。

图1　Club Tourism 的 logo①

（一）历史沿革

1980 年，日本近畿旅游涩谷办事处开始从事旅行的直销业务。

1993 年，成立 Tabino Friends Millioners Club 有限责任公司

1996 年，将 Tabino Friends Millioners Club 有限责任公司改组为 Club Tourism 有限责任公司。同年，设立缅甸旅游局和柬埔寨旅游局东京办事处。

---

① Logo 含义：5 个牵着手跳舞的人是旅行的同伴，代表旅程的 5 种感官，也代表旅程的 5 个主要因素——相遇、兴奋、学习、健康与和平，同时代表五大洲。Club Tourism 希望创建一个旅行同伴圈子并创建一个充满和平与快乐的社会。

2005 年与维珍银河合作在日本销售私人太空旅行产品。

2008 年，发起"南极旅行"，并开设互联网住宿网站"国内住宿计划"。

2010 年，Club Tourism 邮轮世界旅行中心开业。

2011 年，Club Tourism 中国有限公司成立。近畿日本铁道的新型特快"阳炎"列车正式投入运营。

2015 年，生活支援服务（家政服务）"Gutto Raku"开始运营。

2018 年，三冈英治设计的公共汽车"Club Tourism First"开始运营。

（二）市场地位

Club Tourism 总部位于东京新宿，主营业务涵盖旅行、家政、护理、媒体等多个方面，营业分部遍及日本，覆盖中国、东南亚、欧美等地。Club Tourism 拥有的旅游线路上万条，会员 700 万名，且以 60~70 岁的老年人为主，每年约有 420 万名中老年人会通过 Club Tourism 旅行。

Club Tourism 占据的市场份额 2015 年达到 2.6%（见表 1）。Club Tourism 年营业收入约 1600 亿日元，折合人民币约 105.4 亿元，净利润为 16 亿~30 亿日元，折合人民币在 1.05 亿~1.98 亿元，是日本最大的老年旅游服务商，也跻身日本十大旅行社之列。

	2011 年	2012 年	2013 年	2014 年	2015 年
	表 1 日本十大旅行社名单				
1	JTB（22.3%）	JTB（22.8%）	JTB（23.0%）	JTB（23.5%）	JTB（23.9%）
2	日本旅行（6.1%）	阪急交通社（6.1%）	近畿日本（8.1%）	近畿日本（8.0%）	近畿日本（7.7%）
3	近畿日本（6.0%）	日本旅行（6.1%）	日本旅行（6.3%）	HIS（6.6%）	Rakuten Travel（7.4%）
4	HIS（5.8%）	HIS（6.0%）	HIS（6.3%）	日本旅行（6.5%）	HIS（6.5%）
5	阪急交通社（5.7%）	近畿日本（5.2%）	阪急交通社（5.7%）	Rakuten Travel（6.1%）	日本旅行（6.4%）

续表

	2011 年	2012 年	2013 年	2014 年	2015 年
6	Rakuten Travel（4.8%）	Rakuten Travel（5.2%）	Rakuten Travel（5.6%）	阪急交通社（5.2%）	阪急交通社（5.1%）
7	JTB World Vocations（3.7%）	JTB World Vocations（3.9%）	JTB World Vocations（3.9%）	JTB World Vocations（3.8%）	JTB World Vocations（3.3%）
8	ANA Sales（3.4%）	ANA Sales（3.2%）	ANA Sales（3.3%）	ANA Sales（3.3%）	ANA Sales（3.1%）
9	JALPAK（2.6%）	JALPAK（2.7%）	JALPAK（2.7%）	JALPAK（2.8%）	JALPAK（2.7%）
10	Club Tourism（2.3%）	Club Tourism（2.4%）	Club Tourism（2.6%）	Club Tourism（2.7%）	Club Tourism（2.6%）
总计	62.7%	63.6%	67.5%	68.5%	68.7%

注：　括号内为所占市场份额。
资料来源：　日本观光厅，60 加研究院整理。

二、发展背景

（一）经济、市场背景：快速发展的经济与旅游

日本现代旅游业是伴随着二战后日本经济的发展而成长起来的。二战后日本借助美国支持及日本国内政策环境改革的契机，国民经济快速复苏，进入高速增长的黄金阶段。1955 年日本人均国民生产总值已经超过了战前最高水平，国内"大众旅行时代"开启。

1964 年，日本在东京举办奥运会，大力兴建交通、住宿等基础设施，完善旅游出行的基础设施。同年，日本颁布"海外旅行自由化"政策，废除出境旅行仅限于公务目的的约束，日本出境游业务开始萌芽。

1960 年，日本实施"国民收入倍增计划"。1967 年，日本国民收入增加了一倍。1968 年，日本成为西方世界仅次于美国的第二大经济强国①。

① 张可云：《国际经济地位变化与中日关系前景》，《湖湘论坛》2014 年第 1 期。

到 1973 年，日本国民收入增加了 2 倍①。

在这段时期，日本国内经济高速增长，日元升值，促进了日本游客走向世界，出境旅游人数一路攀升。

1971 年，日本出境游客人数首次超过了入境游客人数。1972 年，日本的出境游客突破了 100 万人次②。

1987 年，日本政府推出"海外旅游倍增计划"，极大地提振了日本的出境游需求，引发海外旅行高潮。1990 年，日本出境游客达到 1000 万人次③。

日本"国民收入倍增计划"在带来发展红利的同时也导致了高通胀、收入差距扩大等问题，加之石油危机爆发，1980～1990 年日本经济增速放缓，GDP 与可支配收入增速期间复合增长率分别降至 7% 和 6%④。

20 世纪 90 年代，日本经济增长缓慢，甚至出现了负增长，名义 GDP 从 7.2% 下降到 1.1%，货币供应量增长率由 10.8% 下降到 2.6%⑤。

这一时期被称为"日本消失的十年"。振兴入境游市场、扭转经济颓势成为极为紧迫的大事。1996 年，日本推出"访日外国游客倍增计划"，开始发力入境游；1997 年，实施《外国游客招徕法》；2000 年，推出"新访日外国游客倍增计划"。

2003 年 7 月，日本"观光立国"战略正式确立。该战略提出，到 2010 年要接待外国游客 1000 万人次。"观光立国"使日本旅游业发展成为新的出口产业⑥。

此外，2002 年日韩世界杯以及 2005 年世博会在日本的成功举办，使

① 日本内阁府：《年度经济报告》（1973）。
② 日本观光厅：《赴日游客和日本出境游客统计（1964～2018）》。
③ 日本观光厅：《赴日游客和日本出境游客统计（1964～2018）》。
④ 日本内阁府：《日本经济和财务白皮书》（2000）。
⑤ 日本内阁府：《日本经济和财务白皮书》（2000）。
⑥ 金春梅、凌强：《日本观光立国战略模式及启示》，《日本问题研究》2012 年第 26 期。

日本入境游进入快速发展时期。2015 年，日本国际旅游收支变为顺差，访日外国游客数超过出国旅游人数。

2017 年，日本政府推出第三个"旅游观光产业推进基本计划"，设定了旅游战略新目标，即至 2020 年，年入境外国游客量突破 4000 万人次、在日消费额超过 8 万亿日元。还推出"活跃地方机场政策"，将国内的 15 座机场作为主要接待外国游客的枢纽站，并下调了国际航线价格。

2017 年访日外国人数达到 2869 万人次，超过了 2016 年的 2404 万人次，同比增长 19.3%①。2018 年，赴日国际游客人数再创新高，达到 3119 万人次（见图 2），游客旅游消费额达到 4.5189 万亿日元。

图 2 日本入境旅客人数

资料来源：日本观光厅。

（二）人群背景：老龄化严重

早在 20 世纪 70 年代，日本就已进入老龄化社会，截至 2019 年，日本的老龄化程度排名世界第一。2018 年，日本 65 岁以上人口为 3558 万人，

---

① 王金伟、李子洁、冯岩飞：《日本旅游经济发展特点及政策走向——基于 2018 年版〈旅游白皮书〉的审视》，《日本研究》2019 年第 2 期。

占总人口的比例达到28.1%。

根据日本国立社会保障人口问题研究所预测，2025年，日本75岁以上人口占比将为17.8%，并将于2060年达到25.7%（见图3）。

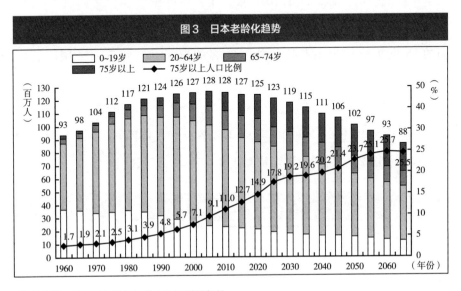

图3　日本老龄化趋势

资料来源：日本国立社会保障人口问题研究所。

随着可支配收入的逐年提高、闲暇时间的增多，老年人的旅游愿望越来越强烈，这就形成了较为庞大的老年旅游消费市场。

三、业务解析

经过25年的发展，Club Tourism已经形成了"旅游业务＋相关服务"体系。

旅游业务：Club Tourism开发了国内旅行、国外旅行、入境游、太空旅行等多样化的产品形式。Club Tourism已在日本全境设立了包括关东新宿总部在内的16个办事处（见表2）。

名称	业务范围			
	国内游	巴士游	主题游	海外游
关东新宿总部	√	√	√	√
北海道旅游中心	√	√		√
东北旅游中心	√	√		√
关东：银座	√	√		√
多摩分公司	√	√		√
横滨分公司	√	√		√
千叶分公司	√	√		√
大宫分公司	√	√		√
茨城县旅游中心	√	√		√
名古屋旅行中心	√	√	√	√
滨松事务所	√	√		√
关西旅行中心	√	√	√	√
神户支店	√	√		√
奈良分公司	√	√		√
中国四国旅行中心	√	√		
九州旅游中心	√	√		√

表 2　Club Tourism 16 个办事处

资料来源：Club Tourism 官网。

相关服务：Club Tourism 围绕旅游业务，开展家政、护理、保险、媒体等多个辅助性质的业务，这些领域都由旅游业务衍生，成为 Club Tourism 吸引客户及增强客户黏性的强有力手段。

（一）旅游业务

Club Tourism 有着极为丰富的产品线，产品及服务极具差异化，并通过老年人的社交及精神文化需求为产品提供了非常高的附加值。在旅游业务领域，Club Tourism 开发了火车旅行、巴士游、主题旅行等多种细分产品。

1. 国内游 + 出境游

（1）火车旅行。Club Tourism 拥有日本国内首辆由特定旅行社运营的专列——"阳炎"（Kagirohi）。该名称出自《万叶集》，意为日出时美丽的天空。该专列由 4 节特快车厢改造而成，耗资约 4000 万日元（约合人民币

326万元）。车厢内设有吧台，可举行演讲和表演。车身外部配色为墨绿色，内部客房内铺地毯，配置极为豪华。

日本当地时间2011年12月23日，"阳炎"开始正式运营。如今，"阳炎"已经连通京都、大阪、奈良、名古屋、鸟羽、贤岛等多个著名旅游城市。

（2）巴士旅游。Club Tourism在日本设置了近600个公交旅行聚会地点，并设置了丰富的一日游和住宿巴士之旅项目。

Club Tourism的巴士旅游有三个级别：常规计划、皇家巡洋舰计划、高阶计划（见表3）。

表3 巴士旅游产品线

计划名称	巴士类型	配置	单车人数
常规计划	标准公共汽车（带厕所），舒适型座椅公共汽车（带厕所），舒适型座椅公共汽车，新型公共汽车	无特殊配置	满座
皇家巡洋舰计划	豪华巴士	宽敞的座位、脚凳、洗手间、iPad、拖鞋、毛巾、现煮咖啡、茶、甜点、雨伞、个人储物柜和冰箱	最多28人
高阶计划	45座豪华巴士	使用指定的A级以上旅馆，特定导游跟随	最多22人

资料来源： Club Tourism官网。

（3）主题旅游。与普通旅游相比，主题旅游往往会围绕一个主题进行，比如摄影、绘画等，客群则是对某一主题感兴趣的人群。

Club Tourism推出的主题旅游包括远足游、神社庙宇游、花之旅、摄影之旅、仅限单人或仅限女性的旅游、朝圣之旅、美食之旅、历史探索游、温泉之旅、绘画之旅、马拉松之旅、岛屿之旅、旅居、无障碍旅行等。Club Tourism还有100多位签约的主题专家，一起参加旅行给客户讲解。有时也从客户中发掘出精通某个主题的人才，作为专家录用。

以绘画主题旅行为例，除了带游客去风景如画的景点之外，还有专门的老师指点学生写生，并在旅行前后为游客举办绘画辅导班。

针对主题旅游容易被复制的情况，Club Tourism 每个月都要和第一线的主题专家开会，反省有什么地方需要改善，不断地提高服务的品质。

（4）邮轮游。Club Tourism 的邮轮旅行路线遍及欧洲、美洲、大洋洲、亚洲等多个海域，并提供了不同档次、不同价格的游轮舱位和服务，可以满足不同收入人群的选择。

由于邮轮旅行的耗时一般较长，航行速度慢且稳定，环境舒适，集吃、住、行、游、购、娱于一体，因此正在受到越来越多中老年客户的青睐。

Club Tourism 的邮轮分为四个类别：休闲船、优质船、豪华船和日本船（见表4）。

表4 邮轮游产品线					
	特点	船型	平均游轮价格	着装	年龄段
休闲船	有餐馆、酒吧和游泳池，拥有大量用于表演等活动的设施	大型船居多	每晚100美元	无着装要求	相对年轻
优质船	精致、宁静、设施较丰富	中型船居多	每晚200美元	男：深色西装/燕尾服 女：宴会礼服/日式服装	比较高
豪华船	乘客数量少，服务更加周到，更加注重餐食质量	中小型船居多	每晚300~450美元	男：深色西装/燕尾服 女：宴会礼服（最好是长及脚踝）/和服（参观服）	年轻人到老年人皆可
日本船	官方语言为日语	仅3艘：明日香Ⅱ、日本丸和太平洋双鱼座	每晚30000~50000日元	男：深色西装/燕尾服 女：晚礼服/鸡尾酒会礼服/日式服装	年轻人到老年人皆可

资料来源：Club Tourism 官网。

2. 入境游

Club Tourism 的 Yokoso Japan Tour 提供入境游路线 200 条。

为更好地服务国外游客，2008 年 12 月，Club Tourism 的控股公司 KNTCT 控股有限公司专门成立了 Yokoso Japan 网站，由 Club Tourism 和 KNTCT 全球旅行社共同提供旅游产品，向全球介绍和出售包括个人旅行、巴士旅行、主题旅行等在内的超过 500 种旅行和活动，并在中国、泰国、加拿大、美国、澳大利亚等地设立销售中心。

该网站有日语、英语、中文三种语言，游客可以在网站查看和预订旅游行程，订购火车票、飞机票、酒店等。旅游形式包括纯外国人旅行、日本人与外国人混合旅行两种形式。

3. 太空游

2014 年，Club Tourism 设立了一个专门负责太空旅行的子公司。该公司将在日本专卖由美国维珍银河公司发起的太空游服务，预计 10 年间将有 900 人参加。

参加该项太空游需乘坐专用宇宙飞船从美国新墨西哥州的机场起降，飞船将上升至距离地面 100 公里的太空，在大约 2 小时的飞行中游客可享受 4 分钟的失重状态。行程费用为 2500 万日元（约合 150 万元人民币）。

（二）相关业务

1. 临终业务

Club Tourism 推出了包含临终课程、生命之旅、殡葬业务、个人传记在内的临终关怀业务。

临终课程设置的内容包括关于尊严死亡的基本知识、费用和事例介绍（各种葬礼的优缺点）等。

生命之旅：通过实际访问和亲身体验，客户可以选择真正适合的追悼会风格。

殡葬业务：包含物品整理（包括生前物品整理及遗物整理）、垃圾清理、采购服务、遗嘱创立、下葬、移坟等业务。殡葬形式包括树木葬、骨灰堂统一安葬、海葬等。

个人传记：分为两类——书籍版本和报纸版本，两者差别较大（见表5）。

表5　个人传记类型						
版本	记录者	规格	价格	出版时长	适用地区	
书籍版本	专业作家	16页小册子	158000日元（含税）	3个月	东京都、神奈川县、埼玉县、千叶县	
报纸版本	报纸记者	A3报纸双面	34890日元（含税）	1个月	东京都、神奈川县、埼玉县、千叶县	

资料来源：Club Tourism官网。

2. 家政业务

Club Tourism还为行动不便的老人提供保洁、陪同出行、搬家、维修等家政服务。

Club Tourism的家政服务遍及日本大部分地区，并深入东京、埼玉县、神奈川等地的郊区，为日本老人提供了非常多的便利。

同时，Club Tourism推出了多种可供客户选择的套餐（见表6），满足了客户不同层次的需求，目前收费为每小时3000～4500日元。

表6　家政套餐类型分类					
类型名称	次数	每次清扫时间（小时）	收费（日元）	延期费	服务时间
高级70（70岁以上老人专享）	每月1次	3	10990	每30分钟1500日元	工作日9：30～17：00
	每月2次	3	18980	每30分钟1500日元	工作日9：30～17：00
标配服务	每月2次	2.5	17980	每30分钟1500日元	9：30～17：00
长时服务	每月1次	3	11490	每30分钟1500日元	9：30～17：00
	每月2次	3	19980	每30分钟1500日元	9：30～17：00

续表

类型名称	次数	每次清扫时间（小时）	收费（日元）	延期费	服务时间
短时服务	每月2次	2	14980	每30分钟1500日元	9：30～17：01
一次性服务	一次	3	13980	每30分钟1050日元	9：30～17：02
三次服务	三次	3	36000	每30分钟1500日元	9：30～17：03

资料来源： Club Tourism 官网。

除了打扫清洁服务，Club Tourism 还提供除草、搬家、园艺、更换纱窗、更换灯泡等服务，收费在 9990～13980 日元。

3. 护理业务

Club Tourism 从 2003 年开始介入老人的护理行业。从 2010 年开始，Club Tourism 的护理业务开始走上正轨。Club Tourism 的护理业务主要通过 Magoroku 开展，分为两类：一类是日间照料旅行，另一类是长期护理服务。

日间照料旅行，是指由工作人员将老人接到指定的场所，上午进行健康检查和疗养，中午提供健康的午餐，下午则享受与其他老人的社交活动，或是额外的护理项目，再由工作人员送回。Club Tourism 的护理业务的特点是从旅行公司独特的角度，为老人提供日间照料，Club Tourism 的日间照料可以为老人们提供像旅行一样的娱乐性，有时也带老人出去真正享受旅行。

长期护理服务则包括身体保养、康复性训练、业务活动、社交活动等多个方面。

4. 生活研讨会

Club Tourism 提供一系列免费的生活研讨会服务，包括财产继承、养老金、退休生活规划、健康养生、临终生活等方面。研讨会讲师都是来自保险、房地产、财务规划等行业的优秀从业者。

5. 健康旅游

健康旅游是指通过运动专家指导来学习延长健康预期寿命所需的知识，从而养成健康习惯。这类项目往往包含步行、健康检查、锻炼指导、了解健康及与朋友互动等内容。

6. 媒体业务

Club Tourism 的媒体业务指的是针对会员发布《旅之友》杂志（见图4）。这些会员为累计消费金额在 7 万 ~ 100 万日元的人群，该杂志的发行量每月多达 300 万册。

图4　《旅之友》杂志封面示例

1983 年，《旅之友》杂志的前身"Tabino Tomo 新闻"出版，1985 年，《旅之友》杂志首次作为旅行信息杂志发行。《旅之友》杂志介绍每个季节以及健康、食物、自然和文化中引起关注的季节性旅游信息。

四、Club Tourism 的营销模式

为了增强客户的黏性，Club Tourism 引入以《旅之友》杂志为核心的营销方式。

Club Tourism 的旅行期刊《旅之友》和其他杂志不同的是，通过客户发给其他潜在客户。《旅之友》杂志每月的发行数达到 300 万册，其中 80% 是通过志愿者配送到其他客户手中。

对于会员而言，每个月都能免费收到《旅之友》杂志，可以掌握最新的旅游资讯。

对于志愿者而言，根据杂志的派送数量，可以获得数千日元到数万日元不等的酬劳。这份工作既与自己喜好的旅游有关，又能赚取一些零用钱，因此广受老年会员的喜爱，在东京首都圈就约有 8000 位活跃的志愿者。

对于公司而言，Club Tourism 通过志愿者将《旅之友》递交给住在附近的会员，这些志愿者一边配送杂志，一边与会员聊聊旅游话题，借此掌握会员的家族状况、旅游意愿，并传递最新的旅游资讯。此外，即便支付志愿者薪酬也能让《旅之友》的传递成本比邮寄来得低。

除了成本考量外，还能提高顾客对 Club Tourism 的忠诚度，让他们更踊跃地报名参加旅游行程。Club Tourism 的这个营销手法，充分发挥了该公司在银发客群上的强项。

五、Club Tourism 的竞争优势

Club Tourism 的优势在于以点带面、多元化发展，旅游产品差异化，产品附加值高。

（一）以点带面、多元化发展

Club Tourism 以旅游业务为核心，开展集护理、家政、媒体、保险等于一体的业务。

（二）旅游产品差异化

Club Tourism 的产品差异化主要体现在两个方面：

第一，在 Club Tourism 的产品设计中，包含多个产品，如火车游、巴士游、主题游、太空游等，而在每个产品内部，也有着极大的差异性。以主题游业务为例，它提供的主题覆盖了远足、攀岩、寺庙、花卉、摄影、朝圣、美食、历史、温泉、素描、马拉松等多个方面，极大限度地满足了老年人的各种需求，有效地增强了用户的黏性。

第二，Club Tourism 做的是精细化的老年人旅游业务，而其他的旅游公司则很少进行细分，所以在产品和服务的设计上，Club Tourism 可以更好地满足老年人的需求，并在市场发展初期尽快抢占市场份额。

（三）产品附加值高

和一般的旅行社不同，Club Tourism 的旅游产品大多行程较长，参观节奏较慢，符合老年人的身体情况和旅游心理。以交友的方式组织旅行活动，让老年人的社交需求得到充分的满足。

Club Tourism 还通过主题旅游的方式，让老年人可以通过 Club Tourism 寻找到志同道合的伙伴，进一步增强了用户黏性。

Club Tourism 还衍生出了其他多样化的服务类产品，使其产品的附加值大大提升。

第二节　Road Scholar：美国最大的老年游学机构

一、公司简介

Road Scholar 成立于 1975 年，是一个非营利组织，专注于为老年人群提供游学服务，使命是激励成人学习、发现和旅行。在 40 多年发展历程中，Road Scholar 不断扩展自己的服务路线，积累沉淀自己的品牌价值，打造自己的游学品牌，现已成为美国最大的老年游学机构。

在发展之初，Road Scholar 确立了"老年旅游 + 教育"的核心优势，通过在美国各个州的开发项目迅速发展起来，从美国一个州发展到美国 50 个州和加拿大大多数省份。

（一）历史沿革

1975 年，马蒂·诺尔顿（Marty Knowlton）和大卫·比安科（David Bianco）提出了一个想法——为成年人提供为期一周的大学级教育经历。他们推出了"Elderhostel"，第一年，5 所新英格兰大学为 220 位参与者提供了第一批课程。

1980 年，终身学习运动在美国全国范围内蔓延。在短短 5 年内，Elderhostel 从一个州扩展到了 50 个州以及加拿大大部分省份，拥有超过 20000 名参与者。

1981 年，Elderhostel 在英国和斯堪的纳维亚半岛引入了第一个国际计划。

1982 年，Elderhostel 启动了年度基金，为需要经济支持的人提供奖学金。

1986 年，有 10 万名成年人加入 Elderhostel 学习之旅。

1999 年，入学人数突破 25 万人。

2001 年，Elderhostel 已经在 100 多个国家和地区提供了游学活动，并推出官方网站。

到 2010 年，已有超过 400 万名成年人参加了 Elderhostel 计划，并且该组织更名为"Road Scholar"。

经过多年的发展，Road Scholar 逐渐成为美国最大的老年人游学组织。如今，Road Scholar 提供 5500 项游学活动，每年为超过 10 万名学员提供服务。

（二）团队构成

Road Scholar 拥有一支由 320 名员工组成的全球团队，他们在北美和世界各地的办事处工作。除了波士顿的总部之外，Road Scholar 还在马萨诸塞州洛厄尔、新加坡、新西兰和英国等地设有办事处。

Road Scholar 的团队之所以能够提供深入的教育、旅游体验，得益于其拥有一批全球知名教师、博物学家、科学家和历史学家等。

二、发展背景

美国"婴儿潮一代"是指 1946～1964 年出生的人，总人口约为 7700万，约占美国总人口的 1/3，而其收入总和则占 1/2 以上。目前，他们正处在收入和消费的顶峰[1]。今后 10～20 年，"婴儿潮一代"中每年将有 380万人达到 65 岁的法定退休年龄，他们退出就业市场的同时，给老年消费市场带来源源不断的新顾客群体。据统计，美国银发族的年消费能力已超过1 万亿美元。

二战后的"婴儿潮"所带来的人口红利，使美国经济进入了长达 20多年的"黄金时代"。伴随着老龄化程度越来越高，20 世纪 70 年代，美国政府开始关注老年教育问题。

但随着"布雷顿森林体系"的瓦解，美国经济陷入危机，政府社会福利开支缩减，无力独自负担老年教育组织的经费。老年教育机构转向从社会各界获得支持，逐渐融合了政府补助、社会投资、学员自付等多种形式，从而演变出多种老年教育形式，老年游学就是其中非常重要的一种[2]。

---

[1]　梅咏、严祥、郭沛：《我国的老年人消费市场问题与对策》，《东方企业文化》2014 年第13 期。

[2]　贾敏：《国外教育养老模式发展研究及启示》，《世界教育信息》2017 年第 19 期。

三、业务解析

Road Scholar 的游学产品设计充分考虑到了老年人群的身体与心理特征，并将游与学完美结合（见图5），在细节上也做到了极致。

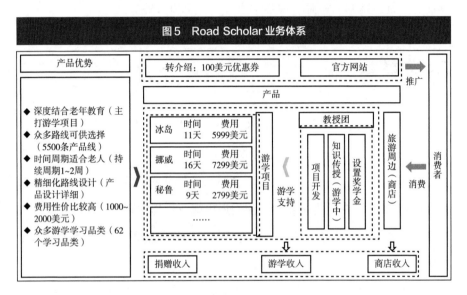

图5　Road Scholar 业务体系

资料来源：Road Scholar 官网，60 加研究院整理。

（一）产品路线

Road Scholar 开发的游学路线达到 5500 条，分布在美国的各个州，以及其他知名的、具有文化底蕴的国家和地区（见表7）。

表7　Road Scholar 项目地

地区	项目地
美国	夏威夷、纽约、华盛顿等 50 个州
加拿大	不列颠、哥伦比亚等 10 个地区
非洲和中东	津巴布韦、伊朗等 23 个国家、地区
亚洲	中国、日本等 24 个国家、地区
澳大利亚和南太平洋	新西兰、澳大利亚等 10 个国家

地区	项目地
欧洲	德国、英国等 44 个国家
美洲和南极洲	秘鲁等 32 个国家

资料来源：Road Scholar 官网，60 加研究院整理。

（二）学习设计

Road Scholar 聘请专家，精心设计了 62 个学习品类。每个游学者可以根据自己的爱好与需求，选择自己想参加的课程学习路线。老年人可以在旅游的过程中学习，在过程中感受当地文化特色，学习各种知识与技能，完美地把老年教育与旅游融合起来。与此同时，针对不同的路线，Road Scholar 会推荐相关的书籍，让老年人群能够边旅游边学习。

（三）活动水平

Road Scholar 充分考虑到老年人的身体素质，根据每个项目的活动量以及活动内容进行了分类，以便老年人群根据自己的身体状况进行选择，同时在每条路线中详细地介绍运动程度与运动量需求。

Road Scholar 将活动水平分为四个等级，其中一级活动量最小，多为坐车旅行或者室内活动，四级多为野外探险。

（四）游学时间

Road Scholar 的游学主要是为老年人群服务的，因此在游学时间的设置上相比传统的旅游时间跨度较长，平均时长在 1~2 周。在设计上，充分考虑到了老年人群身体机能退化、活动缓慢的特点。

（五）费用收取

Road Scholar 的产品特性决定了其服务的人群属于中高端人群，产品的定价主要分布在 1000~2000 美元，占所有项目的 37.42%。

（六）行程路线

每一条路线都是 Road Scholar 精心设计的，在每个项目方案里，Road Scholar 都清晰地标明行程路线，具体到住宿时间、住宿酒店、行程信息、餐饮选择等，事无巨细地展现给游学者，让他们能够清楚地了解整个游学过程。

（七）校园商店

Road Scholar 在官方网站开设了 Campus Store，上架了服装、帽子等旅游周边产品进行售卖。

（八）奖学金

Road Scholar 的奖学金有两种。一种是颁发给终身学习者，另一种颁发给为患病或残疾亲属提供照护的家庭照顾者。

（九）社区交流平台

Road Scholar 建立了社区交流平台，以便游学者更好地交流。同时在网站的每个产品介绍下开设评论交流区，企业在这里可以最快地获得消费者的反馈，以便更好地优化产品。

四、收入来源

Road Scholar 是一个非营利组织，主要收入来源一是游学费用，二是捐赠。捐赠者会通过转让证券、建立遗嘱或直接汇款等形式向 Road Scholar 进行捐赠，而这些钱将会被用于游学项目的开发与运营、教师聘请以及奖学金发放。

五、竞争优势

Road Scholar 为什么能够在美国老年旅游行业独树一帜？

一是深度结合了老年教育产业，创新了模式。在 Road Scholar 的每一条路线中都会设计一些学习主题，并且邀请当地的特色教育专家参与到路线中，为游学者讲授该主题的知识。同时，会为游学者推荐相关的学习书籍，以便其更好地学习交流。

二是精细化的老年游学服务，满足了老年人的需求。Road Scholar 在产品设计的过程中，充分地结合了老年人群的特征：对整个路线的活动量进行细分，游学者可以选择适合自己的活动路线；针对不同的目的地进行细分，游学者可以选择自己喜欢的国家和地区；活动持续时间一般较长，每个路线时间一般在 1 ~ 2 周，充分考虑到了老年人的身心特征；针对每条路线设计了不同的学习主题，游学者可以根据自己的需求选择主题。

第三节　对我国老年旅游的借鉴意义

我国老年旅游市场规模在 1 万亿元以上①。目前全国共有近 28000 家旅行社，而专门从事中老年旅游服务的旅行社仅有数百家。在庞大的老年旅游市场中，中国老年旅游供给侧存在硬件设施不到位、软件服务跟不上等问题。

国内很多旅游企业在做老年旅游的过程中，很少能够开发出适应老人需求的旅游产品，更多的是停留在游、购的层面，缺少与其他产业的结合，商业模式较为单一，产品同质化严重。旅游产品供应商应注意学习先进经验，设计出更多适合老人的旅游产品。

当然，学习借鉴不是盲目模仿，要挖掘自身特色，走出一条创新发展之路。

一、推进"老年旅游＋"发展模式

Club Tourism 的"旅游＋护理""旅游＋家政"，Road Scholar 推行的

---

① 全国老龄委一项调查显示，目前我国老年（60 岁及以上）旅游人数占全国旅游总人数的比重超过 20% 。同时国家统计局数据显示，2019 年全国旅游总收入为 6. 63 万亿元，按照 20% 的比例来算，老年旅游市场规模已超 1 万亿元。

"旅游＋教育"，极大地提升了旅游产品的附加值，并提升了用户的黏性与活跃度。未来，我国的老年旅游企业应在跨界融合方面进行更多的探索。

二、找准客户定位

对国内的老年旅游企业来说，缺少人群细分与定位，未形成自己的细分领域。当下 60 岁以上的老年人群基本上是 20 世纪五六十年代出生的，这一代人与共和国一起成长，经历了上山下乡、经历了改革开放。这类群体的特征明显，如何找准这类人群的需求特征，针对他们的特点开发旅游产品，是当下旅游企业应该关注的问题。

三、关注细节，推进老年旅游规范化

国内老年旅游对细节把控不到位，缺乏规范化，往往会出现行程安排不明确、老年人运动负荷过大、强制购物等问题。

Road Scholar 在产品设计中充分考虑老年人的活动水平，在行程中加入特色教育专家讲解，辅之以详细的行程安排和人员安排等，这是 Road Scholar 被老年人群认可的主要原因之一。因此，我国老年旅游企业在产品设计、行程安排的过程中，更应注意把握细节，提升老年旅游品质。

四、加强人才培养

Club Tourism 和 Road Scholar 都十分重视人才，在产品设计、旅游过程中都有相关专家介入。在我国老年旅游发展过程中，也应注重对人才的培养与发掘，积极吸引其他相关领域专家进入，推进我国老年旅游专业化、人性化发展。

附录：老年文娱企业创始人心声

老小孩秉承精致生活、精彩人生的品牌价值，打造线上社群和线下服务的闭环。公司使命是科技陪伴并赋能乐龄人群，愿景是让每一位老年人都能共享科技生活。希望在 2023 年之前建立一个基于数据的融媒体平台，落地五十个城市，服务一千万人群。

——老小孩创始人吴含章

小年糕为操作极简的高品质服务而生，以为用户创造简单的快乐为使命。

——小年糕合伙人白帆

养老管家为老年教育"内容＋平台＋行业"解决方案服务商，以做中国最大的网络老年大学为发展目标。

——养老管家市场总监龚姝

"北京大妈有话说"致力于做有广大线下会员体系的中国线上老年电视台。

——"北京大妈有话说"创始人边长勇

快乐 50 的使命是让退休生活更多彩，希望成为中国顶尖中老年教育社交连锁服务商。

——快乐 50 创始人党越

美好盛年致力于"让天下退休生活更美好"的使命，成为国内领先的中老年教育连锁。

——美好盛年创始人黄吉海

家游学院让天下长者尽欢颜，让 2 亿中老年朋友更智慧、更开心、更有价值。公司秉承"做一份事业，福一方百姓"的责任观，希望成为中老年朋友信赖的好伙伴。

——家游学院创始人尚贞涛

百乐萌建立老年人的主体地位，让用户和百乐萌萌友遍天下，成为社交和精神享受双重丰富的美龄人群。公司成为老年文娱领域的优质服务提供商。

——百乐萌创始人朱永红

每次科技旗下 App"中老年生活"是一个专门为中老年朋友打造的涵盖学习、购物、娱乐、相亲、交友等板块的综合性平台，让中老年朋友在平台上可以收获知识、收获友谊、收获爱情、收获快乐……使他们的生活更加便利、更加丰富、更加精彩！

——每次科技创始人赵瀛斌

当你退休后，健康不是退休生活的目标，是基础；世界等着你从另一个角度，去发现；美好生活属于我们这些年轻人，也属于你们这些年轻人。

——阳光禾你创始人程艳

"有哎社区"致力于为乐龄人群搭建一个文化交流和展示的平台，丰富中老年人群的乐龄生活！

——中关村科技副总裁李斌

互联网是社会发展趋势。樊登年轮学堂致力于为长者提供优质的在线学习内容，同时配套丰富的线下社交体验，促进智慧老龄化，让互联网不再是年轻人的专属。让长者的生活多一份收获、多一份喜乐是樊登年轮学堂的愿景，我们的使命是与长者同行、一起紧跟潮流，实现"学有所乐、乐有所享"。

——樊登年轮学堂负责人王泽西

红松学堂希望结合互联网技术为未来的中老年人群提供丰富的文化娱乐网络社区生活。

——红松学堂创始人李乔

图书在版编目（CIP）数据

中国老年文娱产业发展报告. 2020 / 中国建银投资
有限责任公司投资研究院，北京中关村科技发展（控股）股
份有限公司，建投华文投资有限责任公司编著. -- 北京：
社会科学文献出版社，2020.8
（中国建投研究丛书. 报告系列）
ISBN 978 - 7 - 5201 - 6947 - 9

Ⅰ.①中…　Ⅱ.①中…②北…③建…　Ⅲ.①老年人
－文娱活动－文化产业－研究报告－中国－2020　Ⅳ.
①G249.2

中国版本图书馆 CIP 数据核字（2020）第 133555 号

·中国建投研究丛书·报告系列·

中国老年文娱产业发展报告（2020）

　　　　　中国建银投资有限责任公司投资研究院
编　　著／北京中关村科技发展（控股）股份有限公司
　　　　　建投华文投资有限责任公司

出 版 人／谢寿光
组稿编辑／恽　薇
责任编辑／颜林柯

出　　版／社会科学文献出版社·经济与管理分社（010）59367226
　　　　　地址：北京市北三环中路甲29号院华龙大厦　邮编：100029
　　　　　网址：www. ssap. com. cn
发　　行／市场营销中心（010）59367081　59367083
印　　装／三河市尚艺印装有限公司

规　　格／开本：787mm×1092mm　1/16
　　　　　印张：20　字数：280千字
版　　次／2020年8月第1版　2020年8月第1次印刷
书　　号／ISBN 978 - 7 - 5201 - 6947 - 9
定　　价／138.00元